大学生深度学习与学习评价：
理论与实践

柳 亮 著

哈尔滨工业大学出版社

内容简介

本书系统阐述了大学生深度学习与学习评价的基本理论和实践。深度学习倡导学习者主动探究，追求思考的深度与探究的深度，指向关键能力与高阶能力的培养。本书以深度学习的内涵、特征、理论基础、重要作用为出发点，针对深度学习的效果，研究分析了国内外大学生学习成果评价的发展历程，探讨大学生"学习成果""增值"等重要观点，介绍了典型的学习成果评价方法，期望能在课堂教学、课程改革、学业评价等方面有所借鉴与参考。

本书适合关注课堂改革、学习成果评价类主题的高校学生和教师、高等教育管理者与研究人员、高校学生工作者阅读。

图书在版编目（CIP）数据

大学生深度学习与学习评价：理论与实践／柳亮著.
哈尔滨：哈尔滨工业大学出版社，2024.7. — ISBN 978-7-5767-1575-0

Ⅰ．G642.46

中国国家版本馆 CIP 数据核字第 2024261C3S 号

策划编辑	闻　竹
责任编辑	邵长玲
封面设计	博鑫设计
出版发行	哈尔滨工业大学出版社
社　　址	哈尔滨市南岗区复华四道街 10 号　邮编 150006
传　　真	0451-86414749
网　　址	http://hitpress.hit.edu.cn
印　　刷	哈尔滨市工大节能印刷厂
开　　本	787 mm×1 092 mm　1/16　印张 12.75　字数 300 千字
版　　次	2024 年 7 月第 1 版　2024 年 7 月第 1 次印刷
书　　号	ISBN 978-7-5767-1575-0
定　　价	79.00 元

（如因印装质量问题影响阅读，我社负责调换）

前　言

随着我国高等教育的变革和发展,课堂教学发生了一系列的变化,但目前学生学习依然存在浅层学习的现象,一部分学生依然扮演着被灌输知识者的角色,教师进行的教学并未真正触动学生内心情感的真实体验。当前,各大高校开始关注深度学习,随着高等教育改革的推进,高质量发展理念正在不断普及,这代表着人们对教学质量的高度关注和热切期待,其核心内涵离不开促进学生的高质量发展以及自我实现。

深度学习是改善目前学生学习的一种重要学习方式,但学生的学习离不开教师的引导。一部分教师对深度学习的相关理论不甚了解;一部分教师虽然对深度学习的相关理论有所了解,却缺乏具体有效的操作策略,尤其不懂得如何开发、建构深度学习资源,不会有效设置、利用深度学习点。深度学习点的设计与运用是深度学习的关键,我们应挖掘课堂教学中的深度学习点,引导学生由浅层学习迈向深度学习。本书从深度学习的角度进行关于深度教学与学习评价的研究。教师通过深度教学可以更好地培养学生深度学习的思维习惯,从而更好地调动学生学习的主观能动性,教师的深度教学也能更好地体现出教师引导作用的发挥。

本书实现了三个层面的目标。宏观层面上,改变教育媒体包围下的浅层学习现状,普及深度学习理念,培养学习者的批判性思维能力和问题解决能力。中观层面上,坚持深度学习简化、具化、可执行化的发展思路,满足一线教师的强烈呼声;利用"网络教学"平台和教学工具,指导教学设计和教学实施,管窥充分利用教育技术促进深度学习的有效路径。微观层面上,介绍促进深度学习的相关教学方法,为面向深度学习的课堂设计、资源设计与系统设计,提供设计规范和设计依据;构建基于深度学习的简单易操作的学习评价模式。

本书针对深度学习的效果,研究分析了国内外大学生学习成果评价的发展历程,探讨大学生"学习成果""增值"等重要观点,介绍了典型的学习成果评价方法,期望在课堂教学、课程改革、学业评价等方面有所借鉴,提供参考。

全书共七章:第一章阐释了研究背景,研究现状,研究意义、创新点与局限性,研究思路等内容。第二章阐述了深度学习的内涵与特征、深度学习的理论基础及过程阐释、深度学习的重要作用和深度学习的相关研究借鉴等概念、内涵。第三章阐释了深度教学的概念,并对其理论基础、特征、设计等进行了分析。第四章从支持性方面对网络教学环境下大学生深度学习进行了研究，构建了基于Moodle网络教学环境下的深度学习模式。第五章对学习评价进行了相关研究，主要介绍了学习评价的概念及内涵、深度学习评价的研究现状以及其他评价模式。第六章采用案例研究法，选取某校开展案例调查，分析了某校参加国家大学生学习情况调查、中国医学生培养与发展调查以及中国大学生学习与发展追踪研究情况，为后续的理论研究提供可以借鉴的指标。第七章在已有相关理论研究、文献研究及调查研究的基础上，提出了大学生深度学习的实施策略，分析了大学生深度学习的定位，提出了推进大学生深度学习的策略。并基于增值的视角对大学生深度学习评价进行了探讨。

本书具有以下四个方面的特点。第一，研究问题真实、具体、迫切，既贴近当前大学生学习的实际，又集中体现了大学生在个体学习和发展上共有的迷茫与困境。本书的研究选题不仅真实、具体，而且紧扣当前高校人才培养中的重点与难点，聚焦教师课堂教学和学习方法，反映了大学生群体自我发展中的重要困惑，体现了教学双方的发展需求。第二，理论运用的适切性、系统性与整合性。本书注重大学生深度学习与学习评价相关的理论深度，借鉴并吸收相关学科。如社会学、系统科学的成果，以丰富理论基础，大胆吸收和借鉴人类社会的优秀高等教育成果。一方面，能够为验证与完善大学生深度学习与学习评价理论提供来自中国高等教育情境下的实证依据；另一方面，能够为构建本土化大学生深度学习与学习评价理论提供实证研究基础。第三，在研究方法上侧重多元性。本书注重文献分析与案例研究，理论研究与实证研究相结合，阐释国内外大学生深度学习与学习评价的现状，结合案例分析提出了相关的改进思路和意见建议。第四，本书行文深入浅出、通俗易懂，适合高校学生、高等教育研究工作者和高校行政管理工作者阅读。

本书是广西高等教育本科教学改革工程2023年度重点项目"地方医学院校新医科建设的路径研究与实践"（编号：2023JGZ113）；2023年自治区级新医科研究与实践项目"新医科建设与审核评估视域下地方医学院校内部教学质量保障体系的优化研究与实践"（编号：XYK202303）；中华医学会医学教育分会、中国高等教育学会医学教育专业委员会2020年医学教育研究课题"以学生为中心的地方医学院校本科生学习质量现状与改进研究"（编号：2020B-N04317）；2022年度广西高校中青年教师科研基础能力提升项目"地方医学院校大学生学习投入的差异性及影响机制研究"（编号：2022KY0062）；2022年广西医科大学教育教学改革立项委托项目"以学生学习成果为导向的教师教学质量评价研究与实践"（编号：2022XJGW02）开展研究的主要成果之一。

本书基于"以学生为中心"的理念，阐述了高校大学生深度学习与学习评价的相关理论和实践，这对于提高大学生学习评价理论、改进课堂教学手段与教学方法、提升学习评价有效性将起到强有力的推动作用。

  本书的撰写,对笔者来说,是一个对大学生学习、课程教学及评价相关教育理论与实践问题的学习与研究的过程,也是一个思想认识提高和教育观念转变的过程。在全书的撰写过程中,作者参考和借鉴了大量国内外相关专著、论文等研究成果,在此,向其作者致以诚挚的谢意。同时,由于时间仓促,作者能力有限等原因而导致本书出现的疏漏,也恳请学界同仁和广大读者批评指正。

  本书对高校学生和教师、高等教育管理者与研究人员、高校学生工作者等均有一定的参考价值和借鉴意义。

作　者

2023 年 11 月

目 录

第一章　绪论 ·· 1

　　第一节　研究背景 ·· 1
　　第二节　研究现状 ·· 3
　　第三节　研究意义、创新点与局限性 ·································· 12
　　第四节　研究思路与方法 ·· 14

第二章　核心概念的诠释 ·· 17

　　第一节　深度学习的内涵与特征 ·· 17
　　第二节　深度学习的理论基础及过程阐释 ···························· 26
　　第三节　深度学习的相关研究借鉴 ····································· 40
　　第四节　深度学习的重要意义 ··· 46

第三章　深度教学 ·· 51

　　第一节　深度学习与浅层学习 ··· 51
　　第二节　深度教学 ··· 52

第四章　网络教学环境下大学生深度学习研究 ····························· 65

　　第一节　网络教学环境对深度学习的支持性研究 ··················· 65
　　第二节　Moodle 网络教学环境下深度学习模式构建 ············· 71

第五章　学习评价研究 ·· 83

　　第一节　学习评价 ··· 83
　　第二节　深度学习评价 ··· 88
　　第三节　其他评价模式 ··· 91

第六章　大学生学习情况调查

第一节　某校参加国家大学生学习情况调查 …… 95
第二节　某校参加中国医学生培养与发展调查 …… 113
第三节　某校参加中国大学生学习与发展追踪研究 …… 125

第七章　大学生深度学习的实施策略

第一节　大学生深度学习的定位 …… 133
第二节　推进大学生深度学习的策略 …… 135
第三节　大学生深度学习评价——基于增值的视角 …… 151

参考文献 …… 157

附录一　基于成果导向理念的地方医学院校课程教学质量评价体系构建 …… 169

附录二　以学生为中心的地方院校本科教学质量保障体系探索与实践 …… 177

附录三　以学生为中心的高校教学督导工作探索与实践 …… 185

附录四　地方高校大学生深度学习现状与对策研究 …… 191

第一章 绪 论

第一节 研究背景

从1999年开始,经过20多年的扩招,我国已基本完成高等教育规模扩张的使命,高等教育在规模上的发展已经不再是我国高等教育发展的主要目标。自2019年起,我国高等教育正式进入高等教育普及化阶段。接受高等教育由少数人的特权变成了公民的一项基本权利,这对传统的高等教育理念、办学模式、课程与人才培养方式产生了巨大挑战。

自从扩招以来,我国高等教育从精英教育进入大众化阶段再到普及化阶段后,教育质量问题日益凸显。为此,在教育部一系列新的政策中,除了继续完善人才培养体制机制,推广"一制三化"(导师制、小班化、个性化、国际化)等有效模式之外,坚持以学生为中心,促进学生全面发展,既注重"教得好",更注重"学得好",激发学生学习兴趣和潜能,促进学生自主深度学习,建构知识体系,形成多维能力已成为当前的普遍要求。也就是说,学生学习已成为本科教育教学改革的重点内容,学生学习质量成为评价高校人才培养质量的重要维度和关键指标。提高学生的学习质量成了提高高等教育质量的核心。

当今世界正在经历百年未有之大变局,传统的教学理念和学习方式已然无法适应社会的快速发展。高校作为人才培养的主体力量,亟须以新型教育方式探索高水平人才培养模式,强化人才的培养质量。为全面提升高校教学质量,促进高等教育的内涵式发展,现代信息技术与传统教育教学的深度融合已成为一种必然趋势。就传统而言,追求"优质的教学"("金课"一词的核心内涵)一直是大学的重要功能和目标。由此,教育部深入推进一流本科教育建设,在课程建设方面"打造金课""消灭水课",成为当前我国一流本科教育建设的关键议题。

要判断何为"金课",首先,需要明晰的问题是"何为判断的标准?"这里就存在两种判断视角。一种是"教学的视角",即从"教"或"教师"的立场来判断该课是否为"金课"或"优课";另一种是"学习的视角",即从"学"或"学生"的立场来加以评判。两者相比较而言,"学习的视角"才是更为深刻、更有实践解释力的价值判断标准。

其次,随着学习科学研究领域的兴起和发展,混合学习、翻转课堂等新型学习方式的广泛使用,以及人工智能对教育的影响,深度学习的有效实施正在成为推动教育教学改革、提升学生高阶思维能力和复杂问题解决能力的有力"抓手"。

为应对信息技术飞速发展和迎接知识经济社会的挑战,世界各国积极寻求教育教学改革的方向。教育部鼓励高校积极开展线上与线下相结合的混合学习,引导学生交互,加强研究型学习与协作学习,评价任务以探究式、报告式等方式展开。在教育领域,深度学习被认为是一种能够引领学习者"通过对知识本质的理解和对学习内容的批判性运用,实现对知识的高效迁移和真实问题解决,并以高阶思维为主要认知活动的高投入学习"。深度学习的概念一经问世,便受到社会理论界和实践领域的热捧,引发教育研究者的高度关注,同时也为教育教学改革指明了方向。

深度学习是新时代教育教学改革的新要求,是学生具备21世纪技能的必然途径,是学生学习质量的主要表征。对大学生学习方式与学习评价在教育改革发展中至关重要,是对学习质量提高、教学方式变革和高质量人才培养的最佳回应。深度学习注重学生对知识的理解与运用,提倡主动的批判与反思,强调知识之间的联系与建构,成为信息时代教育教学改革和促进学生学习的新目标。大学生深度学习能力的培养既是飞速发展的信息时代的强烈诉求,亦是当前教育教学改革的必然趋势。因此,高校必须将培养大学生深度学习能力和促进大学生深度学习置于教育教学改革的重要位置。

学习不仅要识记、理解并运用相应学习内容,更要养成学会学习、转识成智的深度学习的能力,将学习作为自我理解、自我精神成长的动力。知识时代和信息化社会对人才培养,尤其是一流人才的培养提出了新诉求,例如,问题的解决、知识的整合与创新、个体的高阶思维与关键能力,以及通过合作产生集体智慧等,这些并非相对孤立的陈述性知识和脱离情境的程序性知识所能满足的。在此背景下,深度学习的应运而生和兴起既是信息社会发展的客观要求,也是学习科学发展到一定阶段的自然产物,还是当今教育改革指向发展学生核心素养的必然选择。

2017年新媒体联盟发布的《地平线报告》指出,深度学习是未来5年或更长时间推动高等教育发展变革的关键方向。数字技术、脑神经科学及人工智能等在教育教学领域的运用,业已改变了当下学生的学习内容形态和认知方式,在某种程度上促进了学生的深度学习。作为一种学习方式,深度学习在学习者主动诉求的基础上,善于启发与运用高阶思维,强调对知识的理解、反思与批判,关注新旧知识、不同学科之间的有机联系等,这些与对大学生的期待和要求一致。

相较于传统的片面强调知识技能的"认知型学习",深度学习侧重于发展学生的高阶思维、实践创新、人际交往等能力,以培育学生核心素养作为教学目标追求,改变了以往对学习效果评定的固化认识,推动了高等教育的改革创新。

深度学习指向高层次的认知目标,注重高阶思维能力的培养,强调学习过程中的反思与元认知,要求高情感和高行为的学习投入,是"学习质量"以及打造"高质量教学"的重要表征性指标,也是落实立德树人根本任务的重要途径。大学生是高等教育的主体,不仅在高等教育系统中处于受教育者的地位,更是高等教育过程的参与者和体验者。学习满意度对当代大学生的学习过程、学习结果以及学习质量均会产生重要影响。因此,基于学习体验而形成的对大学生学习满意度的调查与研究,必然是成为大学生学习情况研究的重要组成部分。

评价是教育发展的命运共同体,评价的目的不是证明,而是改进。评价对教育工作,以及涉及的相关角色,如在教育管理者、教师的工作中以及学生的学习中起着积极的反馈作用,同时也对教学设计以及教学活动的开展起着一定的指导和调节作用。学习评价是以预期要达成的学习结果即学习目标为出发点和依据的。不同于一般的学习,深度学习将深度学习能力的形成作为目标之一,不仅强调学习者学习过程中表现出的主动性、批判性、积极参与、高投入以及对知识的深度理解和深度加工,也更加注重学习者自主学习能力、问题解决能力、批判性思维、终身学习能力等深度学习能力的培养。

对于深度学习的评价是判断深度学习达成的有效标尺,可以定位深度学习的程度,还可以约束深度学习的发展过程,指导深度学习内容设计与深度学习活动实施,从而实现深度学习目标、达到最优学习效果。评价与提升大学生深度学习能力,促使大学生成为乐于学习、学会学习、全面发展的学习者。如何评价与提升大学生的深度学习能力对促进大学生深度学习、增强学习效果以及实现个人能力发展显得尤为重要,是实现大学生深度学习的重要环节。

第二节 研究现状

一、国外深度学习的研究热点

就目前看来,美国是深度学习(deep learning)研究的发源地,针对基础教育阶段的深度学习研究起步于20世纪70年代后期。美国在70年代开展了"恢复基础教育运动"(back to basics),以应对教育质量下滑的困境。在这场运动中,部分学者立足于学生的学习过程、学习方法等领域,以教育过程为研究的落脚点对社会变革中的教育问题提出解决策略,深度学习研究应运而生。

国外对深度学习的研究比较早,并且相对来说比较深入和具体。例如,深度学习:一个可以改变学校教育的简单创新项目(LiD, the Learning in Depth: A Simple Innovation that Can Transform Schooling)(始于2008年,由加拿大西盟菲莎大学 Kieran Egan 教授负责)侧重通过教学策略促进深度学习;深度学习:机会与结果项目(SDL, Study of Deeper Learning: Opportunities and Outcomes)(始于2010年,由美国研究院负责)侧重深度学习结果的评估,并给出了评估深度学习的六个维度,即掌握核心学科知识、批判性思维和问题解决、有效的沟通、团队协作、学会学习以及学术信念;21世纪技能评估与科学项目(ATC21S, Assessment and Teaching of 21st Century Skills),侧重深度学习能力的定义;2012年美国国家研究委员会、深度学习和21世纪技能定义委员会、教育中心等多家机构联合出版的 *Education for Life and Work: Developing Transferable Knowledge and Skills in the 21st Century* 一书,对深度学习以及21世纪技能进行了大量的实证研究和效果评价,并给了相关定义及能力框架,他们认为深度学习是指个体能在对某种情境中所学的知识进行思考并将其应用到其他情境中去的过程。

了解国外对深度学习的研究现状有助于我们更深入地认识和理解深度学习的内涵。国外研究者多采用实证研究范式,运用调查研究法、实验研究法与混合研究法,侧重于通过设计具体的实验,在实验过程中合理运用信息技术开展深度学习活动,验证实践成效或所提出的假设。

张思琦等对国外近10年深度学习的研究现状与发展趋势进行了引文分析和共词矩阵的知识图谱分析。结果表明,深度学习领域核心期刊的分布以欧美国家为主,内容覆盖范围广泛,包括计算机、教育、医学等各个研究领域。从核心文献的高频词统计结果看,国外深度学习相关研究的热点包括教育、学习方式、评估、神经网络、学习策略、合作学习等。当前,国外关于深度学习的研究热点主要涉及以下九个领域:

领域一:深度学习研究的发展阶段。

第一阶段,深度学习思想的早期孕育。早在20世纪初,约翰·杜威(John Dewey)倡导"做中学",强调教会学生自主学习和反省思维。之后,威廉·赫德·克伯屈(William Heard Kilpatrick)提出设计教学法,本杰明·布鲁姆(Benjamin Bloom)倡导发现教学,戴维·保罗·奥苏贝尔(David Pawl Ausubel)和罗杰斯(Rogers)强调有意义学习,当代建构主义学习论主张基于问题的教学,等等。所有这些,虽然没有明确提及深度学习的概念,背后却蕴含着深度学习的思想。此外,布鲁姆的目标分类学将学习的认知目标区分为记忆、理解、运用、分析、综合、评价六个具有层次性的项目。以此为基础,L. W. 安德森(L. W. Anderson)等人又将学习的认知目标区分为记忆、理解、运用、分析、评价与创新六个具有层次性的项目。所有这些学习分类,已经蕴含着学习有深浅之分的思想。

第二阶段,深度学习的正式研究。1976年,费伦斯·马顿(Ference Marton)和罗杰·萨尔乔(Roger Säljö)于《学习的本质区别:结果和过程》一文中首次提出深度学习概念。他们认为采用深层方式进行学习的学生,往往具有"更有内在兴趣、注重理解、强调意义、集中注意于学习内容各部分之间的联系以及系统地陈述问题或概念的整体结构假设"等特征。这标志着国外的深度学习开始进入概念化的正式研究阶段。其后,比格斯(Biggs)等人在20世纪90年代前后发展了浅层学习与深度学习的理论,将深度学习界定为学习者运用多样化的学习策略来理解学习材料的学习。除此以外,纳尔逊·莱尔德(Nelson Laird)、库伯(Kolb)和威格尔(Weigel)等学者又从不同角度对深度学习的内涵进行了界定。与此同时,国外众多学者又在对比浅层学习与深度学习的基础上揭示了深度学习的基本特征,其中较有代表性的是艾瑞克·詹森(Eric Jensen)和利恩·尼克尔森(LeAnn Nickelsen),他们将深度学习的基本特征描述为高阶思维、深度加工、深刻理解、主动建构和问题解决五个方面。

第三阶段,深度学习研究的扩展。1999年,约翰·D.布兰思福特(John D. Bransford)、安·L.布朗(Ann L. Brown)与罗德尼·R.科金(Rodney R. Kokin)等人编著的《人是如何学习的——大脑、心理、经验及学校》一书在美国出版。该书基于当代知识观的转向,围绕学习的发生机制提出了很多突破性的观点,大幅扩展了深度学习研究的视野、领域与问题。2004年,美国教育传播与技术协会(AECT, Association for Educational Communications and Technology)对教育技术进行了重新界定,认为学习不仅仅是信息的记忆,单纯的记忆已不能适应社会发展的要求,进而将深度学习确定为未来教育技术发展的基本理念和努力方向。以此为契机,深度学习研究的地域、范围、内容和方法得到进一步扩展。第四阶段,深度学习研究的聚焦。

近10多年来,国外学者着重围绕"人的深度学习是如何发生的"和"如何促进人的深度学习"两个主题,分别从三个层面对深度学习展开了更为系统而深入的研究。一是理论探讨,主要关注深度学习的理论基础、发生条件、促进策略等问题,探索出了深度学习的若干实施模式。二是实践探索,一方面将深度学习的研究成果应用于具体的学科课程教学实践,另一方面结合学科教学实例探索深度学习的发生条件与内在机制。三是技术运用,运用各种信息技术工具来支持和优化促进学生深度学习的学习环境。

领域二:数学化学习(E-learning)环境下的深度学习研究。

随着深度学习研究的不断深入与信息技术的飞速发展,国外研究者开始关注基于E-learning环境下的深度学习研究,逐步探讨信息技术支持下的深度学习,所运用的信息技术包含网络课程、在线学习社区、教育游戏以及社交网络服务平台(SNS, Social Networking Services)与工具等。国外研究者越来越关注数字化学习环境中的学习互动与问题解决成效,通过深度学习研究去探讨信息技术支持下的教学环境应如何搭建、如何帮助学习者解决学习的实际问题。所涉及的研究主题包括网络课程设计、在线学习社区、数字化教育游戏、社交互动平台与其他网络学习工具等。

领域三:计算机领域的深度学习研究。

在计算机科学中,深度学习的概念源于人工神经网络的研究,是机器学习研究中的一个新的领域。其动机在于建立、模拟人脑进行分析学习的神经网络,它模仿人脑的机制来解释数据,例如,图像、声音和文本。

领域四:深度学习的实施模式。当前公认的深度学习的实施模式主要有3种。

第一种是比格斯的"预测—过程—结果"模式。澳大利亚学者比格斯针对学生的深度学习过程,提出了"预测—过程—结果"模式。在他看来,预测、过程和结果虽然独立存在但却相互联系。其中,学生的个性特征和当前的学习环境共同构成了预测因素。预测因素对学习的过程以及学习的结果都会产生直接或间接的影响。在个性特征和学习环境的双重影响下,学生基于自己对学习情境的感知,在动机和策略的导引下,选择和运用自己的学习方法。学习方法的选择与运用又直接影响着学生的最后学习结果,而学生所获得的所有学习结果又会构成新一轮学习的预测因素,由此形成一个不断循环和交互影响的学习过程。

第二种是埃里克·詹森和利恩·尼克尔森的深度学习路线。埃里克·詹森和利恩·尼克尔森在《深度学习的7种有力策略》一书中,着眼于帮助学习者深度理解知识和发展高阶认知能力,提出了深度学习的路线(DELC, deeper learning cycle)。深度学习路线模式包括标准与课程设计、预先评估、积极的学习文化营建、先前知识的预备与激活、新知识的获取、知识的深度加工以及学习的评价等具体的操作步骤。其中,学习的评价又成为新一轮标准与课程设计的重要依据。

第三种是杜建霞的深度学习框架。基于奥利弗(Oliver)和麦克劳林(Mcloughlin)提出的五种类型学习过程,美国密西西比州立大学的杜建霞将社会性的交互、程序性的交互、说明性的交互、解释性的交互以及认知性的交互五种类型,归纳总结为信息记忆、方法实践和创造性认知三个层次的学习环节,由此提出"三步递进"的深度学习框架。

在该框架中,杜建霞将浅层学习看作是深度学习的基础,因而第一步是学习者对知识进行浅层加工和简单记忆;第二步在浅层学习的基础上,将浅层加工和简单记忆的知识转化为能力,进而掌握程序性知识以及解决问题的方法;最后一步则是运用学习策略和问题解决策略对学习内容进行深度理解和创造性运用,进而帮助学习者形成和掌握新的学习策略和问题解决策略,同时发展出更为高阶的思维能力。

领域五:学习科学视域下深度学习的教学应用研究。

国外深度学习在教学中的应用主要是围绕课堂教学中的深度学习研究以及促进深度学习的学习方式研究等内容展开。有研究表明,基于问题的学习、基于项目的学习等新型教学方法更能促进学生的深度学习。基于问题的学习研究在学习科学中处于核心地位。批判性思维可以作为学生深度学习参与的一个重要信息来源。本领域的研究主题主要包括新型教学模式支持下的深度学习研究、深度学习过程中高阶思维能力的培养研究、深度学习教学策略研究等。

领域六:深度学习过程与结果研究。

该研究的研究主题可细分为深度学习过程研究、深度学习有效性分析研究、深度学习的影响因素研究。从整体上来说,研究者对深度学习过程的关注还不够,缺乏具有代表性的研究成果,相较而言,对深度学习影响因素的研究较多,但多在传统学习环境中展开,随着信息技术对深度学习的影响不断加深,关注数字学习环境下深度学习影响因素研究对教学实践具有重要意义。

领域七:深度学习与浅层学习的对比和实践研究。

在探讨深度学习对学习成效影响的机制过程中,国外不少研究者通过实证研究手段对比深度学习和浅层学习对学业成效的影响。比格斯指出,深度学习和浅层学习分别反映了不同的学习动机和学习策略,而动机和策略的结合会对元认知自我调控、学习效果产生重要影响。约翰·海蒂(John Heidi)依据教师所采用的教学方法以及教学中的地位,将教师定位为"消极辅助者"和"积极推进者"两大类教学角色,并分别对两种教师角色的教学成效进行定量对比分析。结果指出,教师作为积极推进者时,更多采用互动式教学方法,重视课堂上的及时反馈,更倾向于引导学生进行自我调控,对学生的学习进行周期性的评价,其教学成效明显高于担任消极辅助角色的教师。

领域八:深度学习的影响因素研究。

国外对深度学习影响因素的研究多数集中在高等教育领域,研究人员多数是通过文献研究、问卷调查、访谈等方式对深度学习的影响因素以及这些因素与深度学习的联系进行探究。马丽斯·贝滕(Marlies Baeten)通过对文献的综述,总结出情境因素、情境感知因素和大学生自身特点是以学习者为中心的学习环境中影响深度学习的三种因素。普斯特拉福(Postareff)通过访谈法探讨了深层次学习方式变化的原因,发现学习时间和精力投入、学习兴趣、课程预期目标、自我调节能力等个体因素相对于教学环境而言,能够对深度学习方式的变化做出更好的解释。阿巴斯·萨德吉(Abbas Sadeghi)团队采用调查法对影响学生深度学习的多项因素进行探究,结果显示:学生进行深度学习的影响因素包括师生特征、学习目标、学习策略、学术活动等。

领域九:深度学习的评价研究。

比格斯在1978年开发了"学习过程调查问卷",简称SPQ,主要用来评价学生学习过程中浅层动机及策略、深度动机及策略和成就动机及策略。2001年比格斯修改了该问卷,包括深度学习和浅层学习两因素,形成R-SPQ-2F简化量表,此量表获得了广泛认可。珍妮弗·弗雷德里克斯(Jennifer Fredricks)将学习者的学习投入作为测量深度学习的指标,从学生行为、情感、认知三个维度来了解学生的学习投入程度。此外,还有对深度学习结果取向评价的研究。比格斯与科利斯(Collis)提出了一种以等级描述为基本特征的质性评价方法——SOLO(structure of the observed learning outcome)学习结果分类,即可观察的学习结果结构,其以不同年龄阶段的学习者回答问题时认知反应水平(或学习结果)为依据,划分为前结构、单一结构、多元结构、关联结构和抽象拓展结构由低至高的五个层次。

二、国内深度学习的研究热点

本研究以"深度学习"为主题,在知网期刊全文数据库中检索深度学习相关文献。2012—2022年十年间,仅在"中文核心"期刊或"CSSCI来源"期刊发表的相关期刊论文有279篇(剔除与本研究无直接关系的报纸、新闻稿等文献资料)。深度学习的相关文献数量整体呈现逐年上升的态势,从2012年的5篇增长到2022年的44篇。从2014年起,我国深度学习研究呈快速增长态势。

研究主要有三个维度:一是基于新环境、新平台研究深度学习的教学设计、学习动机和学习方法等;二是探究通过新技术、新工具在教学中的应用影响深度学习的要素,以期促进深度学习的发生;三是利用MOOC、翻转课堂等开展深度学习,构建深度学习模式,探究如何更好地促进深度学习等。国内教育领域中展开深度学习的实证研究还处于起步阶段,如以崔允漷、尤小平等学者为代表的"指向深度学习的学历案研究"项目,侧重通过预设教学方案来促进深度学习;郭元祥发起的"海峡两岸能力生根计划"项目,则是侧重采用"深度教学"来促进深度学习。

从对深度学习相关研究的文献内容来看,国内对深度学习的理论研究、促进策略研究、学科应用方面的研究较多,学术界的专家和一线教师更关注如何在教学中应用深度学习理念开展教学活动,即深度学习教学策略的设计和实施方面的探讨,以及如何通过深度学习策略提高教学成效。当前,国内关于深度学习的研究热点主要涉及以下十个领域。

领域一:深度学习的概念和理论基础研究。

2005年,国内学者何玲、黎加厚首次提出了深度学习的概念。同年,王珏详细阐述了杜威的教育思想对开展深度学习的影响和指导意义。此后,深度学习相关研究在国内一直不温不火。深度学习经历了从追求理解到迁移,从侧重过程到结果的两次重大转变。随着信息化教育的时代浪潮扑面而来,国内不少学者开始进一步深入探讨深度学习的内涵与理论基础。比如,张浩等对深度学习的特征进行了阐释,尤其强调其核心特征——高阶思维,同时还深入论述了深度学习的认知理论基础,包括建构主义理论、情境认知理论、分布式认知理论、元认知理论及其指导意义。樊雅琴等将深度学习的相关理论研究根据基本概念、理论探讨、深度学习的意义、特征和综述以及算法研究等维度分类,划分二级编码类别进行统计分析。

领域二:深度学习与翻转课堂的融合研究。

严文蕃等指出,慕课和翻转课堂作为互联网时代教学改革与创新的重要实践,对进一步把握教学本质、促进互联网时代的深度学习具有积极的影响,并提出了互联网时代下深度学习的任务、新的学习共同体建构以及数字化资源工具的应用等观点。在翻转课堂促进深度学习方面,他们还认为,翻转课堂打破了传统课堂在时序性上的固化型,教师通过充分利用互联网,可以翻转整个布鲁姆认知分层体系,这能够帮助教师安排更多的时间在分析、评价和创造等更高级的认知层级上设计和实施高层级的认知教学活动,即深度学习的开展。

领域三:深度学习的教学资源建设、技术应用研究。

资源工具是进行深度学习的基础,信息技术在深度学习中担任着提供学习认知工作的技术支撑角色,是技术促进学习的重要体现。随着深度学习在信息化教学实践中的研究越来越被重视,不少国内研究者、一线教师开始关注深度学习所需的教学资源和技术工具的设计及应用研究问题。陈琳等针对促进深度学习的网络学习资源建设提出了个性化选取、互动协助、基于网络学习共同体平台、带有评价功能等网络学习资源建设要点。杨家宝等从内容模块设计、导航设计和界面设计三方面论述了如何采用混合教学模式建设网络课程,以提高教学资源的质量。在技术应用研究方面,国内主要关注深度学习在移动式学习和游戏化学习方面的发展。陈意认为,国内深度学习活动的开展可以通过改善移动设备性能、提高移动学习资源质量来实现。

领域四:深度学习的教学策略研究。

如何在教学中促进深度学习,是国内学者十分关注的研究点。随着教育技术应用的不断普及,通过信息技术与教学的深度融合实现深度学习成为信息化教学的目标和诉求。国内不少学者探讨了深度学习的教学策略,也有研究者重点针对面向深度学习的信息化教学展开论述。段金菊构建了深度学习交互层次模型,在此基础上把数字化学习环境下的深度学习分为激发外显学习行为阶段、促进认知加工过程阶段和数字化学习结果保持阶段,并提出了各阶段促进深度学习的学习策略。张静等通过评析聚焦于深度学习的信息化教学典型案例,探讨了面向深度学习的信息化教学策略,包括利用信息技术增强学习内容的认知体验、利用信息技术促进知识经验的聚合、共同体的深度交互激发学习者的身份认同、延展教学空间、利用信息技术促进知识经验的聚合、共同体的深度互动激发学习者的身份认同、延展教学时空、创设持续性学习环境等。康淑敏认为,促进深度学习应以塑造创生性学习文化为基础,在教学过程中加强深度学习素养的培养,以项目学习、任务探究、素质拓展活动为载体,通过提供具有思维空间的学习任务提高学生的多元化思维能力和问题解决能力。

领域五:深度学习的影响因素研究。

国内不少学者通过调查、实验等方式,对影响深度学习的相关因素以及促进深度学习的方法策略进行了探讨。付亦宁从实证出发,证实了教学体验、全面学习观、深度学习动机、元认知能力、深度学习策略和学习结果体验会对大学生深度学习产生影响,并提出充分发挥全面学习观的先导作用,以学习科学为基础,构建激发深度学习的教学策略、加强元认知能力训练,促使学生掌握深度学习策略等促进深度学习的策略。吕林海在考量影响深度学习的环境感知因素和现有知识观念因素的基础上,为一线大学教师在目标设计、认知起点、教学方法、及时反馈、智慧教学五个方面提出了促进学生深度学习的教学策略。吴亚婕以班杜拉(Bandura)三元交互理论为分析框架,从个体、行为、环境详细探讨了在线深度学习影响机制,指出自我调节、动机、深度学习方法、投入、生生交互、师生交互、学习者与内容交互、在线学习平台、课程内容、教师教学水平为在线深度学习重要影响因素。

领域六：深度学习的评价研究。

一是以深度学习目标为导向，构建深度学习评价框架与体系。其中张浩等构建了以布鲁姆的认知目标分类法、比格斯的 SOLO 分类法、辛普森（E. J. Simpson）的动作技能目标分类法和克拉斯沃尔（Krathwohl）的情感目标分类法为基础的认知、思维结构、动作技能和情感四位一体的深度学习评价体系。刘哲雨等基于迁移理论与 SOLO 水平分类方法，构建了深度学习效果的"3+2"评价模式，通过新知理解表征深度学习的基础，内部关联与外部拓展的迁移表征深度学习的程度。

二是针对深度学习过程的评价。殷常鸿等以皮亚杰（Piaget）的发生认识论理论为依据，结合概念转变理论与 SOLO 分类体系，从学习者思维的角度入手，构建了"两个阶段、七个过程"的"皮亚杰-比格斯"深度学习评价模型。冷静等引入了社会认知特征分析，对深度学习过程中学习者的社会交互、认知发展轨迹的测量做了详细说明。

三是结果与过程两种取向相结合下的评价。苏丹蕊在重新定义了混合学习环境下深度学习的内涵后，构建了包含深度学习动机、深度学习投入、深度学习策略和深度学习结果四个维度的评价指标体系。除了基于深度学习的教学评价，也有部分学者研究基于深度学习的资源评价。例如，有学者以学历案为深度学习载体，优化设计指向深度学习的学历案，建立健全其评价指标并提出评价策略。评价方面的研究以借鉴国外评价模型居多，原创性研究较少，对学习过程与结果的研究较多而对学习环境与资源的评价较少。

领域七：技术支持下的深度学习研究。

近年来，随着信息技术的不断发展以及教育信息化的持续深入，网络学习空间、人工智能、学习分析等相关技术的运用成为深度学习研究的焦点。张文兰等认为创客空间支持的深度学习具有实现质变超越的可能性及优越性，设计了包含确定主题、自主学习、小组协作、成果总结、成果展示这五个环节的创客空间支持的深度学习。何聚厚等指出虚拟现实技术具有极强的全沉浸式和交互性特点，对深度学习具有有效的支持性，因此构建了基于虚拟现实技术的深度学习场域模型。陈蓓蕾等构建了智慧教室中的促进深度学习的教学交互框架，并对深度学习结果进行了测评。颜磊等就"如何利用学习分析技术收集、分析学习者在网络学习平台上产生的学习大数据，进而引导学习者深度学习"这一问题展开了探讨，通过网络教学平台收集了教师教学和学生学习的大数据，并利用学习分析技术对教师和学生的行为进行了量化分析，探索了这些行为与深度学习过程意向模型的相关性。

领域八：深度学习实践应用的实证研究。

随着实证研究在国内学界受到推崇以及研究者们对深度学习效果的关注，国内一些学者展开了关于深度学习的实证研究，得出了许多很有价值的结论。在理论方面，有学者得出基于认知过程的学习内容及其资源重构具有较高的有效性、学习品质与技术存在交互关系、"技术设计"而非"技术本身"促进了学习者发展等结论；有学者揭示了混合现实学习环境中具身交互促进科学概念理解的认知加工机制，为深度学习的实践提供了重要的理论依据。在实践方面,有学者得出基于反思的深度学习模式具有一定的可行性且反思活动能有效地促进深度学习的结论;有学者以具体课程为例进行了教学实践,探究翻转课堂教学模式下影响深度学习的主要因素。对理论的检验与实践的应用同等重要,当前的实证研究以量化研究为主,如果能结合质性研究,则可以更加细化地展示深度学习的实践过程并可以从细微处得出一些结论。

领域九:深度学习的学习者研究。

学习者是深度学习的根本出发点和最终归宿,对学习者的研究有利于把握深度学习的研究方向,调整深度学习研究的最终指向。有学者认为,深度学习是学习者批判地学习新思想和知识,并将其融入原有的认知结构中,进而做出决策和解决问题。也有学者认为,深度学习是一种强调批判性思维的学习方式,强调学习者应开展批判性的学习。有学者认为,反思学习是学习者进行深度学习的重要途径。有学者分析混合式学习环境下的学习者行为,发现深度学习者在批判理解和意义协商上明显高于浅层学习者。也有学者基于学习科学理论对深度学习中的学习者模型和学习者情感识别方法进行完善。

领域十:深度学习的特征研究。

国内学者针对深度学习的特征从多个方面进行了分析研究。有研究者指出,深度学习的发展需要一个完整的系统,它的基本原理是基于人工智能技术的。也有研究者认为,当学生面临挑战性的任务时,他们应该全身心投入,以获得有意义的成长,并提出了五大特征来衡量深度学习的发生。也有学者指出,深度学习具有"乐学善思"和"悟学省思"两个特征,即乐于主动学习并善于思考、懂得反思。亦有学者强调,深度学习具有高度的综合性、全局性、有意义的联系和社会性,旨在激发学生的积极性和创造力。

三、深度学习的研究现状评析

通过对国内外关于深度学习、深度学习能力相关文献的整理分析发现,国内外众多学者都对深度学习理论与实践展开了长时间较为专业的研究,并获得了丰富的研究成果。对比国内外深度学习研究发现,国外更加注重深度学习的实践应用和实证研究,主张在实践中验证理论,进而来推动理论的发展。当前,国外深度学习研究仍存在不足。以美国为例,在研究内容上,已有研究大多基于学生层面描述深度学习的概念和生成机制,即通过揭示具体观点或操作体系说明深度学习的发生和发展的条件。

然而,对指导学生深度学习的教师的"深度教学"层面尚未展开应有的研究。在研究对象上,过于偏向基础教育阶段的学生,对大学生群体研究较少。且已有研究的地域过于集中于美国本土及英语国家,对其他文化背景下的"深度学习"研究尚待开发。在研究方法上,美国的"深度学习"研究过于聚焦于学生在特定项目中的深度学习,对学生日常自然状态下的深度学习研究仍显不足。

目前国内关于深度学习的研究更倾向于理论研究,实证研究较少,特别是鲜有深度学习课堂实践方面的实证研究,所采用的研究方法单一,缺乏明确的教学指向性。国内对于深度学习过程与评估关注较少且缺乏有代表性的实证研究成果。研究者应该在深度学习环境设计研究的基础上,进一步关注深度学习的过程与评价。对深度学习过程的研究应更加全面,在分析学习者外显学习行为的基础上,更深入地挖掘其内在认知过程,借鉴国外的研究设计,注重对学习者元认知、高水平思维的分析研究。此外,国内关于深度学习的相关文献数量多、质量高,说明国内对深度学习这一研究领域非常重视,并且在理论内涵、过程与方法、实证研究等方面有更深入的研究。同时,国内对于深度学习的研究多是教育学和学习科学的视角,缺乏技术支撑下的数字学习的深度学习研究。今后,国内关于大学生深度学习的研究需要重点关注三个方面的问题。

(1)需关注相关教育理论的研究与应用。

深度学习归根结底是一种学习策略,离开学习理论的研究必将成为无源之水、无本之木。深度学习的基础理论是开展深度学习研究和教学实践的基础。目前,研究者对深度学习基础理论的研究仍处于探索阶段,还没有形成系统的理论体系。深度学习是随着学习科学研究领域的兴起开始受到关注的,对深度学习的认识和理解是建立在多种学习理论基础之上的。随着心理学,特别是脑科学的发展,学习理论的体系在逐渐进步和完善。此外,随着信息化的发展,信息技术支持下学习理论的研究也必将起到积极的作用。因此,只有关注学习本体论的发展,才能为深度学习的发展提供理论支持。这就要求有更多的研究者回归到学习理论本身的研究中来,完善已有的深度学习理论并创造新的学习理论。特别是要以学习者和知识本身为研究对象,立足学生的学而不是教师的教,用人本主义的理念完善和构建深度学习理论。

(2)需关注新技术的发展与应用。

从深度学习在国内的研究演进可以发现,深度学习的研究与新技术的发展是紧密联系的。信息技术的发展促进了翻转课堂与慕课(MOOC)的发展,而深度学习应与之结合。随着大数据的发展,深度学习又借助信息化手段搜集教育数据进行深度学习的评价以及对学习者的学习行为进行分析。而随着人工智能的发展,有学者又开始研究借助人工智能建设深度学习环境的可能性与策略。所以,深度学习的发展是与时俱进的,特别是注重与新技术糅合的可能,用新技术为深度学习的实施创造条件。研究者应进一步将人工智能与教育教学深度融合的理论研究与实践应用结合起来,拓展人工智能在教育领域的应用形态,解决教育教学改革过程中存在的具体问题,推动人工智能在教育领域的创新应用。此外,还应该关注学习科学特别是脑科学的发展,这对深度学习本体的研究至关重要。

(3)需重视相关教育资源建设与应用。

深度学习的实施离不开相关教育资源的支持。当前,深度学习主要处在理论研究阶段,要进行广泛的实践,需要相关教育资源的建设。研究者应该结合具体的学科做好顶层设计,以学科为依托,融合深度学习理念建设相关教材,为教学配套相关教学资源,只有这样,才能为一线教师进行深度学习教学实践提供指导与参考。在资源开发过程中,要坚持理论与实践相结合的原则,在开发团队中吸收教学经验丰富的一线教师,并随时根据一线教师的反馈进行资源的调整和优化。

第三节 研究意义、创新点与局限性

一、研究意义

教学质量是高等教育的生命线,只有不断提高教学质量才能使自己在激烈的竞争中处于不败之地。当前,大学生获取知识的途径、方法多样化,获取的内容丰富多样。本研究从学生学习的视角,探讨大学生深度学习与学习评价相关理论的研究现状,并开展现状调查,为促进大学生学习有着一定的现实价值。

(一)理论意义

本研究进一步促进了大学生深度学习与学习评价的相关研究。本研究首先围绕深度学习展开文献综述,在这些理论的指导下,对深度学习相关概念进行梳理,从而为后续的深入研究打下理论基础。在对某高校大学生学习现状展开调查及分析的基础上,得出一定的结论,从而为我国高校大学生开展深度学习与学习评价提供借鉴与参考,从而进一步促进大学生深度学习与学习评价的相关研究。

通过本研究可以再次理清深度学习的基本含义。大多数人对深度学习的理念认识还很粗浅,现有教育中存在的很多问题暗含或映射的都是对深度学习理解不够透彻的问题。本研究意图通过对深度学习基本含义的梳理,对深度学习的内涵、深度学习的能力、构成要素等进行了详细阐释,有助于梳理深度学习能力的要素和脉络,可以进一步丰富深度学习理论研究,深化研究者对深度学习的认识,并为其他研究者提供理论参考。并在整体把握深度学习的基础上,针对大学阶段进行深入的调查和剖析,期望可以提出一些建设性建议与合理举措。

同时,本研究扩大了教育教学研究的领域。现有的教育教学研究大多数都是集中在横向的研究即如何使教学更有效上,而不是纵向的即如何教才能使学生的学习更有深度上。本研究将结合深度学习的理论和实证调查结果将视角集中在纵向角度,有利于提高对大学生深度学习的关注并丰富和发展教学理论。同时本研究兼顾对大学生学习成果评价的理论研究,对大学生学习及评价相关理论的丰富和发展亦有一定的创新,并能为其他研究者提供理论参考。

(二)实践意义

从实践角度来看,研究深度学习的意义在于:

第一,通过对理论的重新审视和对大学阶段深度学习情况的调查分析,可以引起关于大学生深度学习情况及具体措施的关注,这将对未来进一步探索大学生的深度学习情况做好铺垫,具有现实意义。

第二,为教师进行指向深度学习的课堂教学改革提供新思路。由于对大学生深度学习的情况进行了实证调查分析,可以有针对性地提出一些改进措施,可以有效避免无谓的摸索,对于促进大学生深度学习的研究具有重要的实践指导意义。

第三,可以改善大学生低效学习的现象。当前部分大学生并不知道深度学习的实际意义,不了解现状,实证研究可以明确地揭示大学生的学习现状,让其有明确的认知并通过理论的阐述使大学生提高对深度学习的理解与重视,从而在一定程度上可以改善大学生的学习状态,实现高校教与学互动以及教学质量的持续改进。

本研究为制订大学生深度学习与学习评价策略提供依据。当前大学生深度学习作为高等教育界研究的热点之一,从而得到了高校及教育工作者的普遍关注。但由于理论储备不足、环境对学习的支持力度不够、部分教师能力不足等问题,实际上教学效果并没有得到显著提升,学习者即大学生依然停留在浅层学习上。为了解决这些潜在的弊端,对大学生深度学习与学习评价进行调查研究,有利于找出目前在高校中大学生进行深度学习时所面临的一些问题,并对这些问题进行了归纳,给出了有针对性的建议,为制订出科学合理的深度学习策略提供参考依据就显得尤为重要,也为高等教育管理者、研究者、教师等开展教与学相关研究提供了思路和方法的选择。

对于大学生深度学习与学习成果评价的研究和探讨,既是站在理论研究与突破的视野,也是站在持续改革与发展的立场。大学生学习成果直接关系着学生的学习体验,影响着学生学习质量,能够管窥高校大学生学习满意度的真实状况。同时,以大学生深度学习与学习成果评价作为切入点,能够从学生体验和感知的角度窥探高等教育质量,其研究结果一方面能够直指教师教学、学生学习的全过程;另一方面也促使高等教育要素和外部资源进行沟通,以帮助资源、要素形成更加优化的配置,助力高等教育质量的全面提高。

二、研究的创新点

创新点一:理念创新。

本研究从教师和学生双重的视角切入高校深度学习和学习评价研究,为以后的研究者提供了一定参考。

创新点二:实践创新。

本研究成果对高校课堂教学、课程建设和学生学习成果评价有一定的指导意义。部分研究成果能为高校所采用、借鉴、参考和研究。

三、研究的局限性

课堂教学质量与学习效果评价是高校办学以及内涵发展的重要命题,任重而道远。由于高校课堂教学与学生学习的复杂性,对相关的理论与实践研究,不同的研究者和高校利益相关者给出的答案不尽相同。本书结合笔者近20年高校教学管理理论研究与实践经验,针对高校课堂教学与学生学习中存在的问题,以教师和学生的双重视角作为研究的切入点,开展相关的理论研究和实证研究,虽然取得了一定的经验,但受到笔者学术积累和视野的限制,具体到本研究中,也存在一些不足之处,希望在将来的研究中能够弥补和进一步改善。

（一）对于大学生深度学习与学习评价的理论基础研究需要继续深入

影响教师教学质量和学生学习效果的因素较多，内在联系较复杂也互相制约，难以进行量化衡量，故学术界只进行了各种因素对教师教学质量和学生学习效果的影响效果相关性讨论，有可能疏忽一些新变化趋势的影响。随着科学技术和社会的整体进步，影响教师教学质量和学生学习效果的各种因素的内涵和表现形式都会产生动态发展，为本研究的继续深化提供了广阔的空间。

（二）实证研究存在局限性

虽然本书通过大量文献研究、比较研究、案例研究和调查研究以期为实证研究打下坚实的理论基础，但受制于客观条件以及笔者的时间和精力，在问卷调查方面，只做了学生的调查，而且调查研究对象局限于某地方医学院校的在校大学生，缺乏对毕业生的调查，也缺乏对专家、教师、行政管理人员的相关调研和访谈，研究相关内容和结论存在一定的局限性，相关研究还需要再深入和拓展。在未来的研究中，通过扩宽调查学校和调查对象（毕业生、专家、教师、行政管理人员），增加样本量，在实证研究的基础上进行调查，可能会有新的发现和新的思考。

第四节　研究思路与方法

一、研究思路

研究思路大致为"文献梳理与考察+理论分析数据记录、分析、总结→个案研究→比较分析→发现不足之处→提出有针对性的优化对策"。

第一阶段，在阅读大量文献与其他参考资料的基础上，对前人研究成果进行总结与综述，进而开展对我国深度学习与学习评价等的相关研究，针对其中对本研究有帮助的部分内容进行重点分析，能够清晰地把握当前的研究现状，获取当前深度学习与学习评价的研究热点与中心，最终定位本研究的研究目的和意义，确定研究内容和方法；学习深度学习的相关研究理论，为后期的工作夯实理论基础。

第二阶段，收集某高校大学生学习情况调查表并对数据进行整理和分析。

第三阶段，在上述研究的基础上，分析大学生深度学习的定位，提出促进大学生深度学习的策略，并从增值的视角对大学生深度学习评价进行探讨。

二、研究方法

研究方法既是研究赖以进行的工具，又是研究得以发展的基础。为了使本研究能够扎实有效地进行，最终能够得出科学且客观的研究结论，在研究过程中根据不同研究时期的目标，采用了与目标相适应的相关研究方法，基于有关领域的研究理论和研究现状相融合，使得本研究顺利开展。本研究力求通过多视角、多渠道、定性研究与定量研究相结合的方法搜集资料，分析问题，采用的具体研究方法如下。

（一）文献研究法

文献研究法是指通过对文献进行收集、鉴别、整理以及分析，形成对事物或事实本质属性的一种研究方法。通过图书馆、中国期刊全文数据库、外文数据库检索系统等途径大量查询与本课题有关的学术书籍、专著、论文、报告等资料，初步积累与本研究课题相关的文献背景资料。通过查阅和研究国内外相关的政策文本、已有的研究成果以及相关机构公布或内部提供的资料，进一步综合、归纳、分析、整理和挖掘相关数据和文本资料，为本研究奠定较扎实的学理基础。

本研究查阅了关于深度学习、学习评价以及混合学习等各类教学方法的图书、期刊、硕士论文、博士论文，并对其分析和综述，对本课题的现状、进度、范围、领域以及发展趋势有了一定的了解，进一步明确当前研究领域中的热点以及存在的不足，并在此基础上提出研究问题、研究内容、研究意义，拟定本研究的研究思路。通过对国内外相关文献的研读，明晰深度学习能力的构成以及影响因素，确定学习评价要素体系。

（二）比较研究法

比较研究法是指根据一定的标准，对两个或两个以上有联系的事物进行考察、研究、判断其相似或相异程度，寻找普遍规律或特殊规律的方法。本研究选取中外高校大学生深度学习与学习成果评价相关案例进行比较分析。

（三）问卷调查法

问卷调查法是一种以书面形式获取研究材料的调查方法。采用问卷调查的方式，对某高校当前大学生学习情况进行基本了解，分析现状，发现其中存在的问题，并根据调查的结论，提出一些具有科学性和合理性的意见。

（四）数据分析法

本研究主要用SPSS20.0软件及相关分析软件对回收的数据进行统计分析。在对个人基本信息调查部分，如性别、年级、专业等方面进行描述性分析，对被调查者的相关情况有一个基本的了解。

第二章　核心概念的诠释

第一节　深度学习的内涵与特征

一、深度学习的内涵

学习是通过学习或亲身经历获取知识、技艺、态度、心理概念或价值观的过程,还是促成脑记忆的可测变化的训练过程。学习内容可以分为直接教授(外在)的和由生活经验获得(固有)的两部分。人们的大部分知识是由生活经验获得的。富有经验的教师会告诉他的学生所学的大部分东西从不在课程设计中。例如,人们从对他人的观察或媒体的展示中"学会"穿搭。从周围人身上学会如何举止得体。

关于学习有多种定义,归纳起来主要有两类:一类是把学习定义为后天获取知识的过程;另一类是把学习定义为使主体产生行为或行为潜能的相对恒久变化的过程。前一类强调知识的获取,后一类不仅强调知识的获取,而且强调获取知识后引起的行为变化。

从学习的定义我们可以看出,学习现象极其复杂,既涉及学习者的内部过程,又涉及外部过程;既有简单的学习形式,又有复杂高级的学习形式。在所有描述学习的方式中,与本研究相关的有两种:外在信息的简单学习与深度学习。

20世纪50年代中期,瑞典哥德堡大学马顿和萨尔乔对"学习方式"进行了初始研究。将学生分成两组阅读同一篇课文,并且事先告知两组学生阅读后要接受提问。第一组学生围绕着预期的问题阅读,他们集中注意可能被问到的知识和细节。事实证明,他们的学习停留在课文的表面,只记住一些没有联系的知识,没能完全理解作者的写作主旨和课文的大意。第一组为简单学习,学生采用的学习方法称为学习的表层方式。第二组为深度学习,学生努力通过课文的事实和细节去探求作者的写作主旨和想要表达的意思,深入课文去解读意义。第二组学生所采用的学习方法视为学习的深层方式。

(一)简单学习

简单学习也称为浅层学习,其定义可以描述为"没有经验的学习者可以一次学会的学问、知识或反应,不需要反馈或纠错,很少或者没有歧义"。例如,回想某事发生的地点,知道某一事件的时间、人物或细节,经典条件反射,以及例行公事与每天的日常事务,等等,都可以将其归类为简单学习。简单学习除机械记忆以外,不需要付出太多努力,但作为学生进一步学习的基础,简单学习却又必不可少。

简单学习通常把知识或信息作为孤立的、不相关的事实来接受和记忆,从而导致学习者对材料进行表面的、短时的记忆,而不能促进其对知识和信息的理解和长期保持。过多的简单学习容易使学习者产生厌倦。

简单学习很少涉及应用层面,是一种机械式的学习方式,学习者对书本知识或教师讲授的内容进行简单记忆或复制,被动地接受学习内容,不加思考的应用,学习者通常的目标是通过考试。

(二)深度学习

有关深度学习的内涵,学术界并没有统一的说法。深度学习的概念最早由瑞典哥德堡大学的马顿和萨尔乔于20世纪60年代提出。他们识别了学习者面向文本阅读任务时的两种性质不同的处理方法:一种方法是试图理解文本,另一种方法则试图去记忆文本。前者通常被称为"深度学习方法"(deep learning approach),后者则被称为"浅层学习方法"(surface learning approach)。这两种方法的"类型化"确定,构成了绵延近半个世纪的"学生学习方法传统"(SAL,the tradition of students' approach of learning)的学脉铺展的起点。

1995年,莱姆(Rhem)通过研究发现,学生拿起课文,常常不去探究意义,而是寻找事实。他总结其中的原因,认为这是由于"课文的意义直接涉及评价学生的方式"。这就导致了简单学习的产生,学生只能回忆起彼此间毫无联系的事实性知识。他认为,运用已知的有关人类学习方式的理论,能帮助学习者形成促进深度学习的课堂实践,同时减少简单学习现象。

恩特威斯尔(Entwistle)和拉姆斯登(Ramsden)认为在不熟悉的情境下的问题解决,新的学习与已有知识相结合,通过高级问题解决与探究显示出深层的学习和理解。

韦格尔(Weigel)认为深度学习是通过对新知识、新观点的批判性分析产生并导致对信息的理解,并且能够长期保持,或者是通过探究来促进知识发展与元认知发展。

华伦·霍顿(Warren Houghton)将深度学习定义为通过探究学习的共同体促进有条件的知识和元认知发展的学习。它鼓励学习者积极地探索、反思和创造,强调学习者批判性地学习新思想和知识,并把它纳入原有的认知结构中。

艾瑞克·詹森和利恩·尼克尔森则指出,深度学习是指学习者对新知识或技能的获取需要进步的学习、多角度的分析或主动加工,从而改变观念、控制能力或行为方式来应用这些知识与技能。

2012年,威廉和弗洛拉·休利特基金会(The William and Flora Hewlett Foundation)把深度学习阐释为六种相互关联的核心竞争力,即掌握核心学业内容、批判性思维与问题解决、有效沟通、协作能力、学会学习、学术心志。美国教育研究会(America Institutes for Research)将其进一步细化为认知、人际、自我三大领域,从而形成了深度学习在领域维度与能力维度的兼容性框架。

国内不少学者也对深度学习进行了定义。

何玲等认为,深度学习是指在理解学习的基础上,学习者能够批判性地学习新的思想和事实,并将其融入原有的认知结构中,与众多思想进行联系,并能够将已有的知识迁移到新的情境中做出决策和解决问题的学习方式。此定义目前得到国内学者的广泛认可,并在后续的期刊论文中被进一步引用和讨论。

张静等认为,深度学习是指学习者以复杂的、深层次知识为学习对象,以沉浸、投入的心理状态,运用高阶思维和解决复杂问题的相关能力,实现分析、综合、评价等高层次学习目标的学习方式。该定义从布鲁姆认知目标分类的角度进行了界定,有一定的可操作性。

段金菊指出,深度学习是学习者在理解学习的基础上,能够批判性地学习新的思想和事实,并融入原有的认知结构中,在众多思想间进行分析和联系,将已有的知识迁移到新的情境中做出决策和解决问题的学习。

王永花在前人相关定义的基础上,将深度学习的内涵总结为,学习者通过对新知识的批判性分析和与原有知识的整合,形成对学习内容的理解,以便应用所学知识来解决复杂问题,完成学习迁移,最终能以改变个人思想或行为的方式内化知识的一种学习,它通常指的是批判性思维、抽象思维和创造性思维等高级思维。

黎加厚认为深度学习是指在理解的基础上,学习者批判性地将新知识纳入已有的认知结构中,可以在新的情境中应用知识并解决问题的学习。

结合学者们对深度学习的研究,我们不难发现深度学习与理解之间存在着非常紧密的联系:深度学习是一种基于理解的学习,学习者通过批判性思考和创造性运用,有选择地吸收新知识,并将新知识与原有认知体系建立联系,基于一定的思维范式制订解决问题的策略和方案;深度学习与理解的内涵特征是一致的,都强调对信息的整合与处理、强调学习者主动的知识建构、强调通过分析和思考进行决策;学习有深浅之分,深浅学习的区别在于理解的程度不同,深度学习与浅层学习不是对立的,而是理解程度的连续体,采用深层的学习方法可以促使学生对知识的理解从浅层迈向深层。

深度学习是目前学习科学的重要概念,也是一种有效的学习方式和学习理念,许多教育研究者尝试对深度学习的内涵进行阐述。综合国内外对深度学习内涵的认识,得出以下基本共识:

第一,深度学习是一种批判性的学习方式。深度学习是以浅层学习为起点和基础,要求学生批判性地学习新知识。深度学习者不满足于对知识的简单掌握,他们在学习新知识时,会进行批评性的思考,不断加深对知识的理解,并在已有知识结构的基础上建构新知识,实现对知识的深层加工,从而迁移应用到真实情境中解决问题。

第二,深度学习强调学习者的学习状态,也重视学习过程。深度学习强调学习者的状态是积极主动的,深度学习者会根据自己的兴趣和需求,积极主动地进行自我导向性的学习,实现有意义的学习。深度学习更加注重学生主动建构知识及将所学知识迁移应用到日常情境中解决问题的过程,及在这些过程中,学习者元认识能力、问题解决能力和思维能力的发展,而不是仅仅关注学习的结果。

第三,深度学习是涉及高阶思维的活动。显然,深度学习是处于高级水平的认知,要求学习者在知识建构、迁移应用及真实问题解决的过程中,实现高阶思维的发展和解决实际问题的能力的提升。所以,深度学习既有助于提高学生的学习能力和学习效能,又有助于发展学生的思维逻辑和解决问题的能力。

综合上述说法,本研究认同景红娜等的研究结果,将深度学习描述为,学习者在理解的基础上,通过对新知识的批判性分析和与原有知识的整合,采用深入的方法,对知识进行高水平的分析与加工,理解学习内容并内化,从而形成对信息的理解以及长期保持的一种学习方式。深度学习强调学生在知识和技能的探索中,对知识进行深层次的加工,产生高层次的思维,深层次的体验和内在品质的提升。从本质上说,深度学习是一种氛围高度沉浸、改革不断深化、内容扩展延伸、评价持续改进、注重学习成果的学习方式。

二、深度学习的基本特征

深度学习作为一个复杂的思维过程,它不但与学习者的认知结构有关,还和学习者的思维方式有关,它总是在一定情境中发生,是对某个具体问题的纵向和横向的综合思考,它与具体问题的内容有关,而与问题本身的难易程度关联不大。深度学习是强调批判性思维的学习方式,要求学习者对知识进行深入思考。为了加深对深度学习的理解,有必要对它的特征进行阐述。

按照学习者对知识理解和掌握的程度,人们多将学习方式分为简单学习和深度学习。深度学习始于简单学习,但却并不总是这样。为了能够深入钻研知识和概念,他们应首先抓住基础,越深入了解事实,就可以越多地构建连接。为了更好地区分简单学习和深度学习,综合学术界相关研究,下面将简单学习和深度学习的特征进行对比,如表2-1所示。

表 2-1 深度学习与简单学习的对比

比较项	深度学习	简单学习
记忆方式	理解基础上的记忆	机械地记忆
知识融通	注重新旧知识间的联系	关注当前知识点
兴趣点	关注解决问题的核心概念和知识	关注解决问题的公式和外在线索
学习主动性	主动性学习	被动学习
学习的理解	学习过程中逐步加深理解	学习过程中缺少反思
活动行为	活动和任务中批判性思考、积极慎重的讨论	活动和任务中收获很少
知识运用	将知识运用于实践	不能灵活运用所学知识
思维高低	高级思维	低级思维
学习动力	学习是自身需求	学习是外在压力
学习目标	学习目标明确	学习目标模糊
反思	经常性反思	没有反思

由以上对比不难看出,深度学习具有以下特征。

（一）理解基础上的记忆

深度学习强调知识的学习应建立在理解的基础上，与简单学习强调机械地记忆相比，建立在理解基础上的学习关注知识及其组织，帮助学生发展能力。理解是一切活动（包括认知活动）的基础。理解是对意义的把握，是连接教育与个体精神的根本方式。在理解基础上的记忆，能够加深学习者对所学知识的掌握，激发学习者的求知欲，为深度学习打下基础。

（二）注重新旧知识间的联系

简单学习容易导致知识的脆弱。也就是说，如果我们只是肤浅地学习某些东西，很容易就会忘记，甚至会在其他信息的影响下被改变成错误的形式。当我们准备在此基础上建立新的知识或打算借助它解决新问题时，这种脆弱的知识充其量是毫无实际用途的孤立的知识点。与此相反，深度学习强调前后知识间的普遍联系，使我们已有的知识紧密相连，学习者学习新的思想和事实，并将它们融入原有的认知结构中，在众多思想间进行联系，大脑不仅能保持这种知识，而且能够理解并在适当的时候随时调用。

（三）关注解决问题的核心概念或知识

深度学习重视学生应用新知识、新技能到新情境中解决具体问题。需要指出的是，"问题"不是传统教学中通过固有规则和机械记忆方法就能够解决的良构领域问题，而是需要在原有知识基础上进行判断、分析、理解、应用才能解决的劣构领域问题。学生在学习的过程中，每一章节或每一单元都会有一个或几个核心的概念，而深度学习则关注这些核心的概念或知识，围绕核心概念展开学习和解决问题，以核心概念带动学生对整个知识框架的构建。与简单学习关注解决问题的公式和外在线索相比，深度学习更能够促进学生对所学知识和信息的深入理解，掌握知识的精髓。

（四）主动性学习

深度学习的学习者自己是学习的真正主宰者，"自己教自己"，在学习中以主动的姿态接受"教"。他们具有相对独立于"教"的目标、计划、进程，更有独立于"教"的状态，特别是具有独立的思维状态。具有很强的自我控制能力和主动性，不会受外界环境不良的影响。学习者主动的对外来信息进行加工，对学习内容进行深入的分析。

（五）学习过程中逐步加深理解

学习是一个动态变化的过程。学习者面对知识和信息，不可能一次就理解文本的意义，学习者必须利用已有的经验，在已有经验和知识的基础上去理解知识，在初步理解的基础上再进行更深入的理解，这样构成一个理解的循环，在学习过程中逐步加深理解。

（六）注重批判性思维

深度学习需要学习者对所学习的材料进行主动分析，批判性地获取新知识和接纳新思想，而不是被动地等待"灌输"。深度学习的学习者能够批判性地学习新的思想和事实，并将它们融入原有的认知结构中。通过对新观点的批判性分析，导致对信息的理解以及长期保持。批判性思维关注的是知识和能力之间的关系，在现代社会，批判性思维被普遍确立为教育特别是高等教育的目标之一。养成批判性思维能力，对于应付复杂多变的世界，提升现代社会生活的人文精神都是必要的。深度学习通过强调批判性思维的学习方式，使学习者对知识进行深入思考，在学习、活动和任务当中，参与讨论，踊跃发言，积极完成任务，通过一系列的活动完成对知识的掌握和自身能力的提升。

（七）强调实践

大量研究表明，学生在校期间获得的知识是片面的，缺乏与现实的联系。许多学生似乎在每学年各种各样的检查中表现出了对知识的掌握，至少常规考试的结果是这样。但当升入高年级或离开学校后，经常会回到一些基本概念的天真幼稚的理解状态，或者想不到，或者根本不知道如何在新情况下运用所学知识。他们时常忘记已学过的东西，对一些信息也缺乏了解。这种情况是普遍存在的。

深度学习的目的是为了解决现实生活中的问题，而不只是单纯的掌握知识。学习者将自己学到的知识在课后任务或活动当中加以实践，通过实践增强灵活运用知识的能力，适应各种复杂的情境。相反，简单学习由于只是孤立的零散的掌握知识，在运用知识解决问题的过程中不能把握解决问题的核心知识。

（八）高级思维

深度学习强调对知识进行深层次的加工，产生高层次的思维，深层次的体验和内在品质的提升。高层次的思维是指发生在较高认知水平层次上的心智活动和认知能力。体现在具体的教学目标中为分析、综合、评价和创造。而简单学习则只停留在对知识进行复制或记忆的低层次思维的阶段。高级思维能力体现了终身学习理念下对人才培养提出的新素质和新要求，是适应时代发展的关键能力。

（九）学习是自身的需求

人类学习活动的最本质特征是学习使个体身心获得发展，不断实现自我意识与自我超越。深度学习是为了满足学习者自身的需求，不断地完善和超越自我。深度学习者能够根据自身的需求而不是外在的强迫进行学习，主动获取与加工知识，并在实践中灵活运用。与简单学习应付考试相比，基于自身需求的学习者更能获得成功。

（十）学习目标明确

深度学习者在进行某一知识领域的学习时，会给自己制订一个相对独立的学习目标、计划或进度。学习目标不等同于教学目标，教学目标通常由教师根据教学大纲和自己的教学安排制订,而学习目标是个体学习者为自己制订的学习计划,以及对自己的期望,等等。但学习目标又不能完全脱离教学目标,在教学目标的指引下制订。而简单学习则被动地接受教师制订的教学目标,完成教师的要求,以通过考试为最终目的。

(十一)反思性

反思学习也是一种深度学习的策略。深度学习者注重通过反思来认识自己的学习,反思自己在整个学习活动中存在的优势及不足,评估自己的学习。古人说"学而不思则罔,思而不学则殆",学习和思考从来都是一体的。现代人学习,很多时候恰恰忽略了思考的过程,成了单纯的信息获取,可能一时有用,但对于人本身来说,则无益处。所以,真正应该考虑的是如何培养思考的习惯。通过反思,学习者可以调整学习方案,调整学习计划和学习进度。反思的内容有很多方面,例如,对认识学习过程进行反思,既与自己的认识过程进行反思性对话,也跟其他人的认识过程进行反思性对话;对学习方法进行反思,反思学习方法的运用是否恰当、合理,调整各种学习方法;对评价进行反思,通过反思自己的得失,总结促使学习成功的原因,是什么导致学习的失败,今后应该怎样努力,等等。深度学习者把反思学习当成了自己的学习习惯,并对此充满兴趣与激情,反思的目的是通过反思得到改进和提高。

通过对深度学习内涵的理解与分析,并结合科学教学的实践经验,提炼出了在本研究中深度学习应具有的特征有如下3点。

(1)深度学习是以学生为中心,学习者主动、积极的学习。

深度学习强调以学生为中心,学习者是所有学习活动的中心,学习效果的好坏都取决于学习者,学习者必须对自己的学习负责。深度学习者需要积极主动地学习知识技能以解决实际问题,不断地发现学习过程中存在的问题,并加以改善。有研究指出,学生通过读能记住的信息是10%;通过听能记住的信息是26%;通过看能记住的信息是30%;通过看和听能够记住的信息是50%;通过说能记住的信息是70%;通过说和做能记住的信息是90%。因此,若想要学生能够最大限度地获取知识量,则需要学生多渠道获取信息,并积极地去处理和应用这些信息,将知识与技能运用到实践中去。

(2)深度学习需要学习者对获取的信息进行批判性的整合与建构。

深度学习者不会毫无条件地相信书本或者教师所教授的内容。不同于浅层学习者的简单复制和表面记忆,深度学习是一种基于理解的学习,需要学习者能够针对所获取的信息进行批判性的吸收,用质疑的眼光去看待事物,对信息能够进行理性且客观的评价,加深对信息的理解。同时,学习者还需要对获取的信息进行内容及过程的重新建构、整合。将零散的信息与已有的知识储备相联系,将新的知识整合到原有的认知结构中,实现知识的同化与顺应。基于问题的学习需要用到多方面的信息整合,以及新旧知识的整合,深度学习的进行显得尤为重要。

(3)深度学习需要学习者联系已有知识与经验,迁移应用,解决问题。

所谓"学以致用",就是指将学习的知识应用于实际生活的问题解决中。一方面,深度学习强调学习者在理解新知识的基础上,对所学知识进行有效的迁移应用。学习者理解情境中的关键要素,分析新情境的复杂性和差异性,并将学习到的原则思路进行迁移运用。另一方面,深度学习应面向问题解决。学会解决现实生活中的复杂问题是学习的一个重要目的,在深度学习中,学习者应在知识迁移应用的基础上,不断提高应用所学知识来解决复杂问题的能力。而学会解决复杂的问题正是学习从浅层走向深层的体现和必由之路。

三、影响深度学习的因素分析

深度学习是一项需要学习者付出艰苦努力的学习过程,影响深度学习的因素有很多,归纳起来主要有以下几个方面。

(一)学习动力

社会学习理论者认为,学习者的期待和个人目标是重要的动机来源。期待是以过去行为的结果或我们观察到的他人行为的结果为基础的。这些期待影响学习者实施某种既定行为的动机水平。目标设置同样影响学习者在表现某种特定行为时的动机水平。正确的期待和个人目标可以帮助学习者树立学习信心,增强学习动力。

当前教育的大环境仍然充斥着应试教育,大多数学生学习的目的是为了通过考试,获得高分,而不是出于认知兴趣,功利性很强。学生可能会将学习看作必须执行的一项命令,把学习拆分为一系列任务而不是一个整体。这种在外部动机驱使下的目标很容易导致学生对学习产生厌烦、抵触等情绪,从而降低学生对自身的期待,造成学生缺乏学习动力,积极性不高,自信心不强。

(二)学习方式

基思·特里格威尔(Keith Trigwell)等实证研究得出,深度学习方式与良好学习结果是呈显著正相关的,浅层学习方式与良好学习结果是呈显著负相关的。不同国家针对不同教育层次的学生所做的许多研究也表明,学生学习的结果与其所采用的学习方式有相关性。

一般说来,在其他因素不变的情况下,浅层学习方式用于记忆无关联的细节总是奏效的,但它通常只能获得低分;深度学习方式则会获得结构合理的学习结果,且通常能获得高分。陆根书等研究得出,不同的学习方式与学习结果之间存在着非常密切的关系,学生的学习方式对其学习质量具有决定性的影响。

在传统的课堂教学中,教师是教学的讲授者、主导者,教师怎么教,学生就怎么学,教师和学生在教学方面的不平等决定了学生必须服从教师,教师决定学生的学习方式。由于时间及其他诸多因素的限制,目前的课堂教学,学生的学习方式比较单一,大多采用记忆—强化的简单学习方式,这在一定程度上限制了学生学习的主动性。

(三)想象力、创造性及发散性思维

创造性思维,是一种具有开创意义的思维活动,即开拓人类认识新领域,开创人类认识新成果的思维活动。创造性思维是以感知、记忆、思考、联想、理解等能力为基础,以综合性、探索性和求新性特征的高级心理活动,是需要人们付出艰苦努力的脑力劳

动。创造性思维能力需要经过长期的知识积累、素质磨砺才能具备。

人们面对新的知识，都是由简单学习开始。将简单学习转化为深度学习，不能忽视想象力的作用。想象力可以帮助个体创造新的秩序，把分开的部分组合起来，然后组装或重新组装模式。长期受应试教育思想侵蚀的学生，由于形成了思维定式，很难跳出模式化的窠臼，缺乏想象力、创造性及发散性思维。

(四)评价方式

真正的学习意味着学生要采用"深入的"而非"肤浅的"的方法。莱姆(Rhem)引用了许多长期实验的结果。这些实验发现，学生拿起课文，常常不去探究意义，而是寻找事实。他总结其中的原因，认为这是由于"课文的意义直接涉及评价学生的方式"。这就导致了简单学习的产生，学生只能回忆起彼此间毫无联系的事实性知识。莱姆还引证了澳大利亚的研究，表明随着学生进入更高层次的教育阶段，他们会逐渐采用深入的学习方法。他概括为，至少从某些方面来看，"传统教学使学生对材料的处理处于表层水平，尽管这有它的初衷"。道德(Dowd)引用吉布斯(Gibbs)的说法把深度学习描述为"学生通过对知识的整合与分析，理解所学内容并形成内化"运用已知的有关人类学习方式的理论能帮助我们形成促进深度学习的课堂实践，同时减少学习者中存在的简单学习现象。

有研究者使用 NSSE-China 问卷对深度学习的影响因素进行了研究。孙冬梅等认为深度学习包含以下 5 个方面。

(1)高阶学习，指知识的分析、综合、评价、运用等方面。

(2)探究学习，学生主动地发现问题，通过意义探究和理解等方式学习所学的内容，探索内容与其他内容之间的内在联系。

(3)反思学习，是学习者以元认知为指导，通过对自身活动的自觉认知来调控学习，对学习活动过程中发现的问题进行科学性的探究，以实现对自己的思维过程、思维结果的再检验。

(4)整合学习，是一种将学习过程与学习者所处情境、学习者当前和过去知识及经验、一门学科多种视角等相结合起来的学习。

(5)合作学习，突破了个体认知与行为能力的限制，是学生在与他人互动的情境中通过质疑、合作、争论、协商等方式寻求真理的学习能力。如赵宗金采用 NSSE-China 问卷对中国海洋大学学生的深度学习状况进行调查，发现学业挑战度对深度学习的影响力最为显著。如果活动任务富有挑战性，需要学生投入更多的精力和时间来完成，那么学生的内部动机容易被激发，深度学习策略也能有效被调动。如师生互动水平高的学生多采用深度学习策略，师生互动频率越高的学生，在学习中更加倾向于使用高阶思维进行深度学习。教师理解、给予学生自主、严格行为均能够促进学生的深度学习和策略学习。有研究表明，除了专业兴趣，深度学习对学业收获具有显著的预测作用，深度学习在主动合作学习对学业收获的影响中起中介作用。

第二节 深度学习的理论基础及过程阐释

一、深度学习的理论基础

（一）建构主义学习理论

皮亚杰最早提出了建构主义理论,他主张学生应当积极主动地探索知识,对知识进行有意义的建构。学习是学习者对知识进行主动地加工和建构,而不是由教师直接向学生讲授知识,学生不是被动地、孤立地接受信息。建构主义是认知学习理论的一个重要分支。建构主义源自关于儿童认知发展的理论,建构主义提倡学生在教师指导下,进行以学生为中心的学习,通过一定的情境,利用必要的学习资料,自己建构知识的意义而获得知识。建构主义强调学习环境,"情境""协作""会话"和"意义建构"是学习环境中的四大要素。同时,建构主义主张学生用发现法、探索法建构知识的意义,即把当前学习内容和已知的知识联系起来,并认证的思考这种联系。

"联系"与"思考"是意义建构的关键,如果能把联系与思考的过程与协作学习中的协商过程结合起来,则学生建构意义的效率会更高、质量会更好。当前,关于在课堂上深化深度学习的认识与践履主要是在建构主义的知识教学范式观照下开展的,此种教学范式基于认知心理的信息加工理论,对于深度学习在培育学生的抽象思维、学习的独立性和主动性等方面所做出的推进性意义不容忽视。

建构主义理论对深度学习理论的支撑体现在以下几个方面。

1. 学习者为中心

建构主义提倡以学生为中心,在学习过程中应当充分发挥学生的积极性、主动性,特别是要体现学生的创新精神,给学生多种机会在不同的情境下去运用知识,并根据反馈信息来形成对客观事物的认识和解决问题的方案。而深度学习的实现是在充分发挥教师主导作用的前提下,学生基于自身需求主动的获取和加工知识,并将其内化的过程。学习者是主体,但不忽视教师的指导作用。

2. 学习环境

学习环境是学习者进行自由探索和自主学习的场所,在其中学生可以利用各种学习工具和信息资源(文字材料、音像资料、书籍、多媒体课件和网络信息)来实现学习目标。学习环境是支撑,深度学习不可能脱离学习环境而独立存在。建构主义认为,学习是获取知识的过程,但知识不是通过教师传授得到,而是学习者在一定的学习环境下,借助其他人的帮助,利用必要的学习资料,通过意义建构的方式而获得的。建构主义强调学习环境因素的重要作用为深度学习理论的研究奠定了基础。

3. 意义建构

建构主义强调"情境""协作""会话"和"意义建构"是学习环境中的四大要素,其中意义建构整个学习过程的最终目标。深度学习强调学习者在知识和技能的探索中,对知识进行深层次的分析和加工,分析和加工的过程也是意义建构的过程,实现深度学习应首先完成对知识和技能的意义建构。

4. 学习方法

建构主义主张用发现法、探索法去建构知识的意义,把当前学习内容所反映的事物和自己所知的事物联系起来,并对这种联系加以认真的思考。"联系"与"思考"是意义建构的关键。而深度学习同样主张学习者对知识和技能的探索,在探索中发现,学生主动搜集并分析相关的信息和资料,对所学习的问题提出假设并努力加以论证,把当前知识和原有的认知结构联系起来。

5. 合作学习

建构主义认为,学习者与周围环境的交互作用对知识意义的建构起着关键性的作用。社会建构主义认为社会性的相互作用同样重要,甚至更加重要。这些观点为合作学习的开展提供了指导。学生在教师的组织和引导下进行合作学习,一起讨论和交流,在讨论中深入思考,产生高层次的思维。

目前,建构主义的知识教学范式在推动深度学习的深化方面所做出的努力,主要表现在深化知识结构和知识运用两个方面。不管是侧重深化知识结构的知识教学,还是注重知识深度运用的知识教学,它们所实现的最终目标都是个体原有的知识经验图式的更新与建构,是实现个体在认知结构上的深度发展。这两种知识教学的建构路径都是以个体知识建构主义为基础的,最终实现的目标都是个体思维认知上的深化。

(二)理解性学习

理解性学习思潮兴起于美国,它是对美国教育长期以来忽视理解的一种检讨。理解性学习包括两层含义。第一,它是一种"意义生成"(sense-making)活动。当学习者运用所知内容(如先前知识)从信息中创生意义,在事实和观点之间建立起新的联系时,理解就在学习者头脑中发生,此时学习者关于相关主题的知识在量上不仅增加,也有在质上提高,其知识变得更加细化和精致化,结果就产生了将概念知识结构化的表征或心智模式——"理解的心智模式"(mental model)。理解性学习的另一层含义是"理解的实作模式"(performance model),理解是一个人用已知的东西去思考和自由地采取行动的能力。理解不仅是建构自己的观点,而且能够做到用各种方式去运用观点。

理解的心智模式和实作模式相互补充,理解性学习既指能产生高度分化的心智模式,在事实和观点之间建立关联,又指能够以一种促进和帮助学习者对学科内容的掌握的方式去运用所学知识。深度学习首先强调在理解的基础上学习。理解基础上的记忆,能够激发学习者的求知欲,加深学习者对所学知识的掌握,学习者必须利用已有的经验,在已有经验和知识的基础上去理解知识,在有一些理解后再进行更深入地理解,这样构成一个理解的循环,在学习过程中逐步加深理解,为深度学习打下基础。

(三)认知灵活性理论

认知灵活性理论反对传统教学当中让学生被动地接受知识,机械地对知识做预先限定;同时还反对极端建构主义理论只强调学习中非结构的一面,忽视基本概念的重要性。认知灵活性理论认为,一方面必须提供构建理解所需的基本知识,同时也要给学生留出广阔的想象空间,使他们针对具体化情境采用恰当的学习策略。认知灵活性理论关注复杂知识的获得与学习的迁移问题,关注知识本身的复杂性。

斯皮罗(Spiro)等人认为,知识可以划分为良构和非良构两个领域。所谓良构领域的知识,是指某一主题相关的事实、概念、规则和原理,是以一定的层次结构组织在一起。而非良构领域知识是将良构领域知识应用于具体相关问题情境时而产生的知识,即相关概念应用的知识。根据知识的复杂性,对学习进行阐释,他们将学习分为两种:初级学习与高级学习。有关初级学习主要是局限于良构领域知识方面,学习者知道或了解一些重要的概念和原理,而高级学习则与初级学习不同,它要求学习者把握相关概念的复杂性,并灵活地应用到具体情境中,所涉及的主要是非良构领域的问题。乔纳森在斯皮罗等人研究的基础上提出了知识获得的三个阶段,如表 2-2 所示。

表 2-2　知识获得的三个阶段

初级知识的获得	高级知识的获得	专家化知识学习
以概念技能为基础	以知识为基础	复杂知识
字面编码	相互联系的知识	图式化的模式
练习	师徒关系	经验
反馈	引导	—

初级知识的获得是一种简单学习,停留在知识的简单学习阶段,为了获得高级知识,则应把握概念的复杂性,并灵活地运用到具体情境中,在知识运用和迁移的过程则是实现深度学习的过程,结合乔纳森知识获得三阶段说和深度学习的内涵与特征,将深度学习与知识获得三阶段说进行融合,如表 2-3 所示。

表 2-3　深度学习与知识获得三阶段说的融合

简单学习	深度学习	
初级知识的获得	高级知识的获得	专家化知识学习
以概念技能为基础	以知识为基础	复杂知识
字面编码	相互联系的知识	图式化的模式
练习	师徒关系	经验
反馈	引导	—

认知灵活性理论还认为,在非良构领域的学习过程是学习者主动进行双向建构的过程。建构一方面是对新知识意义的建构,同时也包含对原有经知识或经验的重组和改造。为了更好地实现知识的双向建构,斯皮罗等人提出"十字交叉形"学习方法,如图

2-1所示。

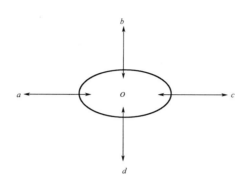

图 2-1　认知灵活性理论十字交叉形学习方法

在上图中,a、b、c、d 指向 o 的箭头表示在不同主题或背景下对知识的理解,o 表示对知识最终的理解;而从 o 指向 a、b、c、d 的箭头表示知识可以迁移到不同的主题或情境中去;椭圆表示在不同背景中对知识的理解可以相互影响。而采用十字交叉形的形式可以隐喻,在不同的背景下对知识建构的理解存在差异,通过多角度对知识进行建构,从而最终形成对相关知识的全方面理解与掌握。学习者只有对知识进行多维表征时,才能全面地理解和灵活地运用知识,这样所建构的知识才能顺利地迁移到其他领域。

(四)交互理论

师生互动的效果影响教学的有效性,20 世纪上半叶,有效教学成为国外学者的主流研究命题,课堂中师生的某一行为分析和描述成为研究焦点,作为有效教学一部分的师生互动开始进入研究的萌芽期和探索期。教学交互是指在学习过程中以学习者对学习内容产生正确意义建构为目的,学习者与学习环境之间的相互交流与相互作用。交互充分体现学习者的主体地位,师生交互是教学中必不可少的组成部分,对学生学习质量的提高和学习态度的改变有着十分重要的意义。

郭晨蕊等根据 CiteSpace 软件的关键词分析进行内容研究,结合其他学者对教学交互领域研究成果的不同研究方向的维度划分,将教学交互研究内容划分为以下五个维度:教学交互环境、教学交互模式、教学交互类型、教学交互设计与策略研究和教学交互行为分析方法。根据其研究得出,整体来说,教学交互研究从传统的面授课堂起步,到在线教育方式的发展。在智慧教育、智慧课堂等理念与实践的支撑下,混合环境下的教学交互研究或将成为热门话题,教学交互的研究将在理论和实践等各方面取得深化和拓展。教学交互的重要作用主要体现在以下两个方面:

(1)信息时代的教育目标需求。

信息时代的教育目标一方面是培养全球化发展所需的各类专门和综合性人才,另一方面是努力提高社会成员参与社会的能力和生存质量。因此教育不仅要最大限度地去挖掘个体成员的发展潜力,使个体成为有用的人才,还要培养个体交流思想的能力和合作能力,只有这样才能达到社会适应能力强和生存质量高的目的。国内外相关研究结果表明,在大多数情况下(特别是在处理社会问题时),小组合作解决的能力要强于个人解决问题的能力。

(2)师生交互有利于提高学生的学习效率,激发学习动力和改变学习态度。

国外研究结果表明,师生交互与学生的学习效率、学习动力和学习态度之间存在某种联系。师生交互能提高学生信息加工的效率,激发学生进行自主学习。教学过程中,教师与学生频繁的交互能激发所有参与者的学习积极性,并且学生的积极参与和反馈有利于培养他们的批判性思维能力和提高解决问题的能力。

(五)一致性建构理论

约翰·比格斯(John Biggs)提出的一致性建构理论将"一致性"和"建构主义"这两个教育概念整合起来,为设计教、学、评一致性的教学活动提供了理论基础。所谓一致性,即两者以及两者以上的事物间的一致程度,即事物的所有元素或者部分元素合并成一个系统化的整体,并同时对同一概念做出解释与理解;建构主义理论强调学习者个体对事物认识、学习者的主动性、获取知识与环境的联系性。

一致性建构理论关注深层次的、高质量的学习,认为学习是一种学生自己建构知识的过程,而教师在进行课程设计之前应了解预期学习成效,预期学习成效描述的是在学习后学生能够获得哪些知识与技能,与布鲁姆的三维教学目标相比,预期学习成效更注重学生问题解决能力的发展,激发学生成就动机。然后紧密结合预期学习成效设计相应的教学活动与评价任务,教学活动是实现这些预期学习成效的重要途径,评价任务应与预期学习成效相一致,调动学生主动参与教学活动的积极性。

从实践角度出发,李锋从美国科罗拉多州研究团队的基于标准的教学模式中总结出一致性建构教学应加强开展研究性学习,教学评价也应根据不同预期学习成效选择适切的评价方法,保持评价方法、内容与预期学习成效的一致性。崔允漷基于一致性建构理论建构了教、学、评一致性三因素理论模型。吴燕华以一致性建构理论为基础开展混合学习环境下的教学活动。

研究结果表明,相比布鲁姆教育目标分类,一致性建构理论中的预期学习成效更能激发学生的深度学习动机;设计与预期学习成效一致的教学活动与评价有效促进了学生互动,提高了学习质量。布置具有一定复杂性的任务,能够提高学生的迁移能力;设计"预期学习成效、教学活动、评价任务"相一致的教学是提升学生的学习质量,实现深度学习的重要保障。

(六)U型理论

组织学习领域学者奥托·夏莫(Otto Scharmer)提出的U型理论强调学习是感知未来的过程。U型理论比较注重质疑和反思,学生敢于质疑旧经验,与具体的情境相联系,然后沉浸到当下的"情境"里,具体学习过程为"观察、反思、设计、行动",先"下沉"再"上升",面临新的问题情境时先观察、剖析,然后再根据问题的诸多因素的关联性做出判断与决策,在这一过程中教师给予适切的引导与反馈,学生不断修改完善决策。

U型理论强调知识与"当下"情境联系,进而延伸到未来,最后对未见问题的解决方案做出决策。这与教育领域内学者杜威的学习过程主张极为相似,教育领域学者杜威认为学习需要经过"还原与下沉—经验与探究—反思与上浮"的"U型"过程。深度学习注重质疑、探究与反思,而且强调学生在未来的某一情境中解决未见问题能力的培养,U型理论和杜威的学习过程观点为深度学习的教学策略设计提供重要支撑。

众多研究将U型理论引入教育领域,并取得了有效的教学成效。例如,王慧运用U型理论构建MOOC4.0下引导学生"向未来或改变学习"的学习场域,为学习者建设一个利于交互和分享的深度学习社区;盖嘉妮在该理论指导下开展课程设计研究,增强多层次的师生交互体验;赵慧以思政课为例利用U型理论设计了"知识情境化—情境活动化—活动实践化"的课堂教学建构策略,促进了学生的反思。总之,U型理论引入教育领域,为促进深度学习的教学设计提供新思路。

(七)深度学习路线

埃里克·詹森(Eric Jonsen)等学者在《深度学习的7种有力策略》一书中提出的深度学习路线DELC如图2-2所示。深度学习路线以学生的深度学习为研究主体,为达到对知识的深度学习激发学生深度学习动机、引导学生经过多重思考,为促进学生深度学习的教学设计提供策略依据。

深度学习路线为"设计标准与课程—预评估—营造积极的学习文化—预备与激活先期知识—获取新知识—深度加工知识—测评学生的学习"。其中,"设计标准与课程"指向学生的最终学习结果,是深度学习的最终目标,也是教学评价的依据;"预评估"是教学前对学习者、教学内容的分析,是设计深度学习教学的重要前提;"营造积极的学习文化"是通过创设具体的问题情境,激发学习者深度学习动机,为学习者创设有利于深度学习的教学情境;"预备与激活先期知识与获取新知识"是指深度学习过程中学习者将新获得的知识纳入已有的认知结构,与旧知产生联系,是学习者深度学习的重要一环;"深度加工知识"是在深度学习过程中学生建构知识、促进迁移与问题解决能力的关键步骤;"评价学生的学习"是对学生的学习结果进行分析与评估,是促进学生反思的重要保障。

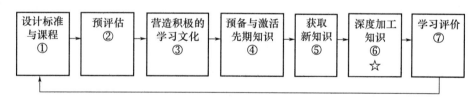

图2-2 深度学习路线图

已有大量研究将深度学习路线作为设计促进深度学习的资源、活动和课程的理论依据。例如,有学者结合深度学习路线将电子教材的开发与设计分为预评估、学习共同体、学习工具及评价反馈四个模块,促进了学生的问题解决以及协作能力的提升;还有研究在深度学习路线的指导下设计翻转课堂下的学习者认知网络与动机策略,有效地激发了学生动机,进而促进了学生对知识的迁移。依据理论概述以及实践方面的研究,深度学习路线(DELC)可分为知识准备、知识建构与迁移和测评与反思三大阶段,使促进深度学习的教学设计更加系统化和流程化。

（八）知识可视化理论

作为一门可以优化知识学习、整理、创造和传播的技术,知识可视化是近年来可视化理论研究的新宠与热点。埃普勒(Eppler)和伯克哈德(Burkhard)首次为知识可视化的内涵做出界定:"知识可视化指的是所有可以用来建构和传播知识或知识间联系的图解手段;其研究范畴是两个或两个以上的个体之间的知识传播和创新的视觉表征,不仅可以传播事实,还能够将个人观点、经验、情感态度、意见等视觉化与表象化,并与他人共同建构和运用这些知识。"

知识可视化作为转变知识形态的一种方法、技术或者工具,以不同方式呈现的知识影响人对知识之间的内在联系,通过由文字符号变成生动直观的图形图像的知识表征方式,促进知识的理解、学习、获得、传播等。随着现代信息技术的进步,一些学者如赵国庆等人则认为知识可视化有待于进一步完善,需要将一切随着信息技术发展而出现的用于知识传递和创新的静态和动态图像形式都归为可视化手段。

可见,知识可视化的实质是将人们的个体知识以图解的手段表示出来,形成能够直接作用于人的感官知识的外在表现形式,从而促进知识之间的联系和创新,可以促进学生对知识的深层理解与实践创新。有学者将知识可视化工具用于协作学习中,从个体和群体角度均推动了学生的认知发展,且发现布置具有适切复杂性的评价任务更能促进学生深层意义建构。例如,学生的作业文本处于浅层学习结果,即处于多点结构水平,知识之间未产生联系,知识可视化可以为策略设计提供思维可视化的理论基础,Leangoo脑图、思维导图等可视化工具为学生建立知识之间的联系提供工具方面的支持。

（九）社会互动理论

社会互动理论最早由米德(Mead)在总结前人经验的研究基础上从符号互动论的角度提出。美国学者班杜拉结合社会学习理论,认为社会互动理论强调人的心理活动是个人、行为、环境三者之间相互作用的过程。个人能通过与环境的交互创造环境条件,而为个体之间的互动提供充足的机会和平台。例如,混合学习环境为学生将线下学习空间拓展至线上提供机会,学生可以在线上通过交互来主动地进行知识建构,并形成社区知识,有利于知识之间产生联系。维果斯基(Vygotsky)指出,知识的创新、传播和发展源于社会互动,个人只有通过社会互动才能获得实践经验与认知发展。徐(Seo)认为学生与同伴讨论时,学生的反应更积极,交互更深入。

有学者对以问题解决为主线的在线讨论过程进行研究,发现设置学生感兴趣的讨论话题,并且在讨论过程中教师给予恰当的引导,学生的参与积极性更高,讨论层次更深。比如,混合学习环境为师生、生生互动提供了适切的条件。在线讨论中,教师应站在对方立场上思考问题,根据学生讨论的内容来判断学生是否达到深层理解。然后,教师对未达到深层理解的学生进行启发性与引导性提问,引导学生进行深层思考,从而达到深层理解。由于讨论区是对所有人可见的,进而实现了知识共享,有利于促进学习者之间进行反思与深层知识建构。混合学习环境下,教师应该结合线上教学活动出现的问题(比如说线上讨论中出现的具有争议性的问题、作业中出现的困难及解决办法等)多问"怎么做"和"为什么"的开放式问题,激发学生深层思考,增强学生的主动参与性。

(十)认知领域目标分类

在教学目标分类理论中,教学活动所要实现的整体目标可分为认知、情感、动作技能三大领域,并从实现各个领域的最终目标出发,可确定一系列目标序列。布鲁姆(Bloom)认为认知领域的目标分为识记、理解、运用、分析、综合和评价6个层次,如表2-4所示。

表2-4　认知领域目标分类

目标层次	具体行为
识记	记忆先前学习过的知识材料
理解	把握知识材料的意义,可以通过转换、解释、推断三种形式表明
运用	把学到的知识应用于新情境,解决新问题
分析	把复杂的知识分解并理解各部分之间的联系
综合	将所学知识各部分重新组合,形成新的知识体系
评价	对材料的价值判断

上述分类系统中,第一层次是"识记",主要涉及方面是对言语信息的简单记忆,不需要对输入的信息进行较大的改组或加工。而后面的5个层次与第一层次的不同之处在于,后面5个层次是加工知识的方式,需要学习者在心理上对知识进行组织或重新组织。而在《学习、教学与评估的分类学:布鲁姆教育目标分类学的修订》一书中,将认知领域的教育目标按知识和认知过程两个维度分类。在认知过程维度,认知过程由低级到高级被重新定义为记忆、理解、运用、分析、评价和创造6种水平,如表2-5所示。

表2-5　布鲁姆认知领域目标分类的修订

目标层次	定义
记忆	从长时记忆中提取相关信息
理解	从教学信息中建构语义
运用	在给定的情境中执行或者运用一种程序
分析	把材料分成各个部分,确定部分间的相互关系及总体框架的关系
评价	做出基于标准的判断
创造	把要素放在一起形成连贯的或者实用的整体形成模式或新结构

20世纪80年代,布鲁姆的教学目标分类理论传入中国后,国内一些教育工作者为了使教学目标的编写更加科学化,符合我国的教育国情,他们结合我国教学实际,提出了一些目标分类的设想,进行了有益的尝试。他们根据布鲁姆的教育目标分类理论,对各个领域中的亚领域进行了调整,并对各个部分所达到的结果做出了规定,可供我们参考,如表2-6所示。

表2-6 认知领域学习水平分类

学习水平	具体行为
记忆	记住学过的材料
理解	(1)将学习材料从一种形式转换成另一种形式。 (2)理解学习材料。 (3)对学习材料做简单判断
简单应用	将学习过的材料用于新的具体情境中解决一些简单问题
综合应用	(1)对综合问题中各组成部分的辨认。 (2)对各组成部分之间关系的分析。 (3)识别组合这些部分的原理、法则并能综合运用以解决实际问题
创见	(1)突破常规的思维方式,提出独到的见解或解题方法。 (2)按自己的观点对学习过程的材料进行整理分类。 (3)自己设计方案,解答一些实际问题

从深度学习与简单学习的对比及特征来看,回忆和理解两个层次属于简单学习,而应用、评价、分析和创造则逐步向深度学习迈进,如表2-7所示。

表2-7 认知领域目标分类和深度学习

目标层次	学习分类
回忆	简单学习
理解	
应用	深度学习
评价	
分析	
创造	

因此,要想达到布鲁姆学习目标中较高的层次,学习者就需要进行深度学习,而不能只停留在对知识的简单记忆层面。深度学习要求学习者不仅仅是简单的记住所学知识,在期末考试中达到合格水平,而是应该理解知识,进而应用知识,只有能将所学知识

应用到实际生活、工作中,才是真正的学会、学懂。深度学习理论正在影响改变着传统的教育理念,教育工作应该注重学生的高阶思维、创新意识的培养,而不仅仅是教书本上的知识。

(十一)信息、方法、认知——深度学习框架

一些研究者经过潜心研究在理解学习过程方面做出了重要贡献。亨利(Henri)提出了一种分析模型,该模型可供教师更好地理解学习过程。模型强调学习过程的五个维度:分别是参与、交互、社会性、认知和元认知。从这一模型中我们可以看出,参与者作为学习者是怎样处理一个给定主题的。后来,奥利弗(Oliver)和麦克劳林(Mcloughlin)建议对亨利的模型进行一些适当的修改,他们提出五种类型的交互:社会性的、程序性的、说明性的、解释性的和认知性的交互。密西西比州立大学的杜建霞,范斯·A.杜林汤,安东尼·A.奥林佐劳奥利弗和麦克劳林提出的上述五种交互作用归类为三个主要过程,即信息、方法和认知,从而建立了远程教育的深度学习框架,如图2-3所示。

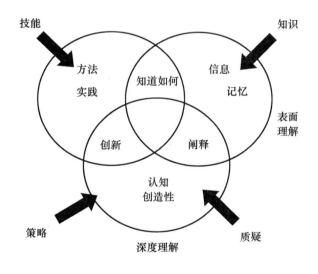

图 2-3 远程教育的深度学习框架

整个学习过程,第一阶段是获取知识,但此时只是一种对知识表层水平的理解。第二阶段则向技能方向发展,技能可以通过训练和练习获得。经过以上两个阶段,学生对知识形成了一种"知其所以然"的状态,但还只是在有限的表层理解基础之上,仍然不属于深度学习的状态。到了第三阶段学生则开始对知识形成概念化并运用新知识来解决新问题,获得认知能力,加深对知识的理解,促进对所学内容的创新性运用,即深度学习。如果不能达到第三阶段,学生能做到的仅仅是模仿教师的行为,而不能运用新知识解决新问题。

(十二)情境认知理论

约翰·布朗(John Brown)等教育心理学家认为,知识是情境性的,它要受到知识所使用的活动、情境以及文化的影响,并且与它们不分离。情境认知理论的观点是,学习内容要有情境支持,知识产生在具体实践当中,以其多样化的情景,在社会文化中不断应用从而得到壮大。情境认知理论作为一种理论性的路径,提出学习仅发生在个体正在做的事情过程之中。

情景认知理论提倡的基于情境的学习,实践活动的构建在深度学习里也有重要的体现,是促进混合学习环境下深度学习发展的重要理论之一。情境认知理论并非单纯对知识的客观性、普遍性提出挑战与质疑,其对立面乃是二元论,是知识与情境、知识与生活世界之间一般与具体、普遍与特殊关系的割裂。学习新知识需要一个情境支撑,在具体的情境中学习的知识有利于学生根据不同的情境来迁移应用知识,有利于学生达到更深层次的学习,还能培养学生的高阶思维能力。要想提高学生的知识迁移能力,就需要构建并提供给学生一个或真实或虚拟的学习情境,混合学习环境资源丰富,并且有一定的技术支持,能够基于情境认知理论来构建适配与所学知识的情境;其次,为达到解决实际问题的学习目标,混合学习环境能够为探究式学习、小组合作学习等多种学习方式提供不受时间和空间限制的多方位支持,为学习者与学习伙伴之间的沟通交流提供便利;混合学习环境下,学生还可以根据自己的学习情况来营造一个适合自己的学习情境,有利于提高学习兴趣,能够全身心地投入到学习当中。

情境认知理论的要旨在于回应知行关系,即"知道什么"与"知道如何"的分离与割裂,提出"知与行是连续的,而不是离散的,我们不可能脱离行而完全地理解知"。可见,知识积累与知识掌握并非是孰先孰后,而是一体化体现在两重情境化的知识运用实践过程之中。

二、深度学习的一般过程及其阐释

(一)深度学习实现的主要过程

在综合讨论了布鲁姆有关认知领域教育目标分类,我国学者认知学习水平领域分类,以及国外学者有关深度学习框架的构想之后,国内有关学者将深度学习归纳为七种主要的过程:简单学习、理解、领会、方法与技能、迁移与应用、评价以及创造,如图2-4所示。学习者由简单学习向深度学习过渡,到最后创造性地运用知识,学习者的认知结构发生了变化。同时整个过程中不能忽视想象力和推理的作用。而简单学习是深度学习的起点,简单学习作为学生深度学习的基础却必不可少。但由于简单学习与理解,理解与领会之间的界限不是很明显,所以二者之间会有交叉。

深度学习需要一个鼓励深度学习的环境来促进深度学习的发生。学生需要微妙的情绪平衡用以顺利地进行学习。无力的感情(厌烦、冷漠或超然)不是理想的情绪,有活力、轻松但灵敏的求知欲才是理想的学习状态。虽然,其他情绪状态也会起作用,但是对课堂授课起作用的只是在有限范围内的情绪状态。学生需要无威胁、无压力,同时积

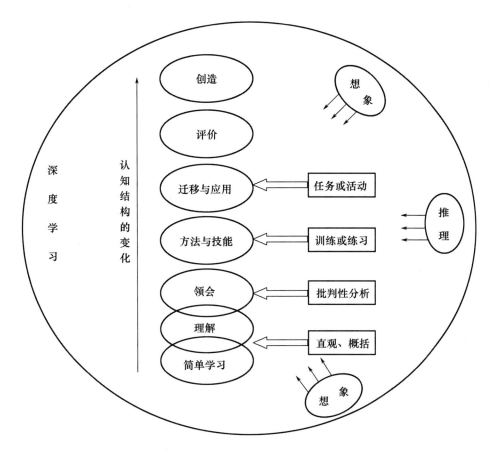

图 2-4 深度学习实现过程

极和乐意地去学习。教师通过帮助学生增进可预料性、摆脱困境或低下状况以及明确社交体系的活动来创造安全感。推动学生处于积极的情绪状态,这样他们就会重视学习,从而全身心地投入到学习中。学生与教师之间以及学生与学生之间的信任关系会促使学生产生较强的归属感。

(二)深度学习实现过程阐释

1. 简单学习

当学生面对新的知识,对知识产生好奇,并想掌握新知识,首先要进行知识的复制型学习,也就是对知识的记忆性学习。此时学习者处在浅层的学习阶段,在这一阶段学生把学习看作是来自外界的一种强制性任务,因而试图去应付这些需求。此时学习者的学习动机具有实用性、工具性的特点,想花尽量少的功夫来完成学习要求。他们采用的学习策略包括,把学习重点放在互不关联的部分,把相互关联的部分分割开来,重点关注最基本的知识,他们尽可能地去复制这些知识,为了考试而不是为了理解而死记硬背。总体来说,他们似乎对学习十分关注,但对学习目的、学习策略不作任何思考,他们把学习重点放在词语、文本或者公式本身。

毫无疑问,仅仅停留在简单学习阶段的学习者采用的注定是一种失败的学习方法,按照这种方法掌握的知识只是一些零散的片段知识,而且过一段时间之后很容易忘记。简单学习作为学生深度学习的基础却必不可少,简单学习是深度学习的起点。学习者掌握一些相关的概念和公式或记忆一些基础性的知识,但还没有对概念和知识形成深刻的理解。这一阶段的学习不需要学生付出太多的努力,通常按部就班就可以很好地完成。学习是一个由浅入深不断变化的过程,基础性知识为高级技能的习得起到了铺垫作用,我们必须通过一定的简单学习得来的知识才能进行深入的更有意义的学习。

2. 理解

深度学习强调在理解的基础上获得知识,理解是前提,理解能够帮助学习者完成深层次的学习和内在品质的提升。学习者在已有知识经验的基础上,通过直观和概括两种心智活动思考发现知识间的内在联系,使自己原有的认知得以提高和扩展。

通过直观,对信息的浅层意义进行加工,对所学内容产生具体、感性的认识。直观是多种学习所必需的,为了理解某些概念、法则、原理,我们常常要触摸实物、观察图像,或进行一些实验;直观是通过感受、分析、综合等心理活动实现的,它不仅包含着感性活动,而且想象、思维、记忆等也参与其中。概括个体对具体材料的抽象认识,理性知识的获得过程。概括的过程是个体由感性上升到理性,由特殊上升到一般的过程。概括是学习科学知识不可缺少的,只有通过概括才能做到触类旁通。

3. 领会

如果从认知角度看,领会、巩固、应用是知识学习的三个基本阶段。知识的领会是知识学习的首要阶段,也可以说是信息输入和加工的阶段。领会是学习者在理解的基础上对知识的进一步理解。理解和领会两个过程同时进行,领会是理解的进一步发展。对材料更深入的理解可以促进对学科内容的创新。

在布鲁姆认知领域目标分类体系中,将领会看作是把握知识材料意义的能力。可以通过三种形式来表明对知识材料的领会,一是转换,即用自己的话或用与原先不同的方式来表达所学的内容;二是解释,即对一项信息(如图表、数据等)加以说明或概述;三是推断,即预测发展的趋势。学习者在理解的基础上,通过转换、解释、推断等形式从多个角度批判性的分析知识,学习新的思想和事实。通过对问题的质疑和批判性思维,对知识的理解更加深刻。认知灵活性理论认为,只有对知识进行多维表征时,学习者才能全面理解和灵活运用知识,所建构的知识才能较好地迁移到其他领域。

4. 方法与技能

知识的获得,代表了一种表层水平的理解;方法和技能的发展,则向深度学习迈进。方法和技能通常经训练或练习获得。方法和技能与知识不同,知识可以通过语言文字等传授,技能必须亲自学习,并坚持训练和练习才能掌握其中的技巧。而一旦停止练习,技能将变得生疏。因此,各种熟悉的简单的练习用于建构表层理解水平,随着训练或练习难度的加深,学习者逐渐构建起较高水平的知识和技能,为更好的分析和解决问题做好准备。

深度加工知识是打开深度学习意识之门的关键。我们将深度加工知识分成四个领域,但他们的划分并不是水平的。其间学生加工内容,一般在一节课中会涉及两到三个领域。每个领域内加工都有其简单而复杂的方法。

(1)觉知。

觉察到正在发生什么;认识和感兴趣。

(2)分析和综合。

部分到整体和整体到部分;为了了解来自整体的部分,分离或合并知识,然后将部分整合起来形成新的整体。

(3)应用。

实践和运用所学的东西。

(4)同化。

内容的核心;以自己的方式吸收知识。

5. 迁移与应用

掌握知识、方法和技能是为了能够解决实际的问题,能够更好地运用知识。常言道"知识就是力量"。但知识转化为力量,转化和应用是最重要的阶段。运用知识不单单只是口号问题,要把知识运用到具体的实践当中。认知心理学家认为,所有的有意义学习都包含着迁移。如果学习结果能够顺利迁移则会取得事半功倍的效果,也能够使教学更充分地发挥作用。在实践当中更好地运用知识,关键是要教会学生掌握知识迁移的本领,促进学生积极迁移的大量产生,进而提高学生的综合能力。积极的迁移不但意味着学生学得更快、更好,而且更重要的是能将学到的东西有效地用于当前问题的解决,在问题解决的过程中,使掌握的方法和技能得到进一步巩固,增强了学习者灵活运用知识的能力。迁移是解决问题能力的一种体现。在各种复杂任务和活动当中,学习者主动适应环境的变化,在迁移和应用过程中负起更多的责任。

6. 评价

大多数学习者第一时间不能完成复杂学习。事实上,他们第一时间只完成简单学习。就简单学习而言,只需要非常少的反馈,而在大部分较为复杂的学习中顾及了反馈的作用,没有反馈几乎是不可能学会抽象的复杂认知技能的。只有经由精细加工才能达到一定程度的掌握。在某种程度上,深层加工对掌握是必不可少的,而反馈则修正了深层加工。除遇到十分简单的学习之外,第一时间立刻了解事情不是大脑的设定功能。留存在工作记忆中的是对资料粗略地、不准确地表征,直至人们有理由要么忘掉这些,要么对这些进行详细说明。

数据几乎普遍表明反馈极大促进了课程结束时最终考核成绩的提高。反馈是优质课堂活动的组成部分。这意味着,当学生正在做事时,他们就能够看到、听到、体验到所做事情的结果,这让他们能接纳公平的反馈和修正。对反馈的修正,而非原始记忆,帮助他们变得更聪明。这提醒教师应该注意活动的类型和学生获得反馈的类型。

布鲁姆侧重对学习过程的评价,并把评价作为学习过程的一部分。布鲁姆主张教学中应更多地使用另一种评价方法——形成性评价。

形成性评价被用来为学生的学习定速度,保证学生在从事下一个学习任务之前,完全掌握这一单元的内容。形成性评价可以起到强化的作用,可以揭示出问题所在,"诊断"后应该附有一个具体的"处方"。形成性评价的主要目的不是给学生评定分数或等级,而是帮助学生和教师把注意力集中在学生对教学内容达到掌握水平所必备的知识技能上;而总结性评价的目的,是要对学生在一门课上的学习结果做出全面的评定。

同时,评价应结合同伴评价和自省的形式。同伴在学习过程中对学习者起到一定的监督和帮助作用,而学习者对自身学习情况的反思更能够促进其进步。

7. 创造

创造是把要素放在一起形成连贯的或者实用的整体形成模式或新结构。创造力的培养是教育领域一个永远的课题。"创新是一个民族进步的灵魂",深度学习的最高目标是为了能够创造性地运用知识。深度学习的学习者具有主动学习的意识,这种积极主动的精神时刻激发着他们不断地去创新,去创造。当然创新不是一件容易的事情,但也正是由于它的不容易,才更具有挑战性。深度学习不应当畏惧困难,而应迎难而上,才能发现更广阔的天空。

从简单学习到创造性地运用知识,在深度学习实现的过程中,学习者的认知结构不断地发生变化,新的思想和认识不断地融入原有的认知结构当中。在整个过程中,不能忽视想象和推理的作用。当学生获得一定的经验后,借助想象力及推理的作用,将知识进一步概念化,获得认知能力。将简单学习向深度学习转化,想象力的作用不能忽视。深度学习的实现依赖于可以激发学习者探究欲和创造欲的任务。如果没有想象和推理,学习就不能够深入。

第三节 深度学习的相关研究借鉴

几乎与世界相关研究同步,我国的"深度学习"教学改进是从基础教育开始改革,相关项目启动于2013年,是一场基于前期课程改革成功经验,结合国外相关研究成果,立足中国现实,解决中国教育教学问题,培育中国学生发展核心素养的理论与实践的创新探索。因此,借鉴国外相关研究是我们研究的基础。

一、关于深度学习的研究历程

要想借鉴国外深度学习相关研究成果,我们先要厘清其研究历程。各研究不约而同地使用"深度学习"来表达对学生学习的新见解。

1976年,瑞典哥德堡大学教育学院教授弗伦斯·马顿和罗杰·萨尔乔基于对学生学习过程的研究,发表了《学习的本质区别:结果和过程》一文,首次提出并阐述了深度学习与浅层学习这两个相对的概念。他们请学生阅读一篇学术文章并告知读后要回答一些相关问题,结果发现有些学生把文章看作零散的信息单元,猜测可能提出的问题并努力记住相关信息,即"浅层学习";另一些学生则把文章视为包含意义结构的东西,因此会搜寻文章主要关注的问题、思考文章的含义以及对自己的意义,即"深度学习"。研究表明,采用深度学习方法的学生对文章的理解更深,能更好地回答问题,并且能更有效、更持久地记住相关信息。

随后,比格斯等多位学者对深度学习进行了研究,他们的基本共识是,浅层学习是对零散的、无关联的内容不加批判地机械记忆,学习内容脱离生活实际,与学生以往的经验缺乏关联,学不致用;而深度学习则是对学习内容积极主动的理解、联系和结构的建立、基本原理的追求、相关证据的权衡、批判反思和应用。

近年来,深度学习的研究与实践在世界范围内引起高度重视,尤其是在美国和加拿大。例如,2015 年美国通过的《让每一个学生成功法案》(Every Student Succeeds Act)中,特别强调了要促进学生的深度学习以及对其能力的培养。加拿大著名学者迈克尔·富兰(Michael Fullan)提出的如何在技术富有的社会中实现真实有效的教与学活动的"新教学论",将目标指向通过深度学习促进学生能力、态度的改变。

富兰等人对新、旧教学论进行了对比分析,指出旧的教学论中虽然涉及技术的使用,但教学的最终目标仅仅是传授必须掌握的内容。而真正有价值的学习应是能够学以致用并有创新实践的。因此,变革教育并不是简单地在传统课堂上添加一些昂贵的技术工具,尝试一些所谓的新的学习方式。而是要能看到这些技术和学习方式发挥的作用,看其在教学中真正改变的是什么。

富兰的新教学论主要由三个核心要素构成:一是师生之间的新型学习伙伴关系;二是深度学习任务,这些任务能重构学习过程,由此驱动知识的创造和目的性应用;三是能够加速深度学习进程的数字化工具与资源。富兰指出,新教学论的这些构成要素均来自优秀教师的案例与故事,与百年来的教育理论与研究非常相似,如知识建构、真实世界的问题解决与反馈、元认知策略的重要性等。

之所以称之为"新",首先,是目标新,就是要达成包括在现实世界中创造和使用新知识的深度学习目标。其次,是关系新,师生在共同探究、创造和使用知识的学习过程中形成了新型学习伙伴关系。最后,数字技术链接学校内外。这三方面的力量相互联系,共同实现学习的变革。

二、关于深度学习的界说

(一)迁移说

有研究者从学习迁移的角度来阐述深度学习的定义。例如,美国国家研究委员会(National Research Council)在题为《为生活和工作而教育:培养 21 世纪可迁移的知识和技能》的报告中指出,深度学习就是为迁移而学习的过程,能够让学生将从一个情境中习得的知识应用到其他情境中。深度学习能力主要有三个维度,分别是认知维度、人际交往维度和个人内在维度。其中,认知维度包括掌握学科的核心内容及批判性思维技能,人际交往维度是指养成沟通和交流技能,而个人内在维度则是发展学科思维模式以及学会学习。

(二)素养说

这种界定方式是从学生发生深度学习之后应具备的能力素养角度着手的,主要从学生角度进行深度学习内涵的阐述,是目前深度学习领域最受学界认可的定义方式。美国惠利基金会认为,深度学习是学生为敏锐理解学科内容并将知识用于解决课堂和工作中的问题而必须掌握的一系列素养,主要包括掌握核心的学科内容、批判性思考与解决复杂问题的技能,如有效沟通的技能、协作的技能等,学会学习(能够自我指导地学习)并形成学科思维模式。

美国卓越教育联盟(Alliance for Excellent Education)于2011年5月发布的名为《深度学习的时代:让学生为变化的时代做准备》(*A Time for Deeper Learning:Preparing Students for A Changing World*)的报告中也指出,深度学习并不新鲜,它是那些优秀教师的常态化教学行为,即以创新的方式将丰富的核心知识传递给学生,因此核心知识是学习过程的中心。深度学习要培养的是学生了解和掌握学科核心知识的能力、运用这些知识进行批判性思考和解决复杂问题的能力、与同伴顺畅有效地合作的能力、借助适当的媒体进行交流的能力,以及自我指导和反馈的能力。

富兰等人在《走向新目标:促进深度学习的新教学论》(*Towards A New End:New Pedagogies for Deep Learning*)这篇文章中将深度学习定义为一系列的技能,这些技能能够让学习者成为具有终身创造力、能合作的问题解决者,成为自己未来的主导者。富兰将这些技能称为"6C",具体包括品德(character)、公民素养(citizenship)、有效沟通(communication)、批判性思考和问题解决(critical thinking and problem solving)、协作(collaboration)以及创造力和想象力(creativity and imagination)。

美国学者格兰特·威金斯(Grant Wiggins)等人主持的"为理解而设计"(understanding by design)项目中,直接从"理解"的角度来阐述何为深度学习,认为深度学习就是让学生能够实现对学习内容的理解。与此同时,他们还将"理解"分为6个不同的维度,包括解释、释义、运用、洞察、移情和自我认识,每一维度都对学生学习后能够达到的要求进行了详细的阐述。与布鲁姆的教育目标分类不同的是,这6个维度不是由浅入深的学习层次,而是"理解"的6个不同的侧面,也就是学生在达成理解之后会有的不同表现。相较上面几种从更宏大的进行深度学习能力角度的阐述,这种以理解作为深度学习结果的界定,对于一线教师进行课程开发、教学设计和目标设计,更具有指导性。

三、关于深度学习的实现

有研究表明,基于问题、基于探究、基于挑战、基于项目等具有创造性和实践性的学习方式,能够有效促进深度学习。例如,马克·佩格勒姆(Mark Pegrum)等人将创意博客与大学一年级理工科的学习内容进行融合,经过一段时间的实施,结果表明创意博客能够有效促进学生的深度学习。

美国研究学会(American Institutes for Research)创主了"深度学习研究:机遇和结果"项目(SDL,Study of Deeper Learning:Opportunities and Outcomes)。SDL项目无论是在深度学习理论发展还是在实践创新方面,都具有重要的学习和借鉴意义。SDL项目根据对深度学习能力的认知、人际和个人三维度划分,提出了实现深度学习的具体策略。

如图2-5所示,在认知能力方面,为促进学科核心知识的掌握、批判性思维的养成,

SDL 项目要求学生借助基于问题的学习(PBL, problem-based learning)、校外实践性学习等,来理解学科的基本原理和方法,并将其迁移应用到真实世界中去。在人际能力维度,项目组强调通过小组合作学习和校外实践性学习等,来培养学生有效沟通和团队协作的能力。而在个人能力维度,则通过参与教学决策、合作、反思等活动,促进学生形成学科思维模式,学会学习。

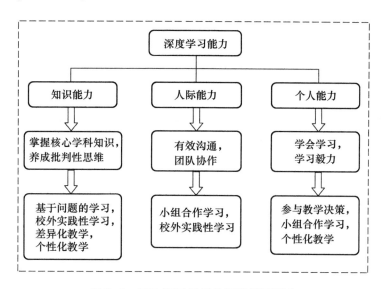

图 2-5 SDL 项目采用的深度学习策略

此外,由艾瑞克·詹森等人提出的深度学习环,为我们提供了深度学习的 7 个教学步骤:

(1) 设计标准与课程。
(2) 预评估。
(3) 营造积极的学习文化。
(4) 激活先前知识。
(5) 获取新知识。
(6) 深度加工知识。
(7) 评价学生的学习。

还有,格兰特·威金斯等人主持的"为理解而设计"项目(UbD, Understanding by Design)中,采用逆向设计来促进深度学习。

逆向设计(backward design)主要包括 3 个阶段。第一阶段是要识别期望的学习结果。该阶段要求课程设计者以终为始,考虑学生在学习某一主题或单元后,能知晓、理解或做什么,什么是值得理解的内容,期望持久理解或深度理解的又是什么。为促进深度学习,设计者必须考虑贯穿该学科的"大概念""关键性问题"。第二阶段是要确定可接受的证据。逆向设计的方法鼓励教师和课程设计者在设计具体单元和课时时,要像评价者一样思考如何才能确定学生已达成所预期的理解,搜集能证明理解的证据并考虑评价的方法。第三阶段是要设计学习经验及教学活动,要求给予学生大量的机会去自己推理、概括、建构意义,并将所学迁移运用到新情境中;同时,还要给予学生及时的反馈,从而帮助其改进行为。在此过程中,教师的角色转变为学生建构意义的促进者、给予学生反馈并训练其有效运用知识的教练员。

再有,莫妮卡·马丁尼兹(Monica Martinez)等人在《深度学习如何才能创造教学的新愿景》(*How Deeper Learning Can Create A New Vision for Teaching*)一文中谈道,为深度学习而设计的教学应赋权学生,使其成为真正的学习者;使知识情境化;联结学习与真实世界的经验;将学习拓展至校外;激励学生个性化学习;有目的地纳入技术,从而促进学习。

四、关于深度学习的评价

关于评价的定义众说纷纭,在教育领域中,教育评价术语的提出者泰勒(Tyler)认为,评价是确定教育目标被实现的过程。这个概念有两个重要方面,一是评价必须评估学生的行为,二是评价在任何时候都必须包括两种以上的评估。

因此,教育评价至少包括两种评价,一种是在教育计划的早期进行;另一种是在后期进行,以便测量在这个时期发生的变化。评价是教育发展的命运共同体,评价的目的不是为了证明,而是为了改进。评价在教育管理者、教师的工作中以及学生的学习中起着积极的反馈作用,同时也对教学设计以及教学活动的开展起着一定的指导和调节作用。

学习评价是以预期要达成的学习结果即学习目标为出发点和依据的。不同于一般的学习,深度学习将深度学习能力的形成作为目标之一,不仅强调学习者学习过程中表现出的主动性、批判性、积极参与、高投入以及对知识的深度理解和深度加工,也更加注重学习者自主学习能力、问题解决能力、批判性思维能力等深度学习能力的培养。评价与提升大学生深度学习能力,促使大学生成为乐于学习、学会学习、全面发展的学习者,实现知识增长与能力提升的双重突破,是信息时代发展的客观要求。

深度学习能力作为信息时代与学习型社会所需的重要生存技能,在深度学习过程中逐渐形成并得到提升。与此同时,深度学习随着深度学习能力的提升得到强化,这是一个积极互动、动态发展的过程。因此,如何评价与提升大学生的深度学习能力对促进大学生深度学习、增强学习效果以及实现个人能力发展显得尤为重要,是实现深度学习发展的重要环节。

美国卓越教育联盟认为,可以采用以下几个策略对深度学习进行评价。

(1)基于素养的评价。

该评价的设计意在考量学生为达成一套素养标准而掌握的具体知识、技能情况,让学生通过参与多种形式的评价活动,来展示其运用学科内容知识进行批判性思考、解决问题、借助各种媒体有效沟通的能力,与同伴协作的能力,以及自主学习的能力等。

(2)表现性评价。

表现性评价是检验学生在完成真实世界任务时所需要的技能情况。它要求学生通过行为表现或制作某种产品来展示其掌握的具体技能和素养,包括呈现真实世界的情境,设计、实施实验,撰写需要反思、整合、应用的论文,与其他同学共同完成任务,展示使用设备、技术时的熟练度;还要求教师开发、使用档案袋来记录学生的作业样本、测试结果、进步报告等。

(3)基于项目的评价。

深度学习强调学生通过探究、设计、创造来学习。因此,评价学生设计、实施项目和解决问题的能力,可以查验深度学习的效果。项目学习具有真实性、复杂性、整体性、累积性和长期性等特征,这就要求学生应以团队合作的方式完成真实世界的任务。因此,基于项目的评价为学生提供了将知识和技能用于长期的项目学习的机会,并检验其应用的效果,由此可以不断加以改进。

五、关于深度学习的教学原则

(一)三阶段过程性原则

依据U型理论和深度学习路线(DELC),深度学习过程的设计应围绕知识准备、知识建构与迁移、测评与反思三个阶段。知识准备阶段应将复杂的知识具体化和表象化,实现知识的"还原与下沉";知识建构与迁移阶段,教师应设计教学活动,引导学生通过深层交互、深层协作等方式共同建构知识,对知识进行深层加工与迁移;测评与反思阶段,教师应设计引导反思的评价方法与评价工具。

(二)"教-学-评"一致性原则

依据一致性建构理论,为保证学生的学习质量,预期学习成效、教学活动与评价任务的设计应该一致。教师应以学生的视角明确参与教学活动预期达到的知识结构水平和技能水平,即预期学习成效;然后,设计能够实现预期学习成效、与预期学习成效目标一致的教学活动,并且应鼓励学生积极参与;设置评价任务时,评价任务应具有一定的复杂性与挑战性,以问题解决为导向,且与预期学习成效的设计相一致,引导学生的SOLO分类评价法中的抽象拓展水平发展。

(三)知识可视化原则

依据知识可视化理论,知识可视化应以图解的方式直观地表征知识,促进学生之间知识的传播与理解。不论是在讨论活动中,还是在协作过程中,布置的任务或讨论主题应注意新旧知识的结合。在小组协作学习过程中,不仅要分工明确,教师还应提供思维可视化工具,小组成员通过思维可视化工具将头脑中单一的、具体的概念、思想和理论等表达出来,即将隐性知识显性化,进而小组成员之间的知识产生可视化的联系,以便小组成员之间表达交流与思考,促进知识间的联系,达到SOLO分类评价法中的关联水平。

(四)主动建构原则

依据社会互动理论,知识的建构主要通过个体与外部环境的互动得以展开,在学生与同伴交互的过程中,教师应设置学生感兴趣的问题来激发学生的深度学习动机,以便学生进行主动地、深层地意义建构。当出现疑惑时，教师应对理解偏差或浅层理解的学生进行个性化引导，提出具有启发性的问题与建议，激励学生主动探究，促使学生对知识进行深层意义建构。

第四节　深度学习的重要意义

一、现实回应：深化课程改革的必然选择

高等教育内涵式发展要求课程和课堂教学作为人才培养的基础环节和基本单元必须进行改革。当前，课程教学改革和课堂革命的异化现象相伴而生，教学变革"模式化""程序化"倾向严重，"形式化""浅表化"问题突出；很多教师把"改变教学方式"理解为教学改革的全部追求，对教学领域诸如学生的认知特点和学习规律、学科特点和本质、教学规律等重要方面的认知、研究和探索不甚积极和深入。

"知识与技能、过程与方法、情感态度与价值观"的三维目标基本停留在教案之上、概念之中。课堂教学要么仍是"满堂灌"，要么是从"满堂灌"转化为"满堂问"，忽视思维过程，排斥求异思维，留给学生独立思考的时间和空间极为有限。重知识传授，忽视能力培养的状态没有从根本上得到改观，学生作为学习者的主体地位没有得到真正意义上的尊重。

改革目标和任务在实践中的异化，一方面，反映了改革目标与任务落实的难度之大。另一方面，也直接反映了课程教学改革实施推进中对教师的专业指导和支持力度的薄弱。

有调查发现，来自教师的问题与困惑基本集中在教学领域，如"如何调整教学方式""教学目标与教学内容、教学方式之间有怎样的内在联系""如何分层才能促进学生差异发展"。

对于这些问题，一方面，要在理论上进行科学解读，引导教师准确理解教不等于学，所有有深度的教学都必须建立在促进学生深度学习的基础上，要让教师科学认知教与学的过程，明确教学过程的核心要素和关键环节及其基本定位。另一方面，也要给教师提供教学实践的操作模型，为教师提供教学设计的基本方法和策略，帮助教师思考，什么样的学习内容更有价值——让学生学什么；什么样的学习目标更有意义——学生应学会什么；什么样的学习方式更有利于学习目标的实现——怎么学；什么样的方式能更好地检验学习效果——怎么评。

深度学习的实施推进，是时代发展的必然需求，是教育的主动应对。随着科技的快速发展，我们正处于第四次工业革命时代，信息爆炸、大裂变式的脑力增长正以全新的、强有力的且令人惊诧的方式，挑战和重塑着我们的社会根基，甚至重组了我们的大脑，改变着我们的生活、工作和学习方式。它不仅会给人类生活带来巨变，更会引发人类生存方式和社会行业结构的转变，从而使得对未来人才素养的要求也随之发生改变。

全球教育体系正在和将要被技术主宰的全球经济形势所改变，对未来人才的素养提出了新要求，也对教育提出了新挑战。如何让人类的劳动，未来不会被人工智能所取

代,是学校教育当前亟须思考和努力解决的问题。

为回应时代需求,近年来深度学习研究迅速兴盛。其主要原因有两个方面:一是数字时代需要人才的素养与以往要求有着极大的不同;二是技术的发展在教育中的应用和支持,为深度学习的发展、推进提供了可能,有效提高了学生学习和协作的质量、广度和深度。例如,学生正在使用像微博、微信这样的社交媒介平台来发现新知识和发表新观念,通过创造知识来学习。

信息技术与互联网真正的教育转换,在于信息技术创造了学习的自由以及贡献于并参与到全球事务的自由,这在十几年前是不可能存在的。为此,以强调积极地参与式学习以及理解、迁移应用和创造性解决问题的深度学习,成为技术驱动的世界必要的学习技能,它需要有新的教学理论和教学方法来支撑和践行。

然而,面对第四次工业革命带来的对人才素养的新要求,当前教育却表现乏力。应试教育仍根深蒂固,让学生为应试而机械地学习、记忆、训练,导致学生会做题却不会解决真实问题的现象较为普遍;学生所学的内容与未来职业生活的关联性不强,学习的是一些脱离情境的和碎片化的事实、概念和割裂的技能,难以迁移应用;分科教学让学科之间相互割裂,无法让学生形成更加全面、整体性的认识;沿袭19世纪的教学传统,教学方式多采用讲座式。这样的"讲授告知式"教学难以真正实现自主、合作、探究的学习方式和个性化的、实践性的学习。当死记硬背所获得的知识"百度"一下即知即得时,学生应该学什么、怎么学的焦虑感逐渐上升。世界变了,但我们的学校却被卡在过去的某个时间点上,停滞不前。

不论高等教育在教学方法、教学手段、教育技术上如何改革和创新,其具体策略几乎都离不开教育教学活动中几类二元对立元素的关系探究,如教与学、师与生、课堂内与外等。将深度学习看作一系列相互关联的素养,包括掌握精确严密的学科内容,学习如何批判性思考和解决问题、进行有效协作与交流、自我指导地学习以及形成一套学科思维,认为学生只有具备这些素养,才能应对未来的挑战。

信息技术与教育教学如何深度融合,如何有效服务教与学、师与生,依然是当前以及未来高等教育研究的重要命题。正因如此,元宇宙、ChatGPT等热词不断出现。元宇宙可以简单理解为一个集成了多种前沿技术、虚拟现实交互的空间(场域)。元宇宙不完全等同于虚拟世界,它的出现不是为了区分现实与虚拟,而是为了弥合虚拟与现实的鸿沟和界限。

同时,元宇宙不会以虚拟生活替代现实生活,也不能替代现实世界。处在元宇宙中的人们将拥有虚拟世界、现实世界中的两个甚至多个身份,且将能够在虚拟世界与现实世界之间自由地切换。元宇宙作为被寄予厚望的未来技术,将为高等教育带来新样态,但是它不可能完全取代现实世界中的教育,只是丰富了教育资源,延伸了学习活动,拓展了学习时空,革新了教学方法,重塑了学习环境,践行着以学生中心的教育理念。

2022年底,美国人工智能研究实验室OpenAI发布生成式交互工具ChatGPT以后,全网用户再一次进入了新技术的狂欢。在人类的所有行为中,交互是最基础的行为,而ChatGPT也就成为一款与用户更加贴近的工具,它不仅可以回答用户的问题,还可以完成用户设定的某些任务,甚至还可以持续实现任务的优化。ChatGPT及其同类产品的最大特点在于建立了内容生成式规则,故可将这类产品统称为内容生成式 AI 产品(AIGC Products)。这类产品因直接逼近人类的生活世界,且几乎可以和每一个个体发生联系,因此必然会改变人们的许多行为方式,并导致学习形态也发生相应改变。

二、价值追求:落实立德树人的智慧之旅

从深度学习本身的价值来看,它秉持解放理性的价值取向,关注学生学习过程中人文精神和理性精神的养成,从关注"是什么"向关注"为什么"发展。有学者认为,人文精神至少指向了中国人文传统和西方自文艺复兴以来的人文主义。

西方人文主义概括来说认为人是具有理智、情感、意志的独立个体。而中国的人文传统则认为人是群体中的角色,具有群体生存需要和伦理道德自觉,每个人是其所属关系的派生物。有学者从教育的角度对人文精神进行论述,似乎想通过一些人文学科或通识教育来同时达成中国人文传统和西方人文主义对人的描述。也即希望通过教育使所培养的人既是独立个体,又能够妥善的满足个体在群体中的角色定位与角色转换。问题在于独立个体与妥善满足个体在群体中的角色定位与转化在一定程度上是矛盾的,也即希图通过人文学科或通识教育同时达成中国人文传统和西方人文主义对人的描述是不可能的,其原因在中国人文传统中更加重视群体以及个体在群体中的角色,对"独立个体"不甚看中,甚至认为人是不能独立于群体之外的,这相当于取消了人的独立性。这与西方人本主义认为人是具有理智、情感、意志的独立个体是相矛盾的。

深度学习,是师生共同经历的一场智慧之旅。旅程的终点不是让学生获得一堆零散、呆板、无用的知识,而是让他们能够积极、充分、灵活地运用这些知识去理解世界、解决问题、学以致用,并获得人格的健全和精神的成长,成为新时代的社会主义建设者和接班人。

(一)深度学习是发展性学习

立德树人根本任务的提出,明确强调了教育的本质功能和真正价值,从国家层面更加深入系统地思考和回答了"面向未来教育要培养什么样的人"的问题。深度学习以培养学生创新能力、终身学习能力为根本追求。因为只需简单记忆和机械应用程序的工作,是不需要深度学习的。

大量研究表明,在迅速变化的世界中取得职业和社会生活成功的关键,就是要拥有远大的志向和坚强的意志、批判性思考和问题解决能力、有效的沟通和协作能力,以及学科思维、学习策略和积极的学习心向等。而这些能力的获得需要深度学习的支撑。

(二)深度学习是理解性学习

面向未来的未知世界的学习,学习者必须获得对概念更深层次的理解。有研究表明,与以识记、复述知识等为特征的浅层学习不同,深度学习是学生想要去理解以及从学习内容中提取意义这两者的结合。理解,不仅仅是单纯字面意思上的知道、了解、明白,它更强调一种深层次的思考,即解释、思辨、推理、验证、应用等更有难度、更加复杂和更具综合性的学习结果。但是仅仅有这样的理解还不够,还需要学生能够将这些已经理解的知识应用于生活,即理解是学生灵活地运用所知进行思考和行动的能力。

深层次概念理解意味着学习者拥有的知识是围绕着该学科的核心概念、主题及问题组织起来的,从多个角度对其加以表征的,并能在真实、复杂情境中应用的知识。只有学生知道在什么样的情境中应用这些知识,知道在面对新的、真实世界的情境时如何调适、修正这些知识,在他们能够解释信息、创建模型、解决问题、建立与其他概念和学科及真实世界情境的关联从而形成理解世界的新方式时,我们才认为发生了真实的、有深度的学习。

这样的深层次概念理解主要由专长习得、问题解决和高级思维构成。其中,专长主要是指专业知识与技能;而学习,从一定意义上讲,就是从新手逐渐向专家转化发展的过程。通过分析专家和新手在问题解决方面存在的差异,研究者发现专家具备三个方面的优势:有意义的知觉模式、大量的知识经验存储、很强的计划和监控能力。

认知心理学关于专长研究的成果近年来在人工智能领域得到了较大发展,继而形成了人工智能领域的"深度学习"。这里的深度学习是指通过模拟专家大脑在加工信息、创造模型、做出决策时的深度神经网络,像阿尔法狗(AlphaGo)、无人驾驶汽车、智能语音助手等人工智能应用,会自动从图像、声音、文本等数据中学习模型认知和表征结构,从而解决问题。专长是深层次概念理解的基础,若想获得专长,就需要学习者形成大量且复杂的表征结构、程序和策略,以及将这些程序、策略灵活运用于解决情境中具体问题的能力和反思自身认知过程的能力。

除此之外,深层次理解还有助于提高学生的道德认知水平,使学生更有道德、更富人性、更具同理心以及更愿意遵守行为规范。

(三)深度学习是符合学习科学基本原理的学习

在回答"学什么""怎样学"才能培养学生的核心能力这一问题时,深度学习以学习科学的基本原理为依据,对学习活动和过程加以系统设计与实施。学习科学,是指借助心理学、认知科学、教育学、计算机科学、人类学、社会学、神经科学、设计研究等领域的研究成果,从不同学科视角揭示人类学习规律的一个跨学科的研究领域,致力于更好地理解产生有效学习的认知和社会过程,并运用这方面的知识去重新设计课堂和其他学习环境,以提高学习绩效。依据学习科学的基本原理,对深度学习的理解应包括以下两方面。

1. 深度学习是建立在学生先前知识基础上的概念改变

有效的教学应明察、导出学生的日常经验等前概念,并为其做出正确、充分的自我解释及建构意义创造学习环境与条件。学生有意义的学习就是将新知识与已有知识、经验建立起明确的联系,并将新知识整合进原有知识结构的过程。学习,从本质上讲,就是由经验引起的学习者原有观念的改变。只有学习者的知识、经验和情感态度与价值观发生了持久的改变,我们才能说他学会了。然而,学生的概念转变并不容易发生。学生的前概念非常顽固,如果在课堂上不能充分促进概念的转变,一段时间后很可能之前的错误概念又复原了。因此,直接为学生呈现一个新的概念或者仅仅告诉学生他的理解是错误的,并不能真正促进其概念发生转变。此时,要先揭示出学生的前概念,然后通过实验等方式呈现科学概念,从而引发学生的认知冲突。

2. 深度学习注重"元认知"的教学方法

深度学习要培养具有主体性的全面发展的人,这样的人首先是能够"学会学习"的人。"元认知"的教学方法通过帮助学生确定学习目标及监控达成目标的过程、掌握相应的学习策略等,让学生学会控制和促进自己的学习。为了实现深层次的概念理解,学生需要清楚特定情境下他们已有的知识和需要掌握的知识,然后必须做出两方面的思考,一是要明确任务、目标是什么,以及自身现有能力如何;二是要考虑何时、如何使用特定的程序和方法等来解决问题。许多研究表明,拥有元认知能力的学习者学习成绩更加突出。基本的元认知策略包括计划、监控、评价自己的思维过程,审慎地选择解决问题的策略等。

学习科学研究指出,学生的元认知能力是可以通过直接教学或观察和模仿教师/学科专家解决问题、进行思考时的策略来加以培养的。此外,让学生建构所学主题的概念图,使学生有意识地建立联系、建构意义,并外化其思维过程,提高其对知识的理解和应用能力。

总体来说,深度学习吸纳学习科学的基本原理,将围绕学科核心概念建立起来的相关概念、原理之间的框架及其与生活世界关联而生成的关键性问题,视为最有学习价值的知识。通过呈现问题情境,让学生在前概念基础上不断探究,像学科专家一样进行知识建构、问题解决和反思改进,从而实现概念的改变和知识的迁移。"学科核心"、"知识结构"、"学习动机"和"解决复杂问题",成为深度学习的关键词。深度学习强调较高层次的认知目标,强调高级思维能力的培养,强调学习过程中的反思与元认知,并且注重学习行为方面的高情感投入和高行为投入。学习科学研究得出的相关原理,为我国深度学习理论架构和设计实施,提供了必要的研究基础和实践依据。

第三章 深度教学

第一节 深度学习与浅层学习

深度学习具有"重视知识运用""批判理解""拓展知识"等特征。浅层学习具有"机械记忆""缺乏知识体系""学生通过教师灌输获取知识""难以运用知识解决复杂问题"等特征。从上述特征可以看出,深度学习与浅层学习的关系即是知识与人的关系。深度学习指知识与人之间是动态的、相互联系的。我们可以将深度学习的过程看作学习者将公共知识转化为个人知识(知识建构),再运用个人知识解决问题的过程。浅层学习指知识与人之间是静态的、相互割裂的。即学习者缺乏知识体系,难以运用知识解决实际(复杂)问题。

深度学习与浅层学习相对应,研究者从不同的视角提出深度学习的内涵,深度学习与浅层学习在学习目标、学习方式、学习过程和学习结果等方面都有明显的差异。

恩特威斯尔(Entwistle)从学习目的、方式、结果出发对深度学习和浅层学习进行了一个比较。从学习目的来说,深度学习的目的是自我理解,寻求意义;而浅层学习是为了应付课程,简单复制,也就是死记硬背。

从学习方式来说,深度学习首先注重将想法与以往知识和经验相联系,其次注重寻找模式和基本原则;而浅层学习往往把课程当作不相关的零碎知识,学习是采用机械记忆事实或执行既定程序。此外,深度学习强调批判性思维,如无必要一般不建议死记硬背。

从学习结果来说,深度学习能让学生意识到自己在学习过程中的发展性理解,积极主动且有兴趣地参与课程内容;浅层学习则会使学生觉得难以理解新想法,在课程或任务中看不到什么价值或意义,学习上感到压力过大和过度忧虑。吴秀娟对深度学习和浅层学习做了一个比较,相较而言更加全面,除了从学习目的、方式、结果等视角,还有一些其他角度。

从教学观念上来说,深度学习不同于浅层学习以教师为中心,以内容为导向,而是以学生为中心,以学习为导向。

从动机上来说,深度学习是出于自身的需求,而浅层学习则是因为外在压力。从投入程度上来说,深度学习和浅层学习,一个强调主动高投入,一个则是被动的低投入学习。从迁移能力上来说,深度学习能把所学知识迁移应用到实践中,这是浅层学习无法实现的。

亦有研究者认为深度学习与浅层学习的区别主要表现在以下4个方面。

(1)在学习目标方面。

浅层学习仅仅停留在"知识、领会"的低级认知层次;深度学习则是进入了"运用、分析、综合、评价"的高级认知层次。

（2）在学习动机方面。

浅层学习动机基本上是外部动机,是一种目标导向的学习,浅层学习是低情感投入的被动学习;深度学习则是出于内部动机,是一种有积极学习心向的学习,深度学习是高情感投入的主动学习。

（3）在学习方式方面。

浅层学习是孤立地重复所学到的东西,靠死记硬背来学习,浅层学习缺少反思,不使用元认知技能;深度学习是将新知识与已有知识相关联,将概念与日常经验联系起来;深度学习重视反思和使用元知识技能。

（4）在学习结果方面。

浅层学习基本上指向低级认知技能水平与低阶思维,浅层学习重视知识的积累,同时,浅层学习仅仅局限于认知层面的发展。深度学习主要指向高级认知技能水平与高阶思维;深度学习重视知识的重构与运用,产生知识迁移,能够解决生活中的复杂的真实问题;深度学习追求走向全面的发展。

深度学习与浅层学习的关系有两种可能。一个是"对立"关系,一个是"基础"关系。"对立"关系是指在深度学习状态下,知识与人是相互联系的,浅层学习状态下知识与人是割裂的,因此深度学习与浅层学习相对立。在这一假设下,深度学习是基于"理解"(即学习者建构知识体系,形成个人知识)而发生的。学习者的学习方式一般视情境而定,任何人都可以是深度学习者或浅层学习者,并根据情况、条件的不同,学习方式也会发生变化。深度学习者能够将知识在联系与构建基础上进行转化,学习者能够积极地与学习内容进行互动,有助于长期记忆。浅层学习是被动的对学习内容的记忆,学习效果较为低下。二者在理解程度、关注焦点、学习动机、反思状态、迁移能力等方面都有鲜明的区别。"基础关系"是指浅层学习是深度学习发生的基础。

虽然浅层学习在某种程度上是通过机械记忆获取知识(散乱不成体系),但浅层学习所背诵/记忆的内容能够为深度学习奠定基础。深度学习与浅层学习相辅相成,学习是由浅层学习向深度学习过渡的过程,浅层学习是学习的基础,深度学习为学习的最终目标。

第二节 深度教学

一、深度教学的概念

近些年来,科技被叠加在知识传授的方法之中,主要是用来帮助学生弥补课堂学习不足,查漏补缺,帮助学生进一步理解和运用知识。网络视频学习资源在信息化时代得到普遍运用和推广,但这种教学内容还只是停留在浅层学习层面,只是单纯的大量复制传递知识,结果限制了学生的自我主观能动性,又加重了学生的学习负担。正像威尔·理查森(Will Richardson)所说的那样,仅仅把昂贵的东西放在传统课堂之上并不能解决学生的实际学习问题。深度教学不能仅仅停留在技术层面,而是要更加关注学生的学习过程和学习结果。深度教学的改革从只是关注书本知识的传授转变为聚焦学生的学习过程,在学生的学习过程中不断引导学生自我主动探究问题、积极参与合作、不断发现兴趣点、认识自我潜力。

深度教学是指真正意义上的超越表层符号传递的教学,由浅层的符号教学走向真正具有逻辑意义的教学。深度教学并非标榜教学内容的深度越深越好,教学的难度越大越好,深度教学并非是无限量地增加知识的难度和扩充知识的储备量。而是通过对学生完整地进行知识信息处理过程中学习方法的引导,从而帮助学生实现对知识的深度学习,真正实现一定意义上的理解学习、情境学习、意义学习、发展学习、交往性学习,情感态度价值观培养的学习。深度教学中所包含的"深度"是指学生对知识解读的层次性和学生发展的完善性。深度教学超越工具性教学,不依靠技术、程序来控制教学过程,不以增加学生的知识储备量为教学的唯一目的,而是追溯教学的本质,关注教学情境、教学过程、教学价值、教学意义,注重学生从表层的符号知识学习,进而深思知识符号背后存在的真正价值,思想、方法体系、整体的逻辑结构以及相应的价值与意义,改变传统意义上的符号学习为深层次意义学习,让学生的学习充满快乐、意义、人文关怀。

深度教学并非指一种具体的教学方法、教学手段和教学策略,而是指一种真正意义上的教学理念。深度教学过程关注学生的成长性发展,关注学生内心情感丰富性的发展,凝聚对学生生命成长的关注,追求课堂教学的发展性品质,为未来课堂教学的发展方向指明了道路。

二、深度教学与深度学习的关系

早些时候,人们提出一系列机器学习模型,其中支持向量机和逻辑回归这两种模型应用最为广泛,都属于浅层模型,分别是一个有隐藏层和另一个没有隐藏层。浅层模型因为理论分析简单、训练方法容易,在很多领域都取得了很好的效果。随着科学技术的不断发展,计算机智能化如何在模拟人脑思维、图像处理、语音识别等方面有所突破,成为人工智能领域研究的重点。

在计算机的人工智能方面,深度学习其实是指一种算法思维,其核心是计算机模拟人脑深层思维,从而实现对数据的复杂运算。在人工智能领域,计算机处理信息是一个自动编码与自动解码的过程,是从数据提取、抽象认知到最优选择的过程。人脑对信息的处理是逐层进行的,计算机人工智能模拟人脑认知结构对复杂信息进行处理,人工智能并非是纯粹依赖于数据模型,人工智能模拟从符号接收、解码、联系建立再到最优选择的过程也是有结构的。深度学习是目前在计算机领域最接近人脑学习的研究。深度学习在解决抽象难题的问题领域有突破性的进展,AlphaGo围棋大胜就是明证。深度学习在计算机领域做出的重大进步,使得人工智能取得了突破性的进展,推动了相关学术研究方面的重大发展,在相关实际应用领域中的应用性也很强,工业开始大批投入人工智能产品的生产。

随着人工智能的不断发展,学科技术的不断推进,20世纪八九十年代,深度学习在教育领域不断得到推广和应用。计算机领域人工智能的突破性进展,引起了教育领域的重视和深刻反思。计算机尚且能模拟人的大脑神经网络进行深度学习,那么人对知识应该采用怎样的认知方式,学生对知识的学习是否具有浅层学习与深度学习的区别,引起了教育者的不断反思。

学生对知识的认知是怎样一步步地建立起来的,学生是怎样从知识的浅层认识过渡到深层认识,对知识是如何实现深度加工的等一系列问题。目前,技术支持环境下的深度学习该怎样实现等问题引起了众多教育研究者的兴趣,其中,教育技术学方面的学者更加关注技术支持下的深度学习的相关研究,深度学习在教育技术学研究中发挥一定的影响作用。

在教育领域,对深度学习的定义,众多学者比较认可的说法是,深度学习是基于学习者的自我学习兴趣和需求基础之上,对接受的新知识和新思想进行理解性地、科学批判性地消化吸收,运用多样化的学习策略整合学科知识结构、深度加工知识信息、建立新旧知识间的联系,并有效地迁移运用知识信息解决真实视域中的复杂现实问题的学习。

简而言之,深度学习是一种主动探究式的、高阶思维式的、有效迁移运用知识解决现实问题的学习。深度学习的目标是让学生富于创造力、想象力,与他人建立合作伙伴关系,养成善于自我主动探究、解决实际问题的能力,并且在接受知识信息的过程中能够利用数字工具的力量将知识与世界相连,能够在这个知识量极其丰富、创新发展日益快速、世界性联系越来越紧密的时代有所贡献和创新的一种学习。技术支持下的深度学习设计方面的研究成果也日渐丰富。

辛顿关于深度学习方面的研究成果的发表进一步推动深度学习在教育领域的大力发展。乔纳森·伯格曼(Jonathan Bergmann)认为翻转课堂作为一种教学理念和教学模式正在影响和改变着传统的课堂教学。它利用互联网技术和信息化手段,突破了传统课堂的边界,拓展了课堂教学的时间和空间,优化了学生的学习过程,增强了学生的学习能力,实现了信息技术与课程教学的深度融合,它的主要价值在于促进了学生的深度学习。艾根(Eigen)在研究学生深度学习过程当中,注重教师的引导作用,认为教与学是分不开的,学生只有在深度学习过程中得到教师深度教学的引导才能取得更好的效果。

学生的深度学习过程是逐步深化的过程,需要教师在教学过程中引导学生不断地对知识进行深度整合、加工,帮助学生在知识内容接受、理解上进行更好地同化和顺应。艾根的研究注重学生深度学习过程中深度教学的研究,这一研究第一次将深度学习研究转向深度教学的研究,深度学习的研究不再是单一化的研究,而是注意与深度教学的一致性和关联性的研究。

学生的学习离不开教师的指导,学生的深度学习更离不开教师的深度教学,教师的深度教学可以帮助学生在学习的过程中注重对知识的深层次理解和迁移运用,只有注重对教师深度教学的研究才能更加有助于学生深度学习的研究,二者之间的研究缺一不可。在学习过程中具有主观能动性,学生对知识的认识有一定的偏差,教师必须给予学生一定的指导,需要教师在教学过程中培养学生深度学习的思维方式和良好的学习习惯。离开了深度教学,学生很难真正实现层进式学习和沉浸式学习,因此研究基于深度学习基础上的深度教学,在教育领域中具有一定的价值。

从目前来看,课堂上依然存在表面、浅层、表演式的教学和学习,课堂教学改革的推进工作依然压力很大。教师应该转变教学过程中的教学思维,注重深度教学给学生深度学习带来的重大影响作用。深度教学中教师应该注意在教学过程中根据知识的认知顺序、层次进行讲解,引导学生由浅入深地进行学习,在学生的学习过程中注重培养学生学科知识积累、学科思维转变、学科知识迁移应用的能力。从深度学习研究转向深度教学研究存在着一定的合理性、必然性,深度教学与深度学习的关系是相互促进的,教师的深度教学是为了帮助学生更好地实现深度学习。

三、深度教学的理论基础

(一)基于建构主义课程与教学观

建构主义早些时候被称为结构主义,最早代表这一思想流派的是皮亚杰。他指出儿童对于外部世界的认识是通过不断地与外部环境相互作用的结果。儿童与环境之间的关系可以概括为两种同化与顺应。儿童认知的理想状态是不断地实现同化及顺应的平衡,儿童也是在这种不断地寻找平衡的过程中不断地丰富、锻炼及提高自己的认知结构。

建构主义的认识观指出,知识是在自己的内心与外部环境不断地相互作用过程中,人类最终从自我心灵深处构建而成的。人具备认知事物的自觉能动性,人们学习的过程是不断地自我主动吸收、同化、顺应及建构的过程,是对客观事物、现象进行不断地理解、解释的过程,也是对已有知识体系不断地进行重组、变迁、加工和创造的过程。通过这个过程人们重新获得对知识新的理解和认识,获得知识新的意义。

建构主义提倡学生要从被动外部刺激状态转变为自我主动加工信息,成为知识意义的主动建构者。知识不是对客观现实的纯粹反映,任何一种知识传递的符号意义都并非一成不变,也并非永远是绝对真实的,对知识的本质意义处于不断地认识当中。知识只不过是人们对客观世界的一种解释、假设而已,并非是知识的最终答案,终将随着人们认识程度的不断变化而变化,从而也会出现新的对客观事物的解释和假设。建构主义者指出每个人的个体经验都是无法复制的,都是自我主动进行建构的,学习是自我主动地不断建构知识体系的过程,这个过程是别人无法取代的。

建构主义的课程观认为,教学要基于解决学生的现实问题,帮助学生解决生活中的难题,因此课程内容的设置应该优先选择真实性的任务,课程内容的处理不能脱离现实的问题情境,太过于简单化。解决现实生活中的具体问题往往要涉及多门学科的知识内容,因此建构主义者主张弱化学科的界限,强调学科知识内容的交叉。

建构主义者强调教师在教学的过程中应该给学生布置整体性的任务,驱动学生自我主动发现完成整体任务需要的子任务,从而不断完善各个子任务的知识与技能。建构主义者十分强调在教学过程中情境的意义。指出同一学习内容应该在不同的学习时间多次发生,但在这一过程中最为关键的是要保证每次学习的发生都伴随着情境的不断重组,这也是建构主义提出的高级学习。学生在学习的过程中不应该仅仅局限于对新知识的理解,而是更应该对知识进行批判性地分析和检验。

建构主义的教学观指出,学习者在一定的情境下,通过别人的帮助,比如人与人之间的合作、交流,利用一定的关键信息,通过意义的建构可以更好地获取知识信息。教师在教学的过程中,为学生创设适合的学习情境是重要的环节,学生之间的相互协作应该贯穿在整个学习活动当中。

建构主义者强调学习的能动性,不能简单地从外部对学习者进行灌输,而是应该基于学生已有的学习经验,对学生进行积极的引导,从而帮助学生更好地构建自己的理解和知识体系。教师在学生的学习过程中应该扮演学生高级伙伴的角色,帮助学生建构主体意义。学生是学习信息的主动建构者,并非是被动接受知识的对象。

(二)基于结构主义课程与教学观

结构主义者注重学科基本结构,教师教学的重点是确保学生理解、掌握学科的基本结构。建构主义所强调的基本是指概念应该既具有一定的广泛性又具有一定强有力的适应性。而结构是指学科间的基本概念、原理及法则间的相互内在联系。就具体一门学科而言是指在学科当中起着广泛作用的概念、原则和法则的体系。

结构主义主张螺旋式的课程编制,这种课程的特点是依据学习者的思维方式,尽可能地将学科的基本结构置于课程教学的中心,随着学习者年龄特征的不同,教师教授知识的深度也在不断地进行加深、拓展。学科的基本原理在学科结构中以螺旋式上升的方式存在,学科结构的基本原理及概念都是随着认识者的年龄及知识结构的变化而呈现螺旋上升的样式。布鲁纳(Bruner)主张在螺旋式课程学习的过程中,对学生的学习态度也应该做相应的处理,激发学习者自主学习的兴趣,培养学习者内在的学习动机。在激发学生的自我内在学习兴趣的基础之上,进一步培养学生要以一个科学者的态度对待学习和从事探究。

一方面,结构主义者认为课程评价在指导课程建设和教学方面存在着重要的意义。布鲁纳认为评价是一种教育的智慧,是指导课程建设和教学的重要风向标。基于对教育评价的深刻认识,建构主义者认为教育评价的目的是为真教育服务的。真教育是能够促进人类发展的教育,真教育是使人们能够认识并运用自我潜在的教育力量来推动社会发展的教育,课程评价的目的是不断推动教育向真教育发展。

另一方面,课程评价的重要意义是不断完善课程建设,帮助课程不断指明更优化的路向。评价通常被认为是对教材、教法及其他涉及教学相关因素的检测。结构主义者还认为教学评价应该贯彻在教学的整个过程当中,教学过程是课程评价的基础,教学过程当中涉及的所有与教学相关的要素都应该作为教学评价考虑的要素。

结构主义者提出的教学应该使教学过程呈现积极化的态势,要专注于把传授知识的过程转变为学生自我思维的过程,使教学过程变成积极引导学生不断创造、发明的过程。布鲁纳倡导发现教学法。所谓发现,不管是学生凭借自我的力量所做出的发现,还是科学家在尖端领域所做出的发现,在本质意义上都是一致的,都不过是把现象进行不断地重新组织和转换,超越现象再进行一定的组织,从而获得对知识新的领悟和理解。这种发现教学模式可以更好地实现学生自我主动建构、探究知识的能力,发展学生的智力,激发学生的兴趣,巩固学生的认知,优化个体的知识结构。

（三）基于人本主义课程与教学观

人本主义提倡教育的真谛在于实现每个个体的个性，教育的核心是实行人道主义，打破传统的教育权威而充分发展儿童的个性。人本主义者重视课程的个人意义，课程是帮助学生实现教育的基本途径和方式，但教育的真正意义并非是内在于课程内容之中，而是通过学习知识的过程，教师不断引导学生获取个人精神内在的自由发展经验。

人本主义者认为人的心理过程是一个统一的、有机的整体，任何令人满意的思想体系都不应该仅仅包含精神等要素，还应该包含人们在奋斗过程中表现出来的感觉和情感。人本主义者把课程建构的核心定位于以情感驱动为基本动力，以情知相互之间的协调为中轴的模式上。人本主义者重视学生的个人经验，认为学生的学习活动一旦与个人的经验相联系，那必将是大有成效的。以往课程强调以成人的视角来选取教学内容，对学生来说学习效果很一般，打击学生学习的积极性。

非指导性教学是人本主义促成个人实现的一种最佳途径。非指导性教学的目的是帮助学生通过自我反省和情感体验，在和谐的气氛中，学生能够自由地表达自我、认识自我、从而能够达到改变自我，最终实现自我。罗杰斯（Rogers）主张教学应该以学生为中心，教师最重要的责任在于帮助学生理解不断变化的情境与自我，最大限度地激发个人的潜能。教师应为学生营造和谐的气氛，提供给学生各种学习资料，让学生根据自己的实际需要进行选择，教师只是帮助学生了解获取学习知识的途径和方法，帮助学生了解有意义的问题，但从不干涉学生的思维，不评述、不进行讲解，不布置作业，不评价学生，实行考试但是不确定等级。罗杰斯认为教师最重要的角色是扮演促进者的角色，教师只是学生学习的催化剂，不是教学过程的组织者和领导者，应该鼓励学生自我表现，而非自我戒防。

人本主义者认为教师在教学过程中应该关心、信任和尊重学生。罗杰斯从心理治疗的理论基础上面对教师提出了三点基本要求，一是真诚地对待每一位学生；二是给予学生充分的信任，相信学生能够充分发挥自我的最大潜力；三是理解和尊重学生的心理世界，给予学生更多的关爱和热情，使学生有安全感、有自信心。罗杰斯认为，教学是人与人之间交流的一种情意活动，师生应该在平等沟通交流的基础上实现情感的自由流动，以达到人本主义所推崇的，尊重人的尊严、民主、自由及美德的和谐发展。

四、深度教学的特征

深度教学是超越浅表层的教学，深度教学注重学生对教学内容的深刻理解与把握，注重学生掌握知识的内在含义和深层次意义；深度教学注重学生对教学内容进行反思，反思自己的认知方式、学习方式、理解层次；深度教学注重学生对教学内容的深刻体验，注重知识的情境性特征，注重与自己以往的知识经验进行联系。

（一）注重学生对教学内容的理解

深度教学要求学生的课堂是理解性的课堂，区别传统的灌输性课堂。教学本身应该是一种生活，一种教师与学生相互之间发生对话与交流的生活，有人类生活的存在就有理解的发生。深度教学注重学生对知识内容进行理解,理解与教学密不可分,理解与教学是统一体,有教学就有理解。深度教学的基础是基于学生对知识、对于他人与自我关系的理解,从而引导学生建构自我知识体系及意义,丰富自我内心情感和实现学生自我发展和精神的成长。

每个人对事物的理解都存在或多或少的差别,而深度教学所指的理解是强调学生对知识的内在本质和含义的真正思考和体悟。深度教学过程中只有学生对知识有了深刻的理解才能更好地体悟知识的内在价值。理解可以分为直接理解和间接理解。直接理解是对事物不需要中介性的思维,经常与个人的知觉过程结合在一起。间接理解是通过复杂性的思维,对知识由不清楚到清楚的一个过程。学生对书本知识的学习经常是一个间接性理解的过程,在这个过程中学生需要对知识进行由浅入深地理解,这是一个复杂的过程,是一个由低阶思维提升到高阶思维的过程。这个过程中需要教师的指导才能更好地完成。

深度教学是理解性的教学,深度教学过程中教师是学生的学习帮助者,教师的一切讲授只是为了让学生更好地理解所学的知识。一方面,学生经常是带着自己已有的理解、生活经验去认识所学习的知识;另一方面,在认识理解的过程当中,所学习的知识又会对学生现在所掌握的知识内容、已有经验、心理情感等方面产生影响,这是一个客体主体化的过程。

深度教学的设计根据知识的不同类别进行设计,事实性知识在深度教学过程中,教师主要指导学生对知识进行背诵和记忆;概念性知识在深度教学过程中要求教师引导学生对概念进行一定的分析和理解;程序性知识在深度教学过程中要求教师注重培养学生的实际动手操作技能;元认知识在深度教学过程中要求教师的教学注重培养学生对知识的迁移运用,注重培养学生的高阶思维能力,引导学生对知识进行分析、综合、批判性地理解。深度教学过程注重帮助学生由浅入深地理解所学的知识,学生理解知识的过程是一个由浅层认识向深层认识的过程。深度教学注重学生对知识的深层理解,学生只有理解了知识的内在真正含义,才能更好地学会迁移运用知识去解决现实生活中的问题。

(二)注重学生对教学内容的反思

在我国传统文化中反思被当作学习与修身养性的基本方式。《学记》中也谈到反思与学习、教学之间的关系,"学然后知不足,教然后知困。知不足然后能自反也"。在西方最早提出反思性思维概念的是杜威。杜威将反思称为反省性思考,认为它是对事物进行反复的、严谨的深思。人们通过反省心灵深处的活动,获得其对知识深刻理解的含义。

深度教学是反思性的教学,深度教学过程中教师注意引导学生对教学内容的反思,学生通过对知识内容的反思,进而能够达到充分地、客观地评价以及认识自我、改善自我、超越自我、实现人生的意义。反思是深度教学的重要特征,深度教学是反思性的教学,学生是反思性教学的实践主体,要具有反思性的自我意识。深度教学过程中通过有效地引导学生对知识内容进行反思,可以使学生的学习由符号认识走向逻辑意义,由肤浅认知走向深刻认知,丰富自己的内心世界和主观意识,通过反思不断完善自我、觉醒自我、提升自我。

(三)注重学生对教学内容的体验

学生保持知识深刻记忆的最重要的方法是对知识进行体验。基于自己以往的经验、知识对所接受的知识进行一定的体验,这样的体验才能让学生对知识的理解更加深刻,更加能够保持对知识的深刻领悟,从而不断建构自我的知识结构。在深度教学过程中学生体验知识的同时,不断地升华自身的内心情感,使个人的思维结构得以不断地重建。深度教学是体验性的教学,深度教学是所学知识与已有经验不断相互作用的教学。深度教学的过程可以不断丰富学生的内心情感,引导学生体验积极的师生、生生关系,体验情感的丰富性,体验知识的真正价值所在。

深度教学过程的体验是动态的过程,学生通过深度教学过程不断地对知识进行体验,才能更好地理解、把握知识,体验自己的实践生活,完善自己的知识结构和内心情感。深度教学是体验性的教学,这就要求教师避免一刀切、一言堂,避免教学的模式化和流程化,引导学生积极体验所学知识,引导学生对学习内容进行积极的过程体验,实现深度教学的目的。

(四)注重学生的交往性学习

交往学习注重学生之间的交流、对话,是实现深度学习的重要过程。当今时代是全球化与民主化不断推进的时代。全球化时代本质上是由普遍、深入和快速的交往促成的时代,多样性和差异性是促使人们进行交往的动力,而交往的顺利进行往往是基于人们尊重和认可事物的多态性和差异性,通过交往建立共识。深度教学注重学生的交往性学习,通过交往性学习有助于学生顺应时代发展潮流,也有助于培养学生的自我发展意识,交往性学习是学生社会素质形成的主要途径,交往有助于学生发展的丰富性。交往对学生的身心发展具有重要的影响,深度教学过程采用交往性学习,主要通过讨论的形式促进学生对知识更好地理解,从而实现深度学习。

(五)注重学生高阶思维能力的培养

学生高阶思维能力的培养是深度教学的重要特征,深度教学的目的是促进学生更好地进行深度学习,学生深度学习的重要意义在于培养学生的高阶思维能力,因此深度教学的过程需要注重学生高阶思维能力的培养。高阶思维能力是指学生对知识可以进行批判、分析、综合、创造的能力,从而培养自我批判思维、创新思维等方面的高阶思维能力。高阶思维不是对知识进行简单的复制、模仿,而是超越浅层认知的深度探究。

高阶思维能力的培养是深度教学过程实现的重要目的,思考有助于学生更深刻地理解知识。在深度教学过程中引导学生进行思考,有助于学习者重构知识结构,对相应已有的认知思维、活动经验、问题情境等相关因素,进行批判性地接受,对下一步即将开展的教学活动进行创造性的预见,对学习过程当中遇到的问题进行科学合理的探究,对整个学习活动过程进行有效的监控,及时调整自己的节奏和步伐,以促进知识内化、重组、问题解决、自我提升。

深度学习是以一种高水平思维为核心的有效学习,深度教学过程中应该引导和培养学生积极思考的学习习惯,思考教学内容的逻辑性、结构性、思考新旧知识经验间的联系,思考知识内容相互之间的联系和变化关系,思考解决实际问题时所使用的知识原理等。深度教学过程中重视学习者高阶思维能力的培养。深度教学通过导学设计、问题启发、任务驱动等环节培养学生的高阶思维能力,学生达到更好的深度学习的目的。

五、深度教学的设计

(一) 深度教学设计分析

1. 注重教学的有效性

深度教学设计应该达到有效教学的效果,深度教学要想取得理想的效果,要具备有效教学的特征。美国的鲍里奇博士提出,有效教学应体现5个基本特征:

(1) 清晰准确的授课思路。
(2) 丰富多样的教学方法。
(3) 教学任务导向明确。
(4) 帮助学生投入学习过程。
(5) 确保成功率。

清晰授课这一关键行为也是深度教学的首要保证。想要取得深度教学的效果,首先清晰的授课教学思路是保证深度教学的第一点。这一关键行为要求教师讲解的要点首先要易于学生的理解,清晰地解释知识点概念,使学生可以按照逻辑顺序逐步理解。深度教学需要教师对教学目标、教学内容熟记于心,并且能够使学生在自己的讲解下达到准确理解教学的内容;教师对教学工作充满激情、感染力强、谈吐幽默、知识渊博,重难点讲解清晰易懂;教师对学生寄予高期望,着重培养学生自己动手解决问题、积极思考、终身学习的能力;营造积极的学习气氛,注重学生的思维发展,深度教学应该达到有效教学的效果。

2. 挖掘知识深层含义

传统课堂注重知识点讲解,由于教学任务重,学时有限,教师在完成教学任务过程当中难免协调不好课本知识与学生实际能力需要之间的矛盾。为了避免课程内容偏离学生专业发展和实际能力需要的问题情境,建构主义强调对课程内容不能做简单化的处理。由于具体问题经常涉及多种理论、概念的交叉混合,因此建构主义指出应该弱化学科之间的清晰界限,鼓励学科间相互交叉,因此深度教学如果想取得有效地教学效果,必须将课堂教学区别于传统课堂教学,教学内容设计要呈现给学生整体性的任务,引导学生自己发现、完成整体任务需要解决的子任务,而不是只限于概念、原理的表面学习。

深度教学过程中,教师更应该尊重学生接受知识的规律,教学要以学生自己的学习经验为背景去理解知识、分析知识之间的逻辑性。深度教学过程中不仅要求学生理解所学的新知识,而且要引导学生对新知识进行分析、检验和辨别,这样深度教学才能取得更好的学习效果。

目前部分教师课前准备不充分,上课只讲自己熟悉的、容易讲的内容,这种做法非但无效反而会引起学生的反感,打消学生学习的积极性。进行深度教学的教师要特别注重研究所教学科的重难点,积极思考学生所学习的教学内容如何以更好的教学方式去呈现,思考学生课堂之上很可能难以理解的知识点,做好教学内容的预设工作,教师要对教学过程中所讲授的内容进行合理地设计,积极拓展教学内容,重点讲解学生在课堂学习中不容易理解的知识点。积极开发教学内容、变化教学方式,引导学生主动参与教学过程,这样才能更大程度调动学生的学习积极性、主动性。教师只有通过自己不断地钻研才能形成独特的教学方法,在深度教学过程中教师要注重教学拓展功能,关注教学重难点。

3. 关注学生发展

发展性是深度教学课堂追求的目标和要求,发展性是改革课堂教学的重要方面,发展性是深度教学关注的重要因素,更是改革教学的重要方向。课堂是学生的课堂,课堂教学最重要的是促进学生的发展。何谓发展?发展就是指人们在认知、技能、情感和态度价值观等方面有积极的转向,发展就是提升学生综合素质。课堂教学的发展性功能追求教育的本质,贯彻落实以学生为中心的教育理念,通过实现教学目标的过程推动学生全面发展。

在深度教学过程中,教师必须关注学生的发展,只有关注学生的发展,才能在教学中发现问题,才能积极思考自己的教学方式、方法怎样才能更好地切合学生的实际。关注学生发展是深度教学的重要特征,是区别于传统课堂教学中教师只是为了完成教学任务而不思考学生实际学习情况的一剂良药。在深度教学过程中,教师只有关注学生的发展,注重培养学生积极思考问题、解决问题的能力,弥补传统课堂教学方式、方法的不足,才能取得更好的教学效果。

4. 相信学生

教育学上有皮格马利翁效应。皮格马利翁效应指人们对某情境抱有期望,会自然产生适应这一情境的效应。赞美、期待、信任给予学生积极向上的能量,激发学生学习的主动性。深度教学过程中教师要重视对学生的期望,只有让学生感受到教师的尊重、信任和期望才能取得更好的教学效果。当学生得到教师对自己的肯定、赞美的时候,他会觉得获取了社会的支持,增强自我效能感,产生一股积极向上的动力,并且会为了不让老师失望而付出更多的努力。

深度教学过程中教师教学要给学生更多的关怀,区别于传统课堂教学只是一味地灌输知识而不关心学生心理发展。罗杰斯曾提出,教师与学生之间的交流应该是人与人之间的一种情义的交流,平等、自由地沟通可以加速情感的自由流动,这也是人本主义崇尚的师生自由和美德之间的和谐交融。教师对学生形成积极期望,相信每一位学生在自我不断努力的基础上都能达到掌握学习内容的目标,教师对学生的这种期望会使学生调整自己的学习行为,从而努力达到自己的学习目标,提高对自己的自信心,学生都渴望自己学业成功,关注教师对自己的态度和期望。深度教学过程中教师只有对学生付出更多的关爱,对学生有期待,学生学习才能更有效,才能更好地促进其进行深度学习。

(二)深度教学课堂设计流程

有研究提出,深度教学设计流程包括前置课堂、互动课堂、训练课堂、反思课堂、明星课堂和驱动课堂,通过课堂环节的设计帮助学生实现深度学习。

1. 前置课堂

前置课堂主要是学生在教师告知学习目标以后,自己预习的课堂。前置课堂要求学生作好笔记,找出讲授内容的重难点和自己的疑问点,组织语言作好上课发言的准备。学是教的基础和起点,是获得间接经验的主要途径。深度教学在学生学习的过程中最重要的意义在于教师培养学生自主学习、自主探究的能力。建构主义者认为任何学科的学习都不是基于学生头脑空白的学习,总要涉及学习者已有的认知结构、知识经验对外部信息进行主动地加工、处理。教师在学生学习过程中应该不断地引导学生在已有的学习经验基础之上不断地建构自我理解的知识体系。深度教学过程要实现学生的深度学习,要注重学生原有的学习经验,通过采用提问、交流等多种方式了解学生原有的学习基础。在了解学生学的基本情况之后再进行有的放矢地教学,并且在学生学习过程中,也应及时了解学生的学习情况,及时调整教学进程,告别独白、灌输走向对话与交流。深度教学只有在基于学生原有的知识经验基础之上进行教学才能更好地体现深度教学理念。学生可以获得更多的知识和间接经验,在大量知识积累基础之上可以更好地激发学生自我建构知识的能力。

前置课堂重视学生思考的意义,只有通过思维的理性加工才能将习得的感性经验系统化上升为理性认识。深度教学过程中也应注重启发学生思考,面对错综复杂的社会环境,学生更应该学会思考。教学不仅要帮助学生继承人类优秀的文化认识成果,而且更重要的是让学生在接受知识的过程中感受、体验人类精神文明积累下来的,有主见、有批判的认识成果,成为勤加思考、明辨是非、有担当、有责任的现代合格公民。

前置课堂的问题是建立在学的基础之上,古人云:"尽信书则不如无书"。学生在学的基础上积累了一定的知识经验,但当面对众多问题情境时,学生不知道该如何运用知识去解决问题,因此在学的过程中学生应该主动去问。问的过程中其实就是对知识的归类整理,这是思维得以深化的重要环节。深度教学也要注重学生的发问,发问的过程也是学生对知识再次理解的过程。深度教学鼓励学生发问,前置课堂中学生可以建立交流群,学生相互发问,每一位学生都可以实现教师与学生身份的互换,一定程度上也能激发学生的学习兴趣。前置课堂也要求学生将有疑惑的地方作好笔记,作好上课发问的准备。

2. 互动课堂

深度教学设计的关键环节是互动课堂的设置。互动课堂是学生带着一定的问题来,教师讲解课程内容的重难点,点拨学生的疑问,引导学生理解、探究更深的知识含义,整合学生的思维体系。互动课堂要求学生带着问题来,不带半点疑惑离开。互动课堂中,学生通过前面的前置课堂的学习已经基本了解所要讲解的重点内容,清楚自己的薄弱点,这样可以帮助学生达到更好的学习效果。互动课堂中,教师通过学生的提问也更加能够明白学生思维认识的深浅,能够有的放矢地进行教学,提高教学的效率。通过互动课堂,学生可以体验到自主学习的乐趣,可以更好地激发其积极主动学习的兴趣。

互动课堂中,深度教学设计也注重师生之间对知识的辩论。知识越辩越明,道理越讲越透,深度教学过程中要给学生辩论知识的机会。在辩论知识的过程中,学习者相互之间可以交流,获得存在感,可以提高其学习热情。当学生之间辩论知识的时候,他们更专注地融入学习过程中,他们在学习上更加富有激情。教师灌输学生知识在说教上会浪费很多时间,但当学生处于教导同伴的过程中,他们将拥有更多的学习自主权。如果他们在一次辩论活动中以自己的专业知识辩倒对方,他们会感到非常自豪。研究发现学生在教导同伴的过程中会感到自己是学习群体中很重要的一部分。他们和教师一样认为学习是他们工作的一部分,这样可以增强自我效能感。深度教学过程中应该注重学生相互之间的辩驳,调动学生自主学习的积极性,培养学生在学习群体当中的自我存在感。

3. 训练课堂

训练课堂要求学生在自我学习的基础上,通过教师的重难点讲解以及疑难问题的讲解,可以迁移运用知识解决类似问题,创设真实情境解决现实问题的课堂。训练课堂是培养学生实践能力的课堂。

古代教育家也非常重视实践的问题,他们认为学习知识的目的就是运用知识解决现实问题。深度教学过程中学生从感性认识上升到理性认识,再从理性认识运用到实践当中。深度教学的目标是创造新知识,学生通过深度教学来获得各种体验,包括了解自己的兴趣、潜力,发展自己的志向。学生积极主动地参与到学习的实践过程当中,在困难中锻炼意志,运用知识解决现实情境当中复杂的问题。简而言之,深度教学为学习者搭建了学与做之间的实践桥梁。深度教学最重要的是引导学习者整合所学知识概念,产生全新的概念、采取合适的措施去解决现实复杂情境中的疑难问题。

在深度教学过程中,学生不只是创造新知识,更应该学会运用新知识去解决现实问题。从某种意义上说深度教学包含了建构主义的倾向,它注重引导学生在实际环境中如何运用新知识解决现实中的复杂问题,深度教学十分注重学生实践能力的培养与锻炼。教师讲解重要内容之后应科学布置相应的练习题目,可以增加学生对知识进一步地深刻理解。

建构主义者认为学习者的学习是与外部环境相互刺激的结果,在这个过程中,不断地重构自我已有认知结构。同化、顺应是学生与外部学习环境相互作用、刺激的两种关系,通过对题目的练习有助于学习者建构自我的知识体系与外部知识之间的相互平衡,在寻求平衡与不平衡的学习过程中不断地丰富、提高自我的认知能力。深度教学应注重学生的科学练习,知识在不断使用的过程中会随着学习者认识的不断深入而不断地进行变革、升华,形成学习者自我认识的独特价值体系。训练课堂科学地为学生布置一定的练习题目有助于实现学生的深度学习。

4. 反思课堂

反思课堂的设置强调,要有反思记录的痕迹,学生通过写出自己的反思内容,可以更进一步地帮助学生改进自己的学习方法,构建自我的知识体系。反思的记录也有助于培养学生成为严谨的科学工作者,学生也可以明显地看到自己的进步,自我思维方式的转换。

反思的过程也是对知识进行再加工和重构的过程,反思意识的培养也是实现深度教学的重要意义。师生之间通过反思不仅可以更好地推动教学的发展,还可以调整学习的步伐,学习的方式、方法,从而达到深度学习的目的。

5. 明星课堂

深度教学环节中明星课堂的设置主要是为了让学生展示自己的学习成果,让学生深度参与到教学过程当中,使学生成为自主学习的掌控者。明星课堂设置中学生可以通过分组的形式进行章节的总结,通过自我总结内化形成一定的思想体系,然后可以通过录制视频的方式展现给大家。明星课堂是学生展现的课堂,通过展现,一方面,可以加深对知识的理解。另一方面,通过展现可以激发学生学习的积极性。

明星课堂不局限于学生展现的内容,只要是积极的、有意义的、促进学习的各种学习内容都可以通过录制视频的方式展现出来。明星课堂通过分组合作交流的方式进行展示,可以加强学生之间的相互联系,培养学生的人际交往能力。明星课堂也可以根据学生展现的具体情况设置弹性课堂,如学生在某些知识点方面掌握的相当好,教师可根据实际情况不讲或者少讲。

明星课堂也可以检测教学效果,通过明星课堂的展示,教师也可以充分了解学生的实际表现情况,以及知识的掌握程度。如学生觉得教师在某一重难点知识讲解上不够深入和系统,他们也可以大胆录制视频讲解重难点,以此推动教学相长。

明星课堂也可以培养学生的语言表达能力,鼓励学生表达最真实的想法。通过明星课堂的展示,也能更好地激发学生自主学习的积极性。深度教学设置明星课堂可以达到让学生深度理解知识、体验知识的目的。

6. 驱动课堂

任务驱动课堂的设置是教师根据教学的实际进展情况,为学生布置项目任务,学生根据教师项目任务的安排,科学合理地进行相关知识的学习。通过驱动课堂,学生更加明确学习的具体任务,确定具体学习目标,对个人努力有更大的刺激作用,取得的效果更加明显。任务驱动课堂可以实行小组分工合作的方式进行项目的完成。小组成员之间通过设定共同的目标,科学地分配相应的任务,完成各自分配的任务,通过任务成果的展示可以增强学生对知识的理解,培养团队精神。

第四章 网络教学环境下大学生深度学习研究

第一节 网络教学环境对深度学习的支持性研究

一、网络教学环境的特点

技术的进步和革新带动各行各业的变革,带动了社会的发展与变化,这些变化又引发技术的发展和创新。在这种不断循环中,教育也随之发展和变化。在当前社会中,互联网的应用越来越广,数据的增长、信息的更新和传播速度越来越快。人类已经进入了"互联网+"时代。互联网对人类的生产、生活都产生很大的推动作用。在大数据、云计算、移动互联等技术优势的基础上,再加上开放式、社会化、跨界和简约的互联网思维,不断掀起变革的浪潮。

随着人们认识的不断深入,对网络环境的认识和理解越来越忽略其物理方面的特征,而越来越注重教师与学生、学生与学生、学生与支持系统、学生与教学材料之间实现的有意义的交流。从教学设计的角度看,网络环境是指网络资源与网络工具的组合。网络环境是以现代信息技术为载体的具有丰富学习资源和全新沟通机制的环境。其中最基础的是数字化的信息处理,这与我国教育技术专家李克东先生提出的"数字化学习环境"的概念一致。它与传统课堂教学中师生面对面的交流环境不同,具有信息显示多媒体化、信息处理智能化、信息传输网络化和教学环境虚拟化等特征。

1. 信息显示多媒体化

在网络环境中,利用多媒体技术,特别是超媒体技术,使得教学内容的显示突破了传统的相对单一的方式。通过文字、图形、图像、声音、动画、视频图像等多种形式,实现了教学内容的动态化、结构化、形象化显示,不仅具有信息量大、传输质量高、重感官刺激和交互性强等特点,还为人机之间的信息交流提供了崭新的手段,从而有利于提高学生注意、记忆和理解信息的效率。

2. 信息处理智能化

借助人工智能技术和智能代理技术,对网络环境中的相关教育信息进行推理和判断,从而实现对教育信息的智能化处理,使教学系统实现教学行为人性化、人机通信自然化、繁杂任务代理化。并能根据学生的个性需求和特点选择最恰当的教学方法和教学内容,对学生进行有针对性的帮助和指导。

3. 信息传输网络化

在网络环境下,教学信息传输的主要媒介是计算机网络。网络化将信息或信息化系统连接在一起,整体价值不断地增加。还能使各个信息系统用共同的技术或语言进行交互,达到信息共享,消除信息孤岛。利用计算机网络能有效地支持学生之间进行交流、探讨、协商,方便实现本地和远程信息的资源共享;在一定程度上能使教学活动脱离学校规定的时间和空间的限制,使个性化学习成为可能;同时,还能拓展人际交互、人机交互的渠道,为合作学习创造条件。

4. 教学环境虚拟化

教学环境虚拟化可以理解为教学活动可以利用虚拟现实技术和仿真技术,使学生与各种信息发生交互作用,在仿真过程中经历不同的时间和空间,与虚拟世界的各个部分接触,与各种仿真物体接触等。这在一定程度上脱离了物理空间以及时间的限制。当前已经涌现出了一系列虚拟化的教学环境,如虚拟教室、虚拟学社、虚拟校园、虚拟图书馆等。

二、网络教学环境下深度学习的影响因素

网络教学环境不同于传统的教学环境,具有信息显示多媒化、信息传输网络化、信息处理智能化和教学环境虚拟化等特点,在网络环境下影响深度学习的因素有以下6种。

1. 资源呈现

网络环境下资源以其丰富性、多样性和再生性等特点给学习者带来了很多便利,但网络技术也具有一定的局限性,这使得网络资源的隐蔽性、共享性以及实用性不能得到解决。由于网络就像大海一样广阔无边,给学习者的发掘带来一定的难度。因此,需要学习者自己对需要的资源进行搜集、筛选、概括、归类和加工。网络环境下的教育信息有着多种多样的呈现方式。文字、图片、音频、视频等是比较常见的信息呈现方式,随着教育与网络的密切结合,学生接受信息的渠道越来越多,范围越来越广,如何获得有效的网络资源,优化资源呈现方式与学习者学习的效果密切相关。

2. 内容组织

在网络环境中,学习内容以多种媒体形式表现,以非线性结构相互关联,与传统课程中的现成资源相比有很大的不同。同样,网络教学环境下学习内容的组织方式与学习者的学习效果密切相关。学习内容的组织应按照一定的原则进行,教学内容的组织应从整体到部分,由一般到个别,不断分化;由已知到未知,由具体到抽象;按照事物发展的客观规律排列。同时,注意学习内容之间的横向联系。

3. 高度的自主学习

相关教育心理学的研究表明,在网络环境下,保持正确的学习态度是顺利完成网络学习的前提。如果学习者态度消极,再加上网络学习平台的质量不高,或学习者以往失败的学习经历和网络环境下周围人懒散情绪的影响,就会使他们对网络学习处于畏惧、退缩的状态,缺乏积极参与学习的欲望。因此,学习者高度的自主学习能力能够使他们在网络环境下不受外界干扰,保持良好的精神状态。

4. 交互

学习者通过网络环境进行深度学习,他们与环境之间的交互通道是否便利在很大

程度上影响其学习效率。就界面交互来说,如果界面机械、呆板、不灵活,缺少相关心理学、教育学等理论的支持,设计程序不能体现人文关怀就会使交互不顺畅,容易给人造成视觉疲劳;就内容交互来说,如果学习重点不突出,内容组织方式不清晰,学习资料的质量较差会通过影响学习者对网络学习的易用性和有用性,间接影响学习态度。

5. 评价

深度学习是一个由浅入深的过程,从简单学习向深度学习过渡,离不开一定的评价策略。评价能够帮助学习者发现学习过程中存在的不足,找出自己与其他学习者之间的差距。网络教学环境下的深度学习由于需要学习者付出更多的努力,因此评价就显得更加重要。

6. 平台

网络学习者大多通过专门的学习平台或专题学习网站进行学习,因为这些网站或平台相对于网络上其他一些碎片化的知识相比具有一定的权威性、可靠性与学术性。因此,平台的选择是网络教学环境下影响深度学习的又一重要因素。

三、网络环境对深度学习的支持作用

网络环境在支持深度学习的优势和作用主要体现在:

1. 情境支持

在教学或学习实践中,由于学习时间和教学条件的限制,完全在真实世界中实施教学或学习是不太可能实现的。而建构主义学习理论注重教学真实情境的创设,情境是"意义建构"的前提。而网络环境以其虚拟化、智能化、超时空等技术优势,能缩小时间、空间以及地域差异,能够为"意义学习"提供真实的或模拟的情境,有助于学生产生强烈的学习动机和认知冲突,教学或学习内容对学生就构成了意义。

2. 资源支持

网络环境中图文并茂、丰富多样的多媒体学习信息资源,可以给学生以多种感官的综合刺激。在网络环境中,学生可以更多、更好地获取知识并持续更新,同时方便学生快捷地建立所学知识与原有知识或经验的联系。此外,多媒体信息资源本身的交互性也有利于发挥认知主体作用和激发学生的学习兴趣,使学生体会到学习的意义和价值,从而促进学生主动参与意义建构的过程。

3. 交互支持

深度学习作为一种学习方式,或是一种学习活动具有社会性,需要与外界进行交互。以网络通信技术和多媒体计算机技术为支撑的网络环境,具有音频、视频以及文字、图片等多重交互手段,与传统教学相比,网络交互有效地削弱了教师的权威地位,能够有效支持学生之间、学习伙伴之间以及学生与教师之间的交流、探讨、协商,方便各种形式的会话与协作的开展。目前深度学习正以一种开放的、民主的、个性化的、多元的特质引领学习方式的变革。

4. 信息组织形式支持

认知心理学研究表明人类思维具有多重联想特征。联想特征便于学生建立新旧知识之间的联系，使得学生主动获取信息，激发学生自主探索知识的主动性与积极性。此外，网状信息呈现方式能够使知识表征多维度化，学生可以以非线性方式灵活地在各个知识节点之间自由浏览和选择相关信息，有助于学生把握复杂的知识概念，提高认知灵活性。

通过以上论述可以看出，网络环境在学习情境创设、学习资源、学习过程交互和信息组织形式等方面可为"深度学习"的实现提供有效支持。从理论方面，网络环境下的"深度学习"是可能的，但要真正地实现"深度学习"，还需要在相关理论的指导下，进行科学的设计，这将在后面展开深入的探讨。

四、网络教学环境的选择

（一）主要的网络教学系统

开展网络教学，需要网络教学环境的支持，在此环境中开展各种教学活动。建设网络教学支持环境，需要完成的任务很多包括，网络课程辅助平台建设、服务支持、资源建设。平台、资源与服务构成了各类高校和科研机构开展网络教学的三要素。其中平台是前提，是体现网络教学特色的重要依靠。各类高校在几年前就开始开发各种各样的网络教学系统，到目前为止，有以下几种：

1. 学校自主开发的网络教学系统

通常这类网络教学平台由计算机教师和专业人员共同开发，各类高校和科研机构结合自己的教学特色，教学需求，开发出量身定做的教学系统。但由于开发这样的教学系统需要较高的平台开发能力和计算机编程水平，一般是由计算机专业人员和教育技术人员协作完成。

2. 由专门的软件开发公司为高校设计开发的网络教学系统

这是目前国内外很多高校普遍采用的开发方法，其特点是由专业计算机公司开发，技术含量高，移植性强，如国际大型教育平台公司 Blackboard 和 WebCT 等。对高等学校来说，Blackboard 和 WebCT 都是优秀的网络教学平台，目前包括耶鲁大学在内的全球 2 900 余所高校均使用 Blackboard，而且在中国也有很多高校在使用。这类网络教学系统可以为教师和学生提供一个强大的虚拟学习环境，使教师可以有效地管理课程、制作课程内容、生成作业等。但受制于价格因素（往往按使用人数或年度收费）的影响，这类由专门的软件开发公司开发的网络教学系统的普及和推广度受到了一定的限制。

3. 开源"课程管理系统"（CMS）

开源"课程管理系统"是目前在国内外高校中占据主导地位的一种网络教学系统。它作为对传统课堂教学的补充，是一种专门用于学校 E-learning 的软件系统，支持和加强面对面的授课。

在建构主义学习理论的影响下,国内外一些专家学者开始积极探索,尝试构建适合建构主义教学模式的开源软件系统,著名的 Moodle、Sakai 等系统应运而生。Moodle 基于社会建构主义教学思想,开发其核心功能,主要有创建课程页面、发送 E-mail、组织课程资料和课程活动、发布和评判作业、成绩管理等。Moodle 功能多、易于安装、完全免费,因此近年来使用者增加。Sakai 同样是一个协同学习的源码环境,不仅仅用于课堂,还可以用于研究和协作,与其他课程管理系统相比,Sakai 更加注重学生之间的协作学习和小组学习,更加适合高校的教学和小组的学习。

经过多方专家和团体的共同努力,课程管理系统的功能越来越强,如提供在线讨论、分组协作、实时/非实时交流等,这些功能为教师和学生之间的及时沟通、交流提供了便利,促进了学生的学习。

(二) Moodle 的优势及其对深度学习的支持

1. Moodle 课程管理系统的优势

(1) 基于社会建构主义学习理论构建。

建构主义理论提倡在教师指导下以学生为中心的学习。学习者通过创设一定的情境,利用必要的学习资料,借助同学和教师的帮助,通过建构意义的方式而获得知识。建构主义强调学习环境,"情景""协作""会话"和"意义建构"是学习环境中的四大要素。

同时,它主张学生用发现法、探索法建构信息的意义,即把当前学习内容和自己以前的知识联系起来,并认真思考这种关联。"思考"与"联系"是意义建构的核心。学生如果能把思考和联系的过程与合作学习过程中的协商结合起来,则意义建构的效率会更高、质量会更好。基于 Moodle 平台的网络教学正是基于此目的而创设的,即为了师生之间的互动、交流和学习。

(2) PHP。

脚本编写,二次开发(PHP, hypertext preprocessor)比较简单是一种被广泛使用的开放源代码多用途脚本语言,可以将超文本预处理器 PHP 脚本代码嵌入到 HTML 文档中,用来创建运行于服务器端的动态网页。

PHP 具有以下主要特点:

开放性源代码。PHP 的原始代码完全公开,这种开源策略使无数业内人士欢欣鼓舞。新函数库的不断加入,使得 PHP 具有强大的更新能力,从而在 Win32 或 UNIX 平台上拥有更多的新功能。PHP 是完全免费的,所有源代码和文档都可以免费下载、复制、编译、打印和分发。

运行于服务器端。与 ASP、JSP 一样,PHP 脚本也是在 Web 服务器端运行的。PHP 脚本可以嵌入 HTML 页面中,并由 Web 服务器识别出来交给 PHP 脚本引擎解释执行,以完成一定的功能,执行结果以 HTML 代码形式返回客户端浏览器。PHP 脚本运行与服务器端,在客户端可以看到 PHP 脚本执行的结果,但看不到 PHP 脚本代码本身。

语言简单易学。PHP 的语法利用了 C 语言、Java 和 Perl,并汲取了这些语言的精华,PHP语言非常容易学习和上手,只要了解编程的一些基本知识,就可以开始PHP编程之旅。PHP语言的主要目标是用于快速编写动态网页,可以一边学习PHP一边做动态网站,平台使用者可以根据自己的意愿进行二次开发。

数据库访问功能。通过PHP可以访问多种数据库格式,包括My SQL、Oracle、SQL Server、Informix、Sybase以及通用的ODBC等。

面向对象编程。PHP支持面向对象编程,提供了类和对象,支持构造函数和抽象类等。

(3)各模块功能强大、交互性强。

Moodle平台拥有多种模块和工具,教师可以根据教学的实际需要,利用各种模块和工具,实现教学交互。

(4)开源、模块化、易于修改。

Moodle平台自从诞生就以开源软件的形式出现,遵循GPL(GNU public license)协议,这给Moodle平台带来无穷的活力,吸引了一大批开发者。Moodle平台的发展一直贯穿着与时俱进的思想,在过去几年里,许多计算机应用技术已经或者正在被Moodle平台融合。Moodle平台着眼于通过简单易学的操作界面和通畅的网络环境,快速提供课程学习和教学活动,让学习者只要通过浏览器,即能随时随地修习课程。

同时Moodle平台还是一个开放原始代码的软件,允许复制与增修,它可以在任何能执行PHP程序的电脑系统上运作,如Unix、Linux、Windows、Mac OSX、Netware等操作系统都可以正常的安装与使用,同时也支持多种数据库,特别是以My SQL数据库系统为最佳选择。

2. Moodle课程管理系统对深度学习的支持

(1)权限角色管理。

Moodle支持多种角色,如系统管理员、课程管理员、教师、助教、学员等。系统管理员主要负责控制管理整个平台,同时负责教师、课程管理员等角色的授权,课程管理员主要负责整个平台中课程体系的规划与建设,教师则负责专门的课程内容建设以及开展网络教学等,同时教师拥有授权助教以及批准学习者入学的权利;助教负责协助教师维持网络教学的正常开展。

(2)课程管理Moodle。

能够支持课程目录创建,目前没有数量上的限制。在任意时间,课程管理员都可以创建、修改、移动和下载课程;每门课程还可以灵活地设置权限,如是否允许学员退课、课程等级的设定等。

(3)学习跟踪分析。

Moodle支持记录跟踪学习者的学习过程,任何学习者的学习报告,教师都可以查看。包括学习者进入课程学习的时间、次数以及场所。另外,教师还可以查看某个教学模块中的学习者参与人数与具体的学习情况。在Moodle平台中学习报告能够以图表的形式动态生成,同时也支持分析数据的下载。

(4)创建小组、班级。

Moodle 平台具有创建班级、小组功能。在 Moodle 中提供易用且方便的分组工具,教师以小组为单位组织教学活动,并且能够对网络课程公开和封闭属性进行设置。小组、班级分组这一功能能够激起学习者的好奇心,增强学习兴趣。

(5)课程资源管理。

在 Moodle 中设置的每门课程都有一个独立存储资源的空间。管理者利用这个存储空间可以上传各种教学资源。如常见的 Flash 动画、音频、视频等多媒体素材,还可以上传常见的灵活多样的多媒体课件。另外,平台中内置的所见即所得的 HTML 编辑器,使得 HTML 类型的文件资源可直接从网络编辑。

(6)双评价。

Moodle 有两种评价方式:评分制与评级制。所有教学活动都可采用这两种方式进行评价,教师根据实际情况灵活运用,组合出多种评价学生学习的策略。

(7)在线测试。

Moodle 平台的在线测试功能十分强大,每门课程都包含独立的试题库;试题支持选择、填空、判断、匹配、完形填空等在线测试题型;教师可以手工、随机或随机手工组合出题。试卷支持答案打乱排序、试题打乱排序、限定测试时间等功能。成绩统计方式多样,同时还拥有测试成绩分析功能。

(8)多种网络教学。

Moodle 在线教学功能包括笔记、讨论、词汇表、聊天、练习、调查、专题训练等十余种。这些功能都针对网络教学进行了改进与优化。教师可以灵活运用这些功能开展网络教学。

综合考虑以上各方面因素,选择 Moodle 作为本研究的网络教学环境。

第二节　Moodle 网络教学环境下深度学习模式构建

模式是再现现实的一种理论性的简约形式。模式其实就是解决某一类问题的方法,把解决某类问题的方法总结归纳到理论高度。模式是一种指导,在一个良好的指导方法下,有助于完成任务,做出优良的设计方案,达到事半功倍的效果,而且会得到解决问题的最佳办法。网络教学环境下的深度学习模式是在深度学习的实践当中逐渐形成的,运用系统方法进行深度学习设计的理论的简约形式。它包含 3 个要点:

(1)深度学习模式是对深度学习实践的再现。
(2)它是理论性的,代表着深度学习的理论内容。
(3)它是简约的形式,是深度学习理论的简约体现。

一、Moodle 网络教学环境下深度学习模式构建的原则

Moodle 是一个开源的课程管理系统,为教师和学生在网络环境下的学习提供了一个方便快捷的"场所",基于社会建构主义学习理论创建,能够培养学生的自主学习、创造性学习等深度学习能力,发展学生的逻辑思维。同时具有多种工具,不仅方便了教师

和同学之间的沟通和交流,还为发展学生的认知具有很好的促进作用。鉴于 Moodle 的强大优势,教师在利用 Moodle 开展网络教学时,应该充分发挥其优势。讨论区模块可以为学生之间以及教师和学生之间的交流提供顺畅的沟通渠道,激发高层次思维。Wiki 可以为自主学习的学生提供帮助,能够让学生通过协作与共享的方式对某一个主题展开讨论,进行自主学习和创作。在 Wiki 的帮助下可以更好地帮助学习者拓展思维。Moodle 平台支持班级、小组功能,提供方便易用的分组工具。教师可以组织小组为单位的教学活动,并且支持网络课程公开和封闭属性。班级、小组的分组功能可以增强网络学习者的学习兴趣。Moodle 的强大功能为深度学习的实现提供了条件。

1. 交流互动原则

深度学习是学习者主动进行知识构建的结果,教学中应发挥学生的主体地位,强调教学中的师生与生生之间的互动,而不是师生之间的单向传递。同时,知识在视域融合的过程中进行建构,深度学习强调交流,即为知识提供良好的生成条件。加强师生、生生之间的交流,有利于融洽、积极向上的学习氛围的建立,有利于加深师生之间的理解,这是理解性教学实施,促进知识理解的重要保障。

学习过程中的交流就是一种小组形式的协商,能对同一个问题获得共识,而学生用自己的语言表达某一具体主题的内涵,就是一种个体的意义建构,是个体对它所理解的意义的表达。通过学习中的沟通、交流和表达,学生不仅能将原有的从生活中得到的概念逐渐走向科学合理,而且能促进学生从个体的心理认知上升到社会认知,从而获得一定意义的拓展。学生间的沟通、交流和表达是理解学习的一种基本形式,是理解程度的相关体现。如果学生能够积极参与交流,相互理解,表达自己的观点和认识,取得共识,不断反思,就能在反思的过程中对自己的认知学习进行辨别和调整。

2. 知识整体性原则

对知识的深入学习是建立在对知识整体把握的基础上,无论是教师还是学生对课程的知识结构和核心概念都要有综合的认识。理解是建立在认知结构发生变化的基础上,只有对知识建立心理上的整体结构,才能更好地深入理解,灵活运用。首先,教师应在教学之前对内容进行深入理解,从整体上把握知识结构,明确核心概念,找出最需要理解的课程主题和单元主题。而在教学过程中,教师不应仅对学生展示当前进行学习的内容,而是要将当前内容置于整体中,让学生知道其在整体中所处的地位与层次。

3. 遵从动态知识观的原则

现代教育观认为,知识是一种相对静止的"状态",也是一个不断运动的"过程"。学习者学习、理解和掌握知识的过程实质上是一种探究、分析、选择、创造的过程,也是学习者形成科学精神、创新精神以及正确世界观的过程。因此,要将知识的学习贯穿于探究和发现的学习活动中,提倡"做中学",让学习者在质疑、调查、探究中学习,富有个性地学习。同时,学习者在学习活动中,无论是个体还是互相之间的学习都会生成一定的新资源。

4. 人本主义学习观的原则

深度学习模式中学习者深层次的追求是自我发展与自我实现,这与人本主义所倡导的学生观是一致的。人本主义心理学认为每个人都有一种内在的本然的倾向,这种倾向能促使个人学习知识和探索环境,并将精力用于打造更能充分发挥功能、更能让自己满意的生活方式。在这个理论的基础上,罗杰斯等人提出"以人为中心"的教育主张。人本主义理论下的学生观体现在由学习者自己研究、自己表达、自己创造、自己选择、自己评价。罗杰斯提出,促进学习者学习的方法包括:构建真实的问题情境,提出对学生有意义的问题。遵从人本主义学生观原则可以增强学习者对学习过程的投入。多项研究认为,将学习由被动形态变成投入形态,将使学习效果大大提升。

二、Moodle 网络教学环境下深度学习模式的构建

在前文的论述中,讨论了深度学习的内涵、特征,提出了深度学习的实现路线。深度学习可以归纳为简单学习、理解、领会、方法与技能、迁移与应用、评价、创造七种主要的过程。

(一)Moodle 网络教学环境下深度学习实现策略

如何依据深度学习的实现路线,在 Moodle 网络环境下开展网络教学,培养学生深度学习能力？本研究针对以上深度学习路线中的论述提出与之相对应的实现策略,如图 4-1 所示。

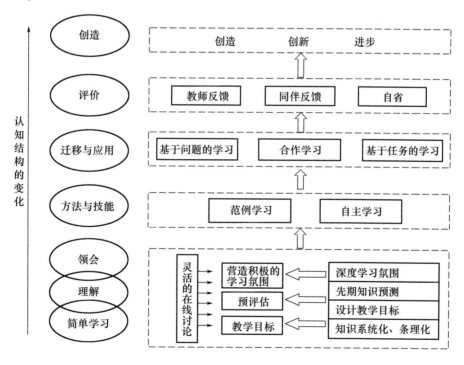

图 4-1 深度学习实现策略

1. 设计教学目标

设计教学目标之前教师应确保课程适合学生的发展水平。针对深度学习进行教

学,教师必须充分了解课程和标准中所规定的知识和相关技能。同时应充分了解前后知识之间的关联,从而使教学保持连贯性。相较完全分散的、随意的、彼此毫无关联的目标进行教学而言,一旦将相似的概念和知识依据主题或单元集合起来时,大脑就更能发现学习中的范式。教师首先将知识系统化、条理化,建立起新旧知识之间的联系,然后根据相关原则设计教学目标。

教师可以依据下列问题决定教学内容:
(1)教学单元结束时学生必须了解什么?
(2)教学单元结束时学生必须会做什么?
(3)教学单元结束时学生必须理解的术语和概念是什么?
(4)教学单元结束时学生必须会回答的问题有哪些?

2. 预评估调查表

预评估主要是针对学生先前所学知识的掌握情况以及学习兴趣、偏好、个人风格进行调查,帮助教师决定从哪里开始激活先期知识,采用正确的教学方法。预评估有助于教师了解学生掌握概念或技能需要的时间,扩展学习或精确构建其背景知识的时间。预评估减少了教师的诧异次数,同时也减少了没有掌握该课教学目标的学生人数。

3. 激发深度学习动机意识,构建深度学习环境

行动源于意识,只有当学生意识到深度学习的重要性时,他们才会积极主动地采取深度学习方式学习。学生的学习意识和观念不同,他们处理日常学习任务的策略和方法也就不同。要激发学生深度学习动机意识,培养学生深度学习的观念,教师可以利用网络学习环境与学生进行深入的对话。教师设定深度学习讨论主题,学生就该主题展开讨论。如教师和学生一起探讨简单学习和深度学习究竟是什么样的学习活动,深度学习有什么价值,简单学习和深度学习各有什么特点,它们之间有哪些区别,以及避免简单学习现象发生,实现深度学习等问题。

学习环境既是影响学习者学习的外部环境,同时也是促进学习者主动建构意义和促进能力生成的外部条件,需要学习者共同学习或相互支持,并且运用信心资源和知识建构工具来解决问题。良好的学习环境能够激发并带动学生的学习兴趣。在网络教学环境下,教师和学生应该共同努力营造一个良好的深度学习环境。在这个环境下,学习者对所学内容本身有内在的兴趣,为了满足自己的好奇心而主动的学习,学习由内在学习动机所驱动;教师热爱自己所教的课程并且对其表现出浓厚的兴趣,认为课程很有价值,这样无形之中也会感染学生,使学生对课程也产生浓厚的兴趣。

4. 灵活的在线讨论

在网络学习环境中,学生在现有的学习资源下开始整个学习循环。学习课程之初,总会有一些基本知识和概念需要去掌握。

关于基本知识和概念,学生除了在好奇心的驱使下依靠记忆学习之外,当遇到问题时,提倡学生就不懂的知识或问题展开同伴讨论。在网络环境下的同伴讨论是灵活的,它并不拘泥于小组成员内固定的几个人之中,也不受讨论由班长、组长等人带头发起的限制,任何学生有讨论的欲望时都可以发起讨论,任何感兴趣的同学都可以参与到其中。通过灵活的同伴讨论形式可以活跃学生的思维,引导学生发现问题,为解决问题做好准备。灵活的在线讨论式教学对于革新教育教学观念,体现学生的主体地位,培养学生的创新能力,提高学生的综合素质非常有意义。

讨论也可以分成多种形式。结构化的主题讨论,由教师设计,主题应能带动学生思维向更深层次发展。主题可以分层次设计,学生可以自由发表意见。第一层次指导学生描述并掌握与该课程相关的基础知识。第二层次使学生了解课程教学设计方面的知识及原理,有助于学生全面掌握知识;随机式讨论,教师根据学生的发言及反馈情况,随时调整教学内容和进度,让学生随机讨论。

在 Moodle 网络学习环境下,灵活的同伴讨论可以借助 Moodle 聊天室功能实现。"聊天室"允许参与者在浏览器中进行实时讨论,了解他人的想法和问题,同时提供丰富的功能用于管理和查看聊天情况。

5. 范例学习、自主学习

(1)范例学习。

学习者在掌握基本知识和概念的基础上,通过范例的学习,让学习者学会举一反三。范例指的是具有代表性的重点和难点知识。基于范例开展教学就是通过典型的例子,针对课程中的关键性问题进行教学探索,带动学生理解一般性学习内容,培养学生的问题意识,独立的、自发的继续学习的能力。同时,范例之间不是孤立的,而是反映整体的镜子。

范例的选取必须满足三条原则:

①基本性原则:它强调教学应教给学生基本的知识结构和规律,即教学要包含基本概念、基本原理、基本规则和基本规律,使学生掌握学科知识的基本结构。

②基础性原则:与基本性原则相比,它更偏重学生智力发展和能力培养,强调从学生的基本经验出发,促进他们的智力发展。教学要关注学生的精神世界。

③范例性原则:它要求设计一种教学结构,使教学内容与学生已有的知识结构、思维相适应,从而达到基本性和基础性原则。

(2)自主学习。

自主学习,顾名思义,是以学生作为学习的主体,通过学生独立的分析、探索、实践、质疑、创造等方法实现学习目标;是与传统的接受学习相对应的一种现代化学习方式。自主学习要想取得较好的效果,学生应掌握合适的方法。

首先,应制订科学合理的计划,并严格按照计划开展学习。同时确立一个目标,目标的确立有利于学习者心中的坚持。其次,是对学习范围的确定,从大致学习的内容到具体的知识面要先确定下来。一般不要改动,不能今天以学习这些内容为主,明天又改成其他的。在整个自主学习的过程中,时刻自我检查是必不可少的。最后,反思自己在哪些方面做得比较好,哪些方面做得不足。自主学习的必要性分析如下:

①自主学习能力是社会发展的需要。随着科学技术的飞速发展,知识转换和知识更新不断加快,一个人靠在课堂学习的知识已远远不够,时代呼吁终身学习。终身学习能力成为一个人必须具备的基本素质。而终身学习全靠一个人的自主学习能力。

②自主学习能力是学生个体发展的需要。首先,自主学习能够促进学生对所学内容的深度理解,符合深度学习的特征。其次,自主学习能力是创新型人才必备的基本功,创新型人才推动社会的发展。再次,自主学习能力是学习者终身发展的需要。学习者走出学校后,自主学习是他们采取的主要学习方式,如果没有自主学习能力,学习者的终生发展会受到很大的限制。

③培养自主学习能力有助于提高课堂学习效率。学习效率是课堂教学所必不可少的。课堂中的自主学习并不是让学生独行其是,而是指学生不盲从教师。学生在上课前做好预习,从而能够在课堂上积极参与,课后也能够做到查漏补缺,充分发挥积极性与主动性。从而使学生变"老师要求学生学"为"学生自己要学",摆脱对教师的依赖感。真正意识到学习是自己学来的,而不是教师或其他人教会的,自己才是学习的管理者,这些有助于提高课堂学习效率。

6. 基于问题的合作学习和网络探究式教学

(1)基于问题的合作学习。

合作学习是高级思维对问题的解决来说必不可少。问题解决是最常见、最典型的思维活动形式。问题的不同解决方法,过程会有所不同。按照问题结构开放程度的不同,研究者把问题分为结构良好问题和结构不良问题。相对而言,结构不良问题比结构良好问题更能激发学生的高水平思维活动。研究结构不良问题的学生比那些仅仅是记忆信息或是在学习特定技能时缺乏情境的学生,有更多机会形成更深入的了解。通过新的复杂任务,学生能够探寻自己正在运用的过程,而不只是探寻一个具体问题的结果或答案。

通过问题解决来学习,即学习内容设计问题,或由学习者自己提出问题,让学习者通过整个问题解决的过程来获得相关问题图式和与此相联系的概念性理解。解决问题的活动使学习者更主动、更深入、更广泛地激活自己的原有知识,思考和分析当前的问题情境。同时,通过积极的思考和推论等活动生成新理解、新假设,而这些概念的合理性及有效性又会在问题解决过程中自然地得到检测,结果是对原有经验的丰富、充实,也是对原有认识的调整、重构。因此,通过问题解决活动,新旧知识间双向交互的作用得以有序且充分地进行。

随着学习的深入和学生发现问题能力的不断提高,学生会逐渐遇到一些相对复杂的知识和问题,我们如何帮助学生解决此类问题。我们应鼓励学生以小组为单位来合作学习,共同探究,共同完成任务。通过让学习者合作解决问题,来学习隐含于问题背后的知识,形成解决问题的技能。

合作学习是学习的一个重要方式,斯莱文认为,合作学习是所有教学法中得到最充分研究的方法之一。米尔斯(Millis)认为,合作学习是成员各负其责,为实现小组的共同目标而合作的有组织的小组活动。需要说明的是,在实际教学中,我们经常会看到教师让学生分组学习的状况,但合作学习可不仅仅是小组学习。合作学习包括五个基本要素:积极的相互依赖、面对面的互动、个体责任、交际技能和小组加工。在这五个要素中,积极的相互依赖和个体责任最为重要。教师应注意巧妙合理地使用这两个因素,使合作学习发挥其应有的作用。

首先,要精心分组。小组成员的结构是落实合作交流学习的关键所在。在分组时应该强弱搭配,这样组合,各小组成员间互补性较强。对优生而言,有了责任感,而对相对较差的同学来说,可以在小组的帮助下获得提高。

其次,要对小组成员进行合理分工,培养得力的组长。小组交流的目的是让每个小组成员都有所收获。但如果不进行合理分工,不明确每个成员的责任,任由小组成员自由发挥,那他们便会七嘴八舌,学习好的同学不会等其他学生发言,而是先发表自己的观点;这样待进步生就没有机会发言,会导致注意力不集中。如果在交流时由小组长负责安排,协调组内成员适时发表自己的观点,这样使每个成员都有机会说出自己的想法,其他人倾听,然后讨论,形成集体的意见。每个人都有思考的时间和机会,尤其对反应稍慢的学生有很大帮助。

再次,要实时调控并及时指导。当学生进行合作交流时,教师应认真做到两点:一是教师要给予学生充足的合作交流时间;二是教师要深入到小组中去,详细了解学生合作交流的情况。只有通过观察,及时发现问题并给予相应指导,合作交流的效果才能明显。

最后,要总结评价,重视鼓励。在组员汇报合作交流结果时,教师要给予及时评价。不但要对结果评价,还要对小组及组员的表现给予恰如其分的评价。这样才能激励学生上进,促进学生养成勤于思考的习惯,乐于交流协作。

学生分组讨论问题,深入分析问题的机制、规律以及深层原因等,更加重要的是当学生以现有的知识不能顺利地完成任务时,通过小组讨论,就会出现进退两难的困境。而学习者为了解决这样的情况,要分头和分工进行学习,各自完成任务。这种方式通过引导学生解决比较实际的、棘手的问题,促进学习者建构起牢固的知识基础,发展行之有效且合理的问题解决能力,成为有效的合作者。

在 Moodle 网络学习环境下,我们借助"分组""讨论区"功能实现基于问题的合作学习。在 Moodle 平台中,学生登录某门课程开始学习后,课程中会给学生设置问题待他们去解决。问题必须经过教师精心设计,按照合作学习的分组原则对学生进行分组,分组完成后明确每个人应当承担的职责,利用讨论区为组内成员提供方便的同步或异步交流,激发学生的深入探究意识,激发学习兴趣,引导学生思维向更深层次发展的问题,真正做到知识的共同建构。

(2)网络探究式任务教学。

关于学习,美国认知心理学家加涅从学习的内部条件和外部条件入手,提出了学习与记忆的信息加工模型。如图 4-2 所示:

根据加涅的理论,当习得的知识或技能从短时记忆进入长时记忆之后,才能够长久的保持。而实践是促进短时记忆向长时记忆转化的一个手段。在这一阶段,教师为学生设置复杂的、富有挑战性的任务,这些新任务要求学生运用新近获取的技能和知识,激发他们的高级思维。

网络探究式教学是一种新理念的教学模式,是在网络环境下体现学习资源的多样性,实施个性化教学,注重由学生自己进行研究和探索。学生是主体,每个学生都有自

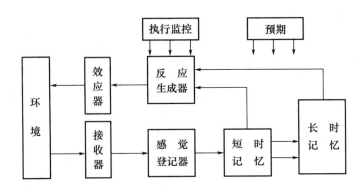

图 4-2　加涅学习与记忆的信息加工模型

己的思想。同时,教师为学生创设探索情境,营造探索氛围,评价学习的得失。探究性学习方式有利于弘扬人的主体性,促进人的全面、可持续发展,人们在这方面已经达成共识。学生探究知识的过程,就是学生利用原有知识和经验,去解决课程中包含的未知因素,通过"学、思、疑、问、探"等多种方式,去挖掘自己内在的潜力。

7. 评价学生的学习

评价学生的学习是一个三向体系,其中教师需要评价学生教学目标的掌握情况。学生作为学习者需要评价自己和同伴,而教师也需要评价自己的日常课程以确保该课程适合深度学习。调查数据普遍表明,反馈能极大地促进课程考核成绩的提高和直接迁移成绩的增长。

传统教学中,评价以总结性评价为主,较少关注过程性评价。而在 Moodle 网络学习环境中,可以实现过程性评价与总结性评价相结合。两者结合的目的是为了使学生对自己的学习有一个充分全面的了解,方便学生总结经验,反思不足。学生在学习过程中发表的每条记录都将在网络学习环境中记录下来,教师通过查看记录就可以了解学生对该课程的理解与掌握情况。

在学生单独或合作完成某一问题的过程中,教师根据每个学生的实际情况灵活运用。评价不能由教师单独承担,应综合包括教师评价、总结性评价、过程性评价、学生评价等。这样才能更全面的了解学生掌握知识的情况。这不仅能够为教师量化评价提供参考,也有助于学生形成正确的自我认识,找到自己的不足之处,更好地把握和改进自己。

(二) Moodle 网络教学环境下的深度学习模式

前面我们针对深度学习的实现过程,提出了具体的实现策略。在 Moodle 网络教学环境支持深度学习优势分析的基础上,根据模式构建的原则,尝试构建在 Moodle 网络教学环境下的深度学习模式。

在 Moodle 网络教学环境下,尝试构建教师模块和学生模块,如图 4-3 所示。

深度学习需要的是一个积极的、安全的、令人鼓舞的学习氛围。

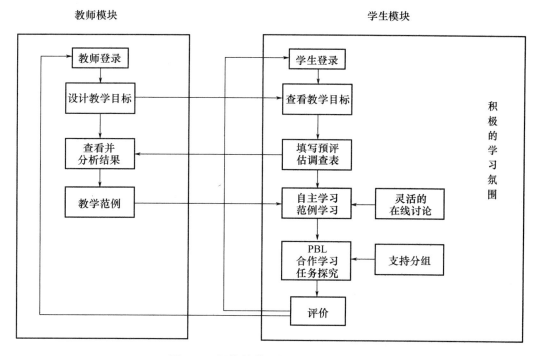

图 4-3 网络教学环境下深度学习模式

1. 教师模块

在深度学习的过程中作为学生学习的促进者、帮助者、组织者和引导者，教师的主导作用同样不可忽视。

首先，教师登录系统，在充分了解课程内容和教学单元的基础上，设计教学目标。在设计教学目标时，要注重前后知识的连贯性、整体性。其次，教师应督促学生完成预评估调查表。由教师查看并分析结果，详细了解学生的学习偏好、学习兴趣，以及对先期知识的掌握情况等。最后，根据分析结果采用适合课程教学目标和学生学情的教学方法和教学范例等。

（1）教师以学习者的身份积极主动的参与学习过程，创造良好的学习氛围，形成师生之间良好的互动，并鼓励学生和学生之间的交流，培养学生群体合作的能力。

（2）对学习者特征进行分析，充分且全面了解学生的个性特征、爱好和学习需求等情况，确定学习起点。

（3）运用活泼开放的教学方法，例如，任务驱动、合作学习、基于问题的学习等方式引导学生更深入地学习，使学习不仅可以发生在面对面的教学环境中，还可以发生在虚拟的环境中，如远程学习，网络学习。

（4）对学生的学习情况给予鼓励且合理的评价。

2. 学生模块

学生登录系统，选择需要学习的课程之后，查看单元教学目标，对本单元需要掌握的内容和技能有一个先期认识。然后,根据教师要求认真填写预评估调查表,为做出正确的决策做准备。

在教师的引导和帮助下,学生依据教师提供的范例开始学习。也可以利用网络、书籍、杂志、视频等资料自主学习。当学生遇到难题或需要和教师或同学进行沟通交流时,模式支持灵活的在线讨论。

自主学习的过程中,在维基百科(Wiki)的帮助下可以更好地拓展学习者的思维。Wiki 能够让学生通过协作与共享的方式对某一个主题展开讨论,进行自主学习和创作。Moodle 中的 Wiki 是一个强大的教学协作工具,全班同学能够一起编辑一个文本,从而产生思维的碰撞,以批判的角度思考问题,全面掌握知识。

学生在深度学习的过程中,应努力做到:

(1)学会关注重要信息。

深度学习的特征之一是关注解决问题的核心概念和知识,因此,学习者学会关注重要信息有利于对所学知识核心概念的理解和掌握。如,在阅读一篇文章时,应善于把握作者的主要论点和文章的主旨或解决问题的核心概念。

(2)理解基础上的记忆。

学习者在已有知识经验的基础上,通过思考发现知识间的内在联系,并按照知识间的内在联系在理解的基础上记忆。深度学习的基础是理解,不能按照知识的表面含义机械化记忆,死记硬背的东西没有赋予理解,终究不是自己的。例如,在学习英文单词时,学习者应按照英文发音规律和音标知识记忆,而不能单纯地按照字母的排列顺序记忆。

(3)注重新旧知识间的联系。

知识不是孤立的,而像一张大网上的各个节点,知识间有着千丝万缕的联系。因此,学习者在学习时也应遵循这一点,要善于发现前后知识间的相互联系,并且把新知识与曾经学过的知识整合到一起,使之成为已有知识的一部分。

(4)运用批判性思维。

对知识和观点要有一种批判性的意识,不盲从教师或专家的意见。学生在学习的过程中通过对新观点的批判性分析实现信息的理解和长期保持。

(5)理论应用于实践。

深度学习本身就意味着迁移与应用,学习的目的是为了解决实际生活中的问题。学生作为学习者应将所学到的理论知识应用于实践,用理论来指导解决实际问题。一个人是否真正学到了知识经常以能否解决实际问题来判断。

(6)反思性学习。

进入互联网时代,电脑、手机、电子书等在改变着人们的学习和阅读方式,纯粹的纸质阅读不再是唯一选择。反思是对学习者整个学习过程的思考,以发展的观点,随时观察自己学习行为的变化。

在经过简单阶段的学习,学生掌握了基本的知识和技能以后,我们提倡学生进行复杂的学习,激发学生的高级思维,发展高级技能。基于问题的学习(PBL)、合作学习、网络探究式学习是能很好地锻炼学生的能力,激发学生创造性思维的方法。同时,支持学生分组合作完成较复杂的任务,在合作的过程中,不仅学到了知识和技能,而且培养团队意识,增强学生间的协作学习能力。

此外,在了解深度学习的特征、优势等内容并构建了"深度学习模式"的基本模型的基础上,应对模式的效果进行验证。

第五章 学习评价研究

第一节 学习评价

一、学习评价的功能

学习评价是以学习目标为依据,运用观察、反思、调查、测验等方法,收集学习过程及学习结果等方面的客观资料,并进行相应地处理,进而对学习效果做出鉴定和价值判断,对学习目标进行反思和修订的活动。学习评价可以运用科学的手段和方式,在系统地、科学地收集、整理、处理和分析学生学习等相关信息的基础上,对学生学习的发展和变化等做出科学判断。

成果导向理念(OBE,outcomes-based education)把预期学习成果分成三个层次,第一层次是具体的知识和技能,第二层次是高级通用能力,也就是非专业能力,第三层次是履行角色能力,也就是职业综合能力。对学生而言,及时反馈和持续评价有助于个体将自己的认知能力看作一个动态的发展过程,并使其将学习成果归因于自己努力的结果,从而增强进一步学习的动机。对教师而言,及时和持续的教学效果评价也能指引教师及时调整教学策略,提高教学时效性。教师在评价教学效果的过程中,应将思维品质的发展作为一条关注的暗线,不断激发学生的学习动机。在学习过程中,学习评价贯穿始终,具有以下几种功能:

(1)导向功能。

学习评价是评价者在分析学习者原有知识基础和认知能力的基础上,以学习目标为导向进行的一种价值判断活动,用于评判学习者学习目标的达成程度。评价的依据是评价者或专家学者等制定的一套标准化的指标体系,如测试试卷等。学习者为追求好的评价结果,就会按照评价指标的要求进行学习,这个过程也是逐步达成学习目标的过程。正是从这个意义上来说,评价指标和标准为被评价者指明了努力的方向,指引学习者一步步接近学习目标,不断完善自己的学习。

(2)诊断功能。

学习评价既要关注学生的学习结果,也要关注学习过程。通过在学习结束时对学习者的知识掌握情况进行测量,可以判断出学习者在多大程度上实现了学习目标,据此评定学生等级。值得一提的是,学习评价的最终目的是促进学习,因此,还应注重对学习者进行形成性评价,通过搜集整理学习者在学习过程中的表现情况,进一步帮助学习者诊断出成绩不佳的原因以及学习过程中可能存在的问题,明确今后的努力方向。

(3)调控功能。

学习评价是以学习目标为导向进行设计的,各项评价指标可以帮助学习者对自己的学习过程进行监控和调节,约束学习行为不偏离本来的学习方向。学习者根据评价结果与评价标准之间的差距,及时调控自己的学习过程,选择学习策略和方法,寻求学习指导和支持,增强学习的自觉性,从而有意识地使自己的学习行为指向学习目标的达成。

(4)激励功能。

学习评价结果作为一种反馈形式,可以起到某种心理暗示的作用。较高的学习评价能够给学习者带来心理上的满足,让学生对学习产生更多的胜任感和自我效能感,进一步激发学习者的学习动机,增加学习投入。较低的学习评价则能够让学习者意识到自己的不足,反思学习过程,查漏补缺,激发学习斗志。

(5)教学功能。

学习评价本身也是一种教学活动,进行学习评价最常见的一种形式是测试题。借助测试题将学习评价内隐的教学信息外显化,测试题目水平的高低直接影响学习者知识再加工的程度。学习者在对测试题目考查的知识点进行理解分析的基础上,选择性地从自己的认知结构中提取所需知识,用于解决新情境中的问题,实现知识的迁移应用。学习者通过学习评价,既可以检验对知识的掌握情况,又可以完成对知识的复习巩固。

由此可见,学习评价影响整个学习过程,在不同的学习阶段发挥着不同的作用。科学的学习评价制度能够为学生提供明确的目标和努力的方向;有助于评价学生的发展进步,从而对教与学的活动开展发挥适时的控制、调节和促进等作用。当代教育越来越关注"以学生为中心、以人为本",关注学习者的全面发展和终身学习能力的培养。因此,如何突破瓶颈,对学习者的学习投入(包括认知投入、行为投入、情感投入)进行全面、全方位的评价,是亟待解决的问题。

二、学习评价相关研究概览

(一)SOLO学业水平分类方法

可观察的学习结果的结构 SOLO,是由著名的心理学家比格斯和他的同事科林斯在1982年出版的著作《学习质量的评价:SOLO分类法》一书中最先提出的。20世纪70年代,比格斯以小学、中学和大学的数百名学生为样本,对学生在历史、数学、写作、阅读、地理和外语(以后又扩展到化学、经济学)等学科领域里的学习反应情况进行了系统的实证研究,发现了一个相似的由低级到高级的反应结构。由此,结合前人的相关研究,比格斯最终提出了独具特色的 SOLO 分类理论。它是一种基于问题解决的等级描述式的评价方法,其基本理念是学生的总体认知结构是不能检测的,而学生在回答某个问题时所表现出来的思维结构是可以检测的。

SOLO 分类理论针对学生回答某一问题展现出来的不同思维层级,将其思维能力水平按从低到高、从简单到复杂的原则划分为前结构水平、单一结构水平、多元结构水平、关联结构水平、拓展抽象结构水平。下面具体介绍 SOLO 分类理论的结构水平层次、基本特点及模型表征。

1. 前结构(prestructural)

学习者被原有认知干扰而给出错误或不相关的答案,或使用过于简单的方法去解决问题,任务没有得到合理地处理。这是最低级的水平,可认为学习者不具有回答该问题的能力。概括为"问题情境+不合理的解答"。

2. 单一结构(unistructural)

学习者只能联系与该问题相关的单一事件,找到一个线索就立即跳到结论上去,证明学习者的学习水平仅限于此;或是评价者通过测试学生能否利用问题中一条明显的信息来作答从而评价学习者是否达到该水平。概括为"问题情境+单个相关事件"。

3. 多元结构水平(multi-structural)

学习者采用越来越多与问题相关的事件,但事件之间是相互独立的,并不能将它们整合起来;或回答问题时,能联系多个孤立事件,但未形成相关问题的知识网络。概括为"问题情境+多个孤立事件"。

4. 关联结构水平(relational)

学习者能将答案的各部分内容整合起来,使之具有统一的结构和意义,这个水平意味着学习者已对这个主题有充分的理解,该水平的评价从本质上来说属于质性评价。概括为"问题线索+相关素材+相互关系"。

5. 抽象拓展结构水平(extended abstract)

学习者把前面得到的整体概念化到更高的抽象水平,或推广这个结构到一个新的主题或领域,因此这个水平需要较强的创新能力。概括为"问题线索+概括素材+相互关系+限定条件"。SOLO 的 5 个层次结构的复杂性逐级上升,前一个较低层次的结构会成为下一个较高层次结构的构建基础。

可见,SOLO 分类理论既是一个点、线、面到立体的系统评价方式,也是一个由简单到复杂的认知过程。其中,单一结构水平和多元结构水平主要表征学生学习的数量特征;关联结构水平和抽象拓展结构水平则侧重于表征学生学习的结构即质量特征。也就是说,运用 SOLO 分类理论进行学习评价不仅关注学生学到了什么这一学习结果,还关注学生是如何学习、学习的程度以及理解的水平等。

与其他教学目标分类方法相比,SOLO 具有 3 个重要特征:一是可用于开放性问题;二是量的评测与质的考查相结合;三是目标表述简单清晰,便于师生识读。这 3 个特征也是 SOLO 用于学习评价的优势。

值得一提的是,在使用 SOLO 进行学习评价时,应注意以下两点,首先,与当前学业评价中普遍使用的常模参照评价方式不同,SOLO 作为一种以等级描述为特征的质性评价方法,是对学习者的学习结果进行标准参照的评价,即更多地关注学习者完成预定学习目标的程度。其次,在 SOLO 分类理论的 5 个反应层次中,作为最高层次的拓展抽象结构具有认知与情感的双重内涵,能够达到该反应层次的学生具有较高的认知水平;而具有较高认知水平的学生一定是采用深层次学习方式的学生,他们对学习本身具有强烈的兴趣和情感,尽管从时效性上看,这种情感可能不是稳定或持久的。

SOLO 分类理论鼓励学习者对问题结构形成整体把握和对问题进行深层探究。它向被评价者传达了这样一个信息,如果没有对问题结构的良好把握,学习再多的知识也不可能获得好的评价结果。这就向人们展示了一种新的学习质量观,高质量的学习就是采用深层次学习方式的学习。

(二)PISA 国际学生评估项目

国际学生评估项目(PISA,Program for International Student Assessment),是最著名的等级水平评价方法之一。它是由经济合作与发展组织(OECD)策划进行的一项大型国际性学生学习质量比较研究项目,旨在对各参与国家和地区处在基础教育分流关键期的 15 岁在校生的知识和技能的获得情况进行国际比较,比较的内容包括学生认知发展水平(阅读、数学、科学等领域)和背景因素影响等方面,考查学生在阅读、数学和科学方面所具备的应用知识、技能和解决问题的能力。

PISA 的兴起缘于发达国家对基础教育质量的反思,它是一项以改善教育政策为导向的跨国测试研究,通过对各国学生进行评价,比较各国的基础教育政策,发现各国教育问题,介绍各国成功经验,从而推进各国基础教育的改革与发展。因此,它的运行模式最大限度地实现了国际化,集中了本领域世界最知名的专家,直接得到了各参与国家和地区政府的大力支持,以确保试验设计、实施和分析研究的科学性。

PISA 立足于现代教育测量理论,着眼于把测验数据构建成客观等距量尺,使其性质更接近于物理测量,从而增强了结果的科学性和可靠性。能力是 PISA 中的关键词语,旨在评估学生知识、技能方面的深度。PISA 测试的任务是从不同程度上将学习者领悟、掌握知识水平量化、标准化和外显化。目前 PISA 在解决问题能力、阅读素养、科学素养和数学素养这 4 个领域均有标准化的量规,其中每个领域的测试框架都包含"定义与特征""内容维度""认知能力维度"和"情境维度"4 个维度,每个量规又划分为不同等级水平。

解决问题能力水平是指综合运用所学知识,解决生活中真实问题的能力,是深度学习的重要特征,需要收集 6 个方面的信息包括,理解问题的能力、识别问题的特征、呈现问题、解决问题、反思解决办法和交流解决问题的办法,最终评价分为水平 1、水平 2 和水平 3。

PISA 评价的目的在于实现教育教学目标的 4 个测量,学习成果的质量、学习成果的等价性和学习机会的均等性、教育过程的有效性和效率,以及教育对社会经济的影响。测试方式包括认知测验和问卷调查。就认知测验而言,PISA 的试题难度不像传统测试的弹性量尺那样随受试人群样本的能力不同而变化,试题题目经过语言学、教育测量学、伦理和文化学等很多领域的学者反复翻译、试测、统计分析完成,从而确保了各种测验版本的一致性。

因此,各参与国家与地区一致认同 PISA 客观等距量尺测量出的学生素养基本情况指标、环境背景指标及发展趋势指标。凭借高品质保障的取样、测试管理机制和最新的数据后期分析使 PISA 跨国和跨年度的比较具有高度的有效性和可信性。PISA 除测量和比较学生认知因素的发展水平之外,还通过专门的问卷调查收集学生和学校的背景信息,针对社会和教育热点问题,面向学校状况、教师教学、家庭环境和政府投入等影响学生表现和学业质量的诸多因素,找出影响学业质量的重要因子,提出政策和改进建议。

总之,PISA 利用现代教育测量理论,使用高质量的评价工具、严格的抽样、周密的数据收集机制和先进的数据分析方法,在保证时间短、样本量小、试题量大、覆盖面广、成本低、误差小、减轻学生负担、减少考试焦虑的同时,给予学生发展水平高效度、高信度的评价,确保了评价的科学性,拓宽了评价的内容与形式,使教育评价更具实用价值。

SOLO 分类思想、PISA 等级划分均与深度学习评价的设计理念一致,三者都在不同程度上与知识内容、认知操作以及情境媒体相融合。尽管知识都是与学科相关的,但获得知识、加工知识、构建知识体系解决问题的能力是可以使用通用的评价体系进行测量的。

(三) 学习目标的层次

浅层学习的认知水平较低,定位在低级认知技能的获得,参与初阶的思维活动;与之对应,深度学习拥有高级的认知水平,定位在高级认知技能的获得,参与高阶思维活动。根据布鲁姆对认知领域学习目标的分类,分为"记忆、理解、应用、分析、综合和评价"6 个层次,具体描述为:

(1) 记忆(remembering)。

回忆和识记信息,例如重复记忆事实、定义或概念。

(2) 理解(understanding)。

理解和解释信息,例如解释概念的含义、总结观点或解释数据。

(3) 应用(applying)。

运用知识解决问题,例如使用学习的知识解决实际问题或进行模拟实验。

(4) 分析(analyzing)。

分解主题、检查关系或辨别因果关系。

(5) 综合(synthesizing)。

整合不同元素形成新的结构或主张,例如评估观点的可行性、构建论证或评估解决方案。

(6) 评价(evaluating)。

使用,例如设计、组织或创作出新的产物。

这些层次依据认知复杂性递进排列,从记忆和理解逐渐发展到应用、分析、综合和评价的高级认知能力水平。这个分类系统提供了一种有序的方式来描述学生在不同层次上从简单到复杂的认知能力发展过程,并为教师设计教学目标、制定评估方法和促进学生的认知发展提供了指导和参考。深度学习的实现离不开高阶思维,高阶思维是深度学习的必要条件与核心特征,一方面高阶思维能力的发展有助于促进和实现深度学习,另一方面深度学习又有助于提高元认知策略并促进思维水平的发展。

深度学习中的认知领域是自我系统、元认知系统、认知系统和知识系统等诸多要素之间循环交互作用的结果。自我系统决定了参与学习的动机、参与学习的程度,是实现深度学习的元动力;认知系统是在元认知系统的监控、评估和调整中促进知识的理解、思维的升华与问题的解决。知识系统与自我系统、元认知系统、认知系统之间协同、融合,知识获取、思维迁移与创新发展则取决于学生的情感、态度和认知技能。知识学习、思维运作和认知发展之间不是互相独立的线性关系,而是一个互动循环、彼此影响的过程。值得注意的是,不仅是认知领域的目标,辛普森关于心智运动技能目标与克拉斯伍(Krathwohl)关于情感态度目标的层次理论也同样有助于建构深度学习的评价模式。

第二节　深度学习评价

随着深度学习研究的日益深化,研究者对深度学习已达成的主要共识包括,深度理解概念、构建学习环境、基于原有认知结构的知识体系建构、注重反思、以迁移和解决新问题为目标等。在这些共识中,既包含了对深度学习的界定,也包含了对深度学习的评价。

深度学习作为描述特定学习水平的概念,其评价研究仍处于发展过程中,需要我们更多地关注如何便捷地、有效地评价深度学习的达成、程度与效果,因此构建深度学习专用评价模式势在必行。深度学习评价是深度学习研究的重要环节,其作为一把标尺可以判断深度学习的达成,定位深度学习的程度,还可以约束深度学习的发展过程,指导内容设计与活动实施。

深度学习的评价方面,国外学者比格斯和拉姆斯登(Ramsden)等专家开发了深度学习量表,纳尔逊(Nelson)等专家对该量表进行分析和实证研究,指出深度学习可以解构为高阶学习阶段、整合性学习阶段、反思性学习阶段这3个相互关联的部分。

国内学者也开展了深度学习评价相关研究。张浩等在2014年提出深度学习的目标和评价体系,以SOLO分类法(比格斯)、认知目标分类法(布鲁姆)、动作技能目标分类法(辛普森)和情感目标分类法(克拉斯伍)为基础,构建了认知、思维结构、动作技能和情感四位一体的深度学习评价体系。

国内进行的深度学习实证研究的代表性成果还包括吴秀娟等开展的基于反思的深度学习实验研究,该研究的实验设计是将学习内容分为良构问题与非良构问题,对学习结果进行测试总分、浅层知识、深层知识、思维结构与作品评价五个维度的测量与分析。已有评价研究的问题集中在体系过于复杂,在深度学习评价的常态化推广道路上造成阻碍;与有意义学习区分模糊,评价起点不明确;评价指标含有浅层学习的身影,忽视对深度学习程度的评估等。

王永花从深度学习前期准备、深度学习体验过程和深度学习评价3个环节对深度学习进行了信息化教学设计,进行了以促进认知和身份认同双重发展为导向的评价设计,认为热爱学习是深度学习的必要条件,在此基础上,结合深度学习的特征,最终形成评价深度学习的六大指标:面向真实问题、强调理解性学习、注重新旧知识的整合和应用、指向高级思维的发展、对学习和自我认知的反思、热爱学习,并基于里克特量表形式设计了深度学习效果评价表。

周勇等认为,推进深度学习高效课堂建设,需要科学、可操作的评价标准。在开展

"深度学习教学改进项目研究"的实践中,根据"深度学习"的5个基本特征、4个基本环节,制定了"深度学习高效课堂评价标准",从"单元主题""学习目标""学习活动""持续评价"4个环节构建科学评价体系,由此细化了对"以生为本、注重生成、激励引导、促进发展"的评价,关注学生自主学习能力的培养。

张志勇、李国庆强调学习性评价对于促进深度学习的重要意义,指出学习性评价的主要目的是为了改善表现和促进学习,提高学生的学习能力、实践能力和创新能力,从而指向深度学习。学习性评价是为了学习的评价,是寻求与解释证据,可以让学生及教师以此确定当前学习水平、需要追求的学习目标以及如何达到所要追求的学习目标的过程,因而在促进学生自主学习、有意义学习及探究性学习等方面具有重要意义,这与深度学习的实质不谋而合。

何继刚倡导为学生的深度学习进行即时性评价,指出即时性评价可以引导学生深度参与、给予学生深度引领、引导学生深度思考、引导学生深度拓展。

庞敬文等分析了智慧课堂支持深度学习的应用特点,构建了信息化教学评价维度,并利用专家评判法对评价维度进行了修订和完善,设计了深度学习视角下智慧课堂的评价指标。具体来说,该评价体系以深度学习和浅层学习两种学习方式作为研究维度,根据布鲁姆对深度学习和浅层学习的划分以及詹森(Jensen)等提出的深度学习路线的7个步骤,为智慧课堂每个环节的教与学活动制定了评价标准。

杨玉琴、倪娟提出深度学习评价的最终目的是为了促进学生的学习,评价是学习过程和真实情景中的一个有机部分,应持续性和实时性地镶嵌于过程之中。评价是学生发展元认知能力的手段,要让学生学会用自我评价的方法来确定自己的学习目标和学习进展,监控学习进程,选择合适的认知策略。通过评价自身和他人的学习来反思和改善自身学习,通过评价激励学习者积极思考、向新情境迁移应用。

曾明星等构建了基于小规模限制性在线课程(SPOC,small private online course)的深度学习模式,指出评价与批判可以促进学生对学习过程与学习结果的反思,培养学生的批判性思维,提升学生深度思考问题的能力。如教师通过建立评价考核机制,鼓励学生对自己以及他人的作品进行评价,或采用讨论、辩论、评比、项目评价、谈话评价等方式,培养学生的元认知能力。

田月进行了基于概念图的深度学习研究,提出基于概念图的深度学习效果的评价可以从3个目标6个维度来评价。3个目标分别指知识性目标、高阶思维能力和技能性目标。每种目标的达成从两个维度进行评价,知识性目标分为记忆能力和概括能力维度,高阶思维能力分为迁移能力和想象推理能力维度,技能性目标分为问题解决能力和实践能力及创新能力维度。

殷常鸿等梳理了相关研究,有关深度学习评价研究的特征,一是针对业已发生的结果进行评价;二是以针对行为的测量来说明这个结果。从单纯评价的意义上看,这样做本来无可厚非,但若从指导教学的角度看评价,这种行为描述对业已达成状态的刻画,试图反推实际教学中学习者知识发生的那个"当下"应该"发生"什么和如何"发生"的做法,显然有隔靴搔痒之嫌。他从将从学习者对知识认识的发生根源出发,顺承比格斯和韦伯的研究思路,结合具体学习发生"过程"中学习者思维行为所处的结构层次及思维内容的层次(知识的深度),对思维发生的具体过程进行研究。根据学习具体思维发展过程构建了"皮亚杰-比格斯"深度学习评价模型(图5-1)和"皮亚杰-比格斯"深度学习评价指标(表5-1),对深度学习发生的过程以及发生的当下进行评估。

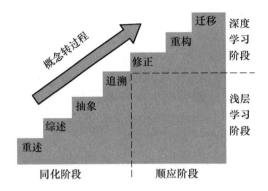

图5-1 "皮亚杰-比格斯"深度学习评价模型

表5-1 "皮亚杰—比格斯"深度学习评价指标

等级	过程描述(思维层次)	具体表现(知识深度)
1	重述:对当前信息进行简要的记忆,并未概括和总结	重复或简单重述一个事实或是他人已经说过的话,像是"复制、粘贴",而不是自己的解释
2	综述:对当前问题或者信息进行简要的概述	给出事实性信息和基本描述;会话更多围绕事实和某个主题
3	抽象:对当前问题或者信息进行抽象、概括,形成低层次的新概念	能对问题进行简单的概括,能根据相关信息做出具有一定依据的推断
4	追溯:从前概念中寻找与接受信息而新形成的新概念进行联系,对其进行解释	基于一定证据或者理论依据的断言,对问题做出肯定的回答
5	修正:当前概念不能完全解释新信息,则对原有的概念和新形成的概念进行修正	关注核心概念问题,对原有的观念进行调整,引发新的问题
6	重构:结合前概念与新形成的概念,进行打散重构,形成抽象层次更高的概念	综合不同观点,提出自己的观点,作一个"升华"的总结
7	迁移:对概念进行升华,并能应用到其他情境中去,以解决关联问题	能够深入分析问题,从理论的高度来解释问题,并提出关联问题的解决方案

随着深度学习研究的兴起,对深度学习评价的研究也引起越来越多的关注。深度学习评价属于学习评价的范畴,是对深度学习效果的评价,但其评价起点、评价侧重点及采用的评价方式等与一般的学习评价又有所不同。深度学习评价更强调评价的自主性、真实性、过程性和反馈性,主要是让学习者在对真实任务的主动探究、不断反思中提升高阶思维能力、问题解决能力等高阶能力。

深度学习评价是深度学习研究工作的重要环节,它不仅有助于判断深度学习是否达成,用以定位深度学习的程度,而且还可以约束深度学习的过程,用以指导学习内容设计、媒体设计与学习活动实施。为此,本研究对深度学习评价进行了进一步的研究探索,并尝试提炼出一种深度学习评价模式,铺就深度学习评价常态化发展道路。

从已有研究来看,深度学习与浅层学习的划分并非泾渭分明,传统的区别深度学习与浅层学习的二分法只是为了更好地理解人类学习的过程,即二分法只是研究的手段而不是研究的目的,二元对立的结果也并非研究者的初衷。本研究认为,应将学习过程视为一个有机的整体,认可浅层学习与深度学习之间存在过渡学习形态,认可学习行为是分阶段、分水平的,具体知识的学习过程也是分水平的。从这个角度看待学习,有利于发展人类的高阶思维、创造力与创新能力。

第三节 其他评价模式

一、深度学习的常用测量工具

目前,深度学习的评价方法主要有问卷法、测验法和质性研究法等,其中问卷法因能在短时间内收集大量数据而应用最为广泛。问卷法中应用于高等教育较为广泛的有修订后的两因素学习过程问卷、学习技能量表等。修订后的两因素学习过程问卷和学习技能量表均为深度学习过程量表。

随着深度学习内涵的延伸,深度学习出现结果取向。在信息化社会,中国学者李玉斌等基于深度学习多维度研制适用于混合学习环境下的大学生深度学习量表;李志河等编制基于具身认知理论的大学生深度学习评价量表。深度学习多维度评价量表在中国仍处于发展阶段,自行研制的量表应用广泛性还有待验证。

1. 修订后的两因素学习过程问卷(R-SPQ-2F)

比格斯等1987年基于3P(presage-process-product)学习过程理论研制形成了学习过程问卷(SPQ,the study process questionnaire)。该问卷包括浅层、深度和成就三个维度,每个维度均包含动机和策略两个部分,共计42个条目,采用Likert 5级计分法。

比格斯等于2001年对学习过程问卷进行缩减修订,为两因素学习过程问卷(R-SPQ-2F),该问卷分为深度学习和浅层学习两个因素,每个因素包括动机和策略各5个条目,共计20个条目,每个条目采用Likert 5级计分法,从1~5分别表示完全不符合到完全符合,得分越高代表该方式的使用程度越高。该问卷在不同文化中得到验证和广泛的应用。

2013年,赵必华等根据两所中国大学的学生数据,验证了R-SPQ-2F为深度学习和浅层学习的两因素结构。

2. 学习技能量表(ASSIS)

1998年,泰特(Tait)等开发的学生学习技能量表(ASSIS,approaches and study skills inventory for students),是由学习方法清单修订而来,包括学习概念、学习方法、学生对教学类型的偏好三部分,其中学习方法经常被单独使用。学习方法部分采用 Likert 5 级计分法,1 分为"非常不同意",5 分为"非常同意",分为深度方式、浅层方式和策略方式三个层面,而深层方式和浅层方式各分为四个维度,策略方式分五个维度,每个维度各 4 个条目,合计 52 个条目。相关研究显示,该量表具有良好的信度和效度。相对学习技能表,修订两因素学习过程问卷在问卷条目数和潜在因素方面数量较少,更便于分析,因此目前运用较多。

张浩等提出的深度学习评价体系包括认知、动作技能、情感三部分。认知部分采用布鲁姆认知目标分类法(理解、运用、分析、综合、评价),并以比格斯 SOLO 分类法为补充。比格斯 SOLO 分类法是一种质性评价,它将人的认知水平分为前结构、单一结构、多元结构、关联结构、抽象拓展结构五阶段,每一阶段都要经历认知反映水平的提升。动作技能部分采用辛普森动作技能目标分类法,以动作发展层次划分学习深度的深浅。情感部分采用克拉斯沃尔情感目标分类法,认为接受和反应阶段处于浅层学习,价值评价、组织、价值体系个性化处于深度学习层次。

认知部分将理解划分为浅层学习,应用划分为深度学习。这里作者并未写明"理解"是何含义。基于心智建构的实作能力观,认为理解强调内在心智结构的丰富与完善。同时,认为实作性理解是复杂内在心智结构的外在表现,也即理解要完善内在心智结构。

因此,理解应该是深度学习的一部分。应用至少可以分为两个方面,即应用知识解决良构问题和应用知识解决劣构问题,其中应用知识解决良构问题应属于浅层学习部分,而应用知识解决劣构问题属于深度学习部分。认为应用只属于深度学习是不合适的。动作技能部分如果将复杂的外显反应(即熟练完成复杂动作模式)划分为深度学习,要考虑这样的复杂动作模式是否完全照搬或模仿了教师或专家解决复杂问题所运用的复杂动作模式。若表现出来的复杂的外显反应是照搬或模仿教师或专家的复杂动作模式,也是一种浅层学习。

高阶思维部分(SOLO 分类法)认为每一 SOLO 层次都经历从前结构到抽象拓展结构的过程,那么越具体的功能方式中的抽象拓展结构将低于越抽象的功能方式中的前结构,因为前结构是无学习状态,抽象拓展结构是深度学习状态,那么我们能够得出的结论是具体的功能方式的深度学习状态是低于抽象的功能方式的无学习状态。从这样的结论中我们可以看到至少在 SOLO 分类法里深度学习也是有层次和深度上的区别,这与同一作者的另外一篇论文中对深度学习的界定是矛盾的。

二、学习性评价

学习性评价指通过解决具体情境中的复杂问题来描述学习者是否进行深度学习及程度多深。主要采用 4 种互相独立的评价方式包括:探究性实践活动、提问引发思考与讨论、反馈改进表现、电子化评价。从认知的角度来说,学习性评价是以学生为本的、基于反馈、关注学习过程的评价方式,是有效教学的一部分。

有学者认为可以通过学习性评价促进深度学习,并指出主要依靠探究性实践、提问、反馈、电子化评价来对深度学习进行评价,其中贴近学生生活的、有挑战性的、具有思辨性的探究实践活动是实现深度学习的有效途径。提问和反馈是教学手段,电子化评价是线上学习后进行的线上的评价,将这几种方式或手段放在一起认为他们是评价深度学习的手段或途径是有问题的。

首先,我们只能通过探究性实践活动的结果来考虑学生是否进行了深度学习,而不是通过活动本身来判断是否处于深度学习状态。

其次,在探究性实践过程中包含了提问与反馈环节,再在评价环节单独将反馈与提问和探究性实践活动放在同一地位,从逻辑上来说是不合适的。最后,作者认为电子化评价能够发展学生的元认知能力,通过电子学习档案可以培养学生的创新及实践能力。这种电子化评价即通过及时反馈发现学习过程中的问题并及时解决,这与探究性实践活动中的反馈环节是一致的。电子学习档案实质上即档案袋分析法,它只能呈现能够刻画和描绘出来的学习过程与结果,无法呈现难以描绘的内容(如思维发展等)。

三、学习成果评价方式与其他项目研究

评估深度学习的方式和标准各有差异,这是一个复杂而多样的问题。一种普遍采用的学习评估方式,可以从多种角度进行,比如比格斯的 SPQ,它涵盖了高级学习、综合学习和反思学习三个层面,而其他的调研工具,比如 LPQ、ILP 和 ASSIST,也可以为学习者提供多种多样的参考依据。通过问卷性形式的调查,了解学生的学习过程,实现对深度学习的判定。斯坦福大学评价、学习及公平中心(SCALE,stanford center for assessment learning and equity)致力于研究表现性评估如何影响学生的学习,以期望能够提升学生的学习效率,让他们能够更加有效地理解、掌握所学的知识,并运用批判性的思考方法来提升学习能力,达到更高的学习水平。

我国开展了多项国内学生调查研究,如清华大学教育研究院引进并二次开发的大学生学习状况 NSSE-China 调查(2007)、北京大学教育学院依托首都教育学科群项目开展的"北京高校学生学业发展状况调查"(2006 年)、北京师范大学周作宇负责的"中国大学生就读经验研究"(2001 年)、北京市学习科学研究会杜智敏主持的"北京市大学生学情调查"(2002 年)、复旦大学于海负责的"上海大学生发展研究"(1998 年)、北京航空航天大学学生处开发的"高校大学生发展状态评估表"(2006 年)、厦门大学史秋衡主持的"大学生学习情况调查研究"(2011 年)、全国医学教育发展中心开展的中国医学生培养与发展调查(CMSS,China medical students survey)等。

2007 年以来引发关注的清华大学课题组 NSSE-China(中国大学生学习性投入调查)问卷调查项目,在构建以学习者为中心,以可显现的证据为基础,以教育过程和结果为重点的教育质量评价体系方面,起到了积极的引领和教育诊断的作用。

清华大学教育研究院史静寰教授课题组的"中国大学生学习与发展追踪调查"(CCSS,China college student survey)问卷是美国印第安纳大学 NSSE 问卷的基础上改进和汉化而来,主要以乔治·D. 库(George D. Kuh)的"学习性投入"理论为基础,强调院校环境(如课程要求和有效教学实践)和学生行为(如深度学习)对教育结果的共同影响。与我国当前高等教育评价注重投入、产出以及声望等外部因素的取向不同,CCSS 关注的是高等教育的内部机制——大学生学习参与及其与大学教育实践之间的互动,

所涉及的指标和学生的学习过程和收获直接相关,加之其与学生为主体的评价模式,无疑为我国目前的本科教育质量保障体系提供了重要的来自院校内部、反映学生声音的工具。2009—2021年,参与CCSS项目的院校数量已累计超过180所。

第六章 大学生学习情况调查

第一节 某校参加国家大学生学习情况调查

一、调查简况

(一)调查目的

学生的学习收获在一定程度上反映了学生在接受一段时间教育后,各方面呈现的发展状态,是学习质量的关键所在。《国家大学生学习情况调查》(*National College Student Survey*)是国家社科基金重大重点项目连续立项建设的研发成果。项目组在国际大学生学习研究成果的基础上,结合中国大学生学习特点自主研发设计了调查指标,得到了厦门大学、英国剑桥大学、美国哥伦比亚大学等相关团队的联合支持与高度肯定。对大学生学习情况进行调查,了解与分析大学生对高校教学的体验与满意度,从学生视角评估高校的教学质量,可以帮助高校全面有效地掌握学生的学习情况以及教学质量,有助于高校把握教学改革的方向与措施,有效保障和促进高校的人才培养质量提升。

本调查部分对标教育部本科教育教学审核评估与专业认证的审核重点与标准,力求为高校本科教育教学评估与专业认证、教学改革、培育教学成果奖提供支持,为高校提升人才培养质量提供路径参考。

(二)结果概要

总体而言,某医科大学本科学生学习质量情况较好,部分指标与群体需要特别关注。其中,学生对学校的总体满意度相对较高,对专业教学过程相对满意,对德育教学过程评价较高。但是,学生对母校归属感有待进一步提升;学生在课堂内外的学习投入也有较大的提升空间;大二与大三学生、理工农医学生的专业学习需要得到特别关注。当然,"大二低谷"现象并不是该校学生的独有现象,而是全国乃至全世界高校大学生的普遍现象,项目组已有多项研究成果揭示、分析并尝试改善这一现象。

(三)调查对象

某医科大学 2021 年共有 1 022 名本科生参与了调查。其中,男生 361 名,占比约 35.3%;女生 661 名,占比约 64.7%。城市学生 300 名,占比约 29.4%;农村学生 722 名,占比约 70.6%。大一学生 268 名,占比约 26.2%;大二学生 272 名,占比约 26.6%;大三学生 263 名,占比约 25.7%;大四及以上学生 219 名,占比约 21.5%。另外,将学校本次参与调查的学生专业进行学科分类,并根据样本数据分布,剔除部分样本过少的学科,进一步将其归为人文社科和理工农医两大类,用于本报告中的学科差异分析。具体的样本结构见表6-1。

表6-1 样本结构

结构		人数	百分比(%)
性别	男	361	35.3
	女	661	64.7
生源地	城市	300	29.4
	农村	722	70.6
年级	大一	268	26.2
	大二	272	26.6
	大三	263	25.7
	大四及以上	219	21.5
学科专业	人文社科	71	6.9
	理工医农	951	93.1

(四)数据处理方式

本次调查主要对学生满意度、教学支撑度、培养效果达成度以及思政教育四个方面的评价情况进行分析。分析将通过百分制的方式呈现,即同意度/满意度/重要度=(均值-1)/(量表点数-1)×100。教育统计学统计规律表明,学生的学习能力主要服从正态分布,项目组多年调查结果表明,学情调查结果也基本服从正态分布。因此,本次调查的同意度/满意度/重要度只是一个相对的参考数值,供学校进行年度间的自我比较、不同群体间的比较,而数值本身并不具备绝对意义以说明情况优劣。

二、调查内容与结果

本次调查旨在呈现该校学生满意度、教学支撑度、培养效果达成度以及思政教育四个方面的自评情况,相关指标经过科学设计与多年验证,部分对标教育部本科教育教学审核评估与专业认证的审核重点与标准,拟运用实证数据展示学校的人才培养特征与质量,试图揭示出其中存在的问题,以帮助学校开展针对性改革,有效提高高校人才培养质量。

(一)学生满意度

1. 学校总体满意度

(1)该校学生对学校任课教师的总体满意度自评相对最高;对自己学习情况满意度的自评得分相对最低。具体结果为,学生在学期间总体收获的自评为74.4%;对学校总体满意度的自评为72%;对自己学习情况满意度的自评为65.2%;对学校任课教师总体满意度的自评为76.2%。

(2)该校各年级学生对各方面(除对任课教师)总体满意度的自评随年级增长呈现先下降后上升趋势,大二学生对各方面的满意度自评相对最低,如图6-1所示。

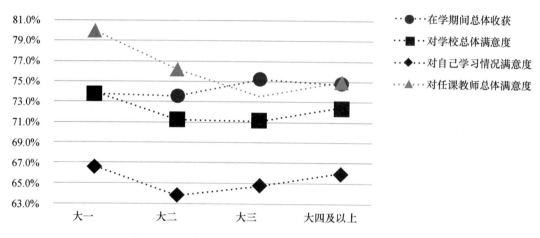

图6-1 各年级学生对各方面总体满意度的自评情况

(3)该校理工农医学生对各方面总体满意度的自评情况总体优于人文社科学生。通过数据分析发现,如图6-2所示,理工农医学生在校期间总体收获(74.4%)、对自己学习情况满意度(65.4%)、对学校任课教师总体满意度(76.4%)的自评得分高于人文社科学生的相应自评;在对学校总体满意度(72.0%)的自评得分略低于理工农医学生的相应自评(72.4%)。

2. 校园环境满意度

(1)该校学生对学习风气的满意度自评相对最高,而对学校后勤保障的满意度自评相对最低。入学指导的满意度自评为72.6%;对学习资源支持(包括图书馆资源与环境、自习室数量、实验室设备)满意度自评为68.9%;对学习风气的满意度自评为74.0%;对就业指导的满意度自评为69.2%;对后勤保障(包括食宿、奖助学金、体育设施、心理咨询中心服务、选课系统、校园活动)的满意度自评为67.6%;对学校管理的满意度自评为69.8%。

(2)该校各年级学生对学习资源支持、学习风气以及后勤保障的满意度自评随年级增长呈现先下降后上升趋势,各年级学生对就业指导、入学指导的满意度自评随年级增长呈现下降趋势,如图6-3所示,大二学生在学习资源支持(67.2%)、学习风气

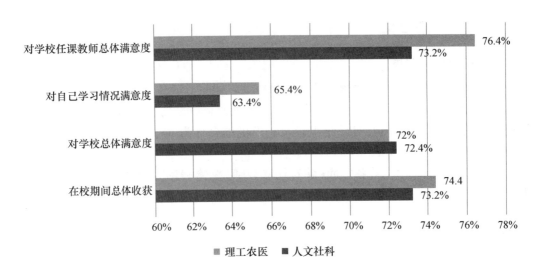

图 6-2 各学科学生对各方面总体满意度的自评情况

(73.0%)的满意度自评在各年级中相对最低;大三学生后勤保障(65.8%)三方面的满意度自评在各年级中相对最低;大四及以上学生在就业指导(65.8%)、入学指导(70.6%)的满意度自评在各年级中均相对最低。

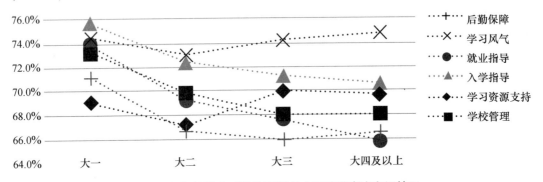

图 6-3 各年级学生对学校环境各方面的满意度自评情况

(3)该校人文社科学生对学校环境各方面满意度的自评情况总体优于理工农医学生。通过数据分析,如图 6-4 所示。

3. 母校归属感

(1)该校学生会重新选择母校的学生约为 2/3,还有比较大的提升空间。在学校所有参与调查的学生中,会重新选择母校的占比为 64%,不会重新选择母校的占比为 36%。

(2)该校各年级学生对会重新选择母校的比例随年级增长呈现下降趋势,大四及以上学生会重新选择母校的比例相对最低。如图 6-5 所示,大一学生会重新选择母校的比例为 69.0%,在各年级中相对最高;大四及以上学生会重新选择母校的比例下降为 57.5%,在各年级中相对最低。

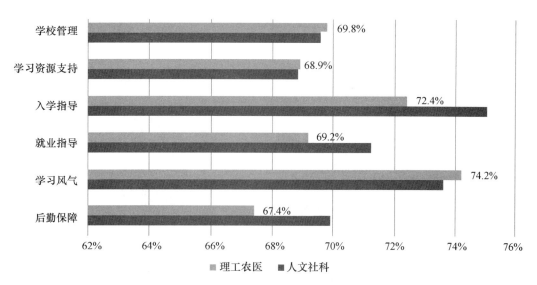

图 6-4 各学科学生对学校环境各方面的满意度自评情况

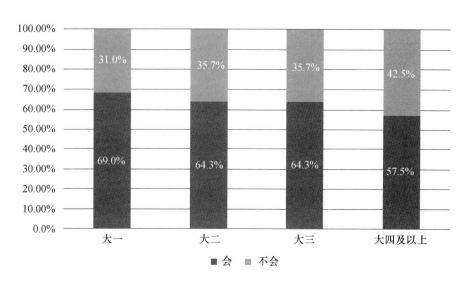

图 6-5 各年级学生会否重新选择母校的比例分布情况

(3)该校理工农医学生会重新选择母校的比例高于人文社科学生的比例。通过数据分析发现(图 6-6),理工农医学生会重新选择母校的比例为 64.6%,而人文社科学生会重新选择母校的比例仅为 57.7%。

(二)教学支撑度

1. 课程与教学

(1)该校学生对专业教学各方面满意度可进一步提高。本次调查主要从所学专业总体满意度、专业课程设置满意度、专业教师满意度、专业教学满意度四个方面分析评价学生对专业教学体验的满意度。学生对于所学专业的总体满意度自评为 72.0%,对

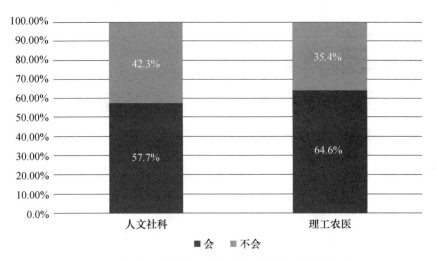

图 6-6　各学科学生会否重新选择母校的比例分布情况

专业课程设置的满意度自评为 70.4%,对专业教师的满意度自评为 73.8%,对专业教学的满意度自评为 72.8%。

(2)该校各年级学生对专业课程设置满意度以及专业教学满意度的自评随年级增长呈现下降趋势,各年级学生对专业总体满意度和专业教师满意度的自评随年级增长呈现先下降后上升趋势。如图 6-7 所示,大四及以上学生在专业课程设置满意度(68.4%)自评在各年级中相对最低;大四及以上学生在专业教学满意度(71.0%)自评在各年级中相对最低。大二、大三学生在专业总体满意度(71.6%、70.4%)和专业教师的满意度自评(72.6%、71.4%)在各年级中相对最低。

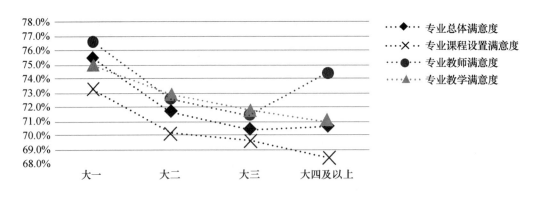

图 6-7　各年级学生对专业教学各方面满意度的自评情况

(3)该校理工农医学生对专业教学各方面满意度的自评情况总体优于人文社科学生。通过数据分析发现(图 6-8),理工农医学生对专业总体满意度(72.4%)、专业课程设置满意度(70.4%)、专业教师满意度(73.8%)、专业教学满意度(72.9%)的自评得分均高于人文社科学生的相应自评。

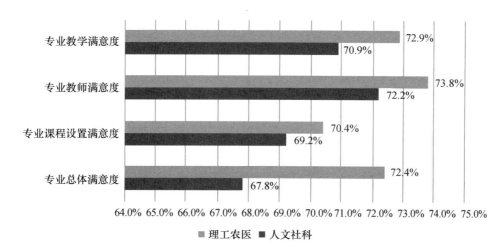

图 6-8 各学科学生对专业教学各方面满意度自评情况

2. 合作与实践

(1) 该校高年级(大三及以上)学生对学校提供实训/实习机会、实训基地与实习单位条件的评价偏低。通过数据分析发现(图 6-9),学生对学校实训基地和实习基地条件的自评满意度得分为 60.2%,对学校提供实训/实习机会的自评得分也仅为 64.8%,表明学生对这两方面的自评情况并不尽如人意。在对实训/实习指导教师的实践经验(69.0%)与耐心指导(68.6%)方面的评价虽然较高,但是也仍有较大的提升空间。

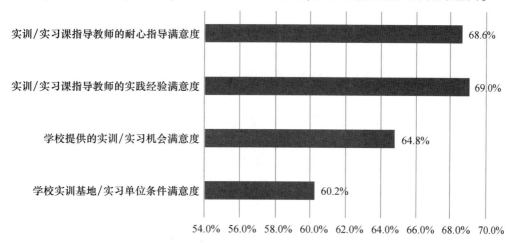

图 6-9 高年级学生对实习实训各方面支撑度的自评情况

(2) 该校大四及以上学生对实习实训各方面(除实训/实习课指导教师的耐心指导)支撑度的自评情况总体优于大三学生。通过数据分析发现(图 6-10),大四及以上学生在对学校的实训基地/实习单位条件(61.0%)、学校提供的实训/实习机会(65.8%)、实训/实习课指导教师的实践经验(69.0%)的自评得分均高于大三学生的相应自评。

(3) 该校理工农医高年级学生对实习实训教师的指导经验以及单位条件的自评情

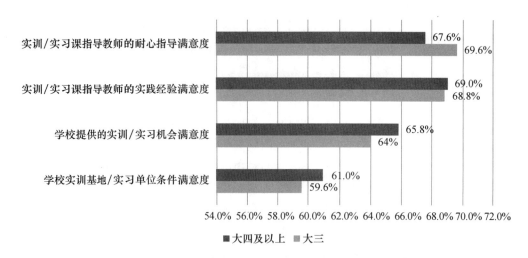

图 6-10 高年级学生对实习实训各方面支撑度的自评情况

况优于人文社科学生,而人文社科高年级学生对实习实训教师的指导以及实习实训机会的自评情况优于理工农医高年级学生。通过数据分析发现(图6-11),理工农医学生在对实训/实习课指导教师的实践经验(69.0%)、学校实训基地/实习单位条件(60.4%)的自评得分高于人文社科学生的相应自评,而人文社科学生对实训/实习课指导教师的指导(68.8%)、学校提供的实训/实习机会(66.0%)的自评得分高于人文社科学生的相应自评。

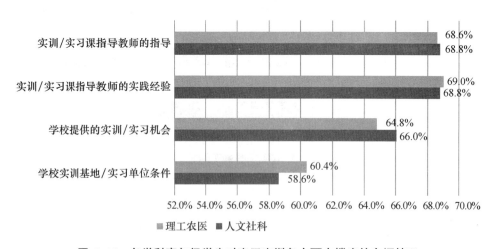

图 6-11 各学科高年级学生对实习实训各方面支撑度的自评情况

3. 创新创业教育

(1)该校学生在创新创业教育方面的体验有待进一步提升。通过数据分析发现(图6-12),有超过1/2(52.5%)的学生选修过创新创业课程,超过1/3(35.7%)的学生参加过创新创业竞赛(含省级与国家级竞赛)以及创新创业项目(含省级与国家级项目)。

另外,约 1/4(25.3%)的学生认为自己毕业后有创业的可能性。总体而言,学校在学生创新创业教育方面仍有较大的进步空间。

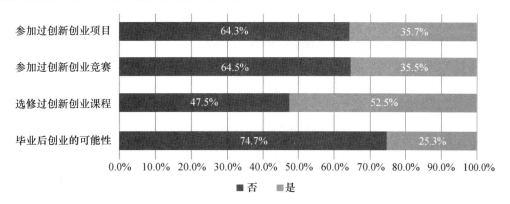

图 6-12　学生参加创新创业教育的自评情况

(2)该校学生毕业后创业的可能性随年级的增长而逐年递减,参加过创新创业项目、竞赛及选修过创新创业课程的比例随年级增长呈现出先上升后下降的趋势(图 6-13)。大三学生参加创新创业项目(43.0%)及竞赛(43.3%)的比例相对最高,大四及以上学生毕业后创业的可能性(20.1%)相对最低。

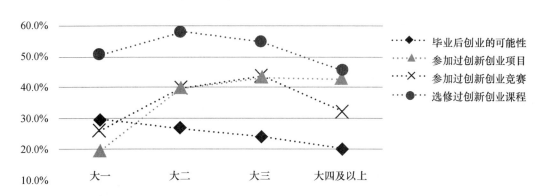

图 6-13　各年级学生参加创新创业教育的自评情况

(3)该校人文社科学生参加创新创业课程以及毕业后创业的可能性优于理工农医学生,而理工农医学生参加过创新创业竞赛以及项目的可能性略高于人文社科学生(图 6-14)。人文社科学生选修过创新创业课程(62.0%)、毕业后创业的可能性(43.7%)的比例均高于理工农医学生的相应比例。该校理工农医学生参加创新创业竞赛(35.5%)、参加过创新创业项目(36.2%)的比例均高于人文社科学生的相应比例。

(三)培养效果达成度

1. 目标明确度

(1)该校学生明确想过读大学目标的比例超过 80%,近 20%的学生没怎么想过自己

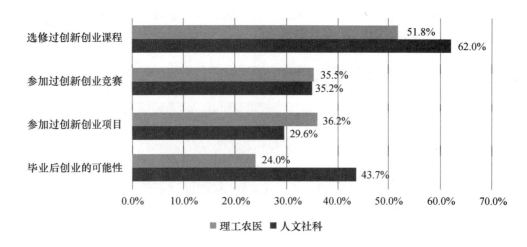

图 6-14 各学科学生参加创新创业教育的自评情况

读大学的目标。在所有参与调查的学生中，83.25%的学生想过自己读大学的目标，16.75%的学生则没怎么想过自己读大学的目标。

(2)该校各年级学生明确想过读大学目标的比例随年级增长呈现先下降后上升趋势。如图6-15所示，大三学生明确想过读大学目标的比例为80.6%，在各年级中相对最低；大一学生明确想过读大学目标的比例为85.8%，在各年级中相对最高。

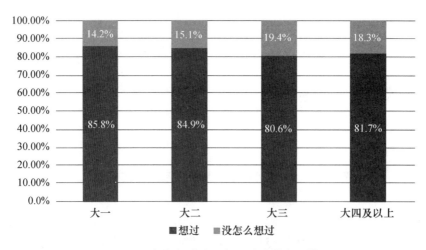

图 6-15 各年级学生目标明确度的自评情况

(3)该校人文社科学生明确想过读大学目标的比例高于理工农医学生的比例。通过数据分析发现(图6-16)，人文社科学生明确想过读大学目标的比例为85.9%，而理工农医学生明确想过读大学目标的比例为83.2%。

2. 学习投入度

(1)该校学生在学习投入度上的表现有较大的提升空间，需要引起学校关注。学生

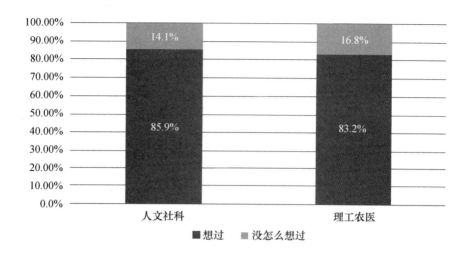

图 6-16　各学科学生目标明确度的自评情况

在课堂投入(包括积极参与课堂讨论、跟随老师思路主动思考、提出有见地的问题、将其他课程知识融入课堂讨论、记录课程重点内容、认真准备课堂报告)与课后投入(包括与老师在课外的沟通交流、讨论学习计划、阅读专业与其他专业的文献资料、参加学术沙龙/工作坊/实验室活动、选修或旁听其他专业课程)的自评得分分别为 60.7%、39.3%。

如图 6-17 所示,该校接近一半的学生(48.9%)平均每天课后花在专业学习上的时间为 1~3 h,28.6% 的学生平均每天课后花在专业学习上的时间为 4~6 h,而少于 1 h 的学生占 10.3%。

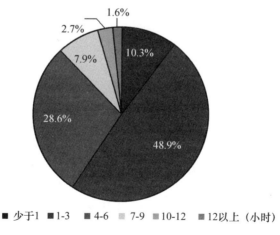

图 6-17　学生平均每天课后花在专业学习上的时间分布情况

如图 6-18 所示,有 36.9% 的学生平均一学期阅读与专业相关的书籍为 1~3 本,有 21.8% 和 22.7% 的学生平均一学期阅读与专业相关的书籍为 4~6 本和 10~12 本,另有 2.8% 的学生平均一学期阅读专业相关的书籍在 12 本以上。

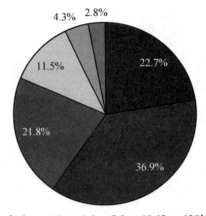

图 6-18 学生平均一学期阅读与专业相关的书籍分布情况

（2）该校各年级学生对学习投入度的自评随年级增长呈现上升趋势（图 6-19），且各年级学生对课后投入的自评普遍较低。大一学生对课后投入的自评相对最低（37.0%），大四及以上学生对课后投入的自评相对最高（43.7%）。大一学生对课内投入的自评相对最低（60.0%），大四及以上学生对课内投入的自评相对最高（62.3%）。

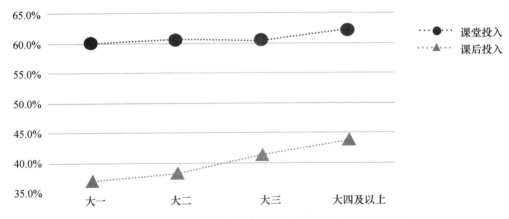

图 6-19 各年级学生在课堂内外学习投入的自评情况

总体而言，该校高年级学生平均每天花在专业学习上的时间多于低年级学生（图 6-20）。具体表现为，大三学生（29.2%）和大四及以上学生（33.5%）平均每天花在专业学习上的时间为 4~6 h，而大一学生平均每天花在专业学习上的时间在各年级中相对最少，少于 1 h 和 1~3 h 的比例均最高，分别为 12.3%、55.2%。

总体而言，该校高年级学生平均一学期阅读的与专业相关的书籍多于低年级学生（图 6-21）。具体表现为，大一、大二学生平均一学期阅读与专业相关的书籍主要为 0~3 本，比例分别为 69.8%、59.6%，而大三、大四及以上学生平均一学期阅读与专业相关的书籍主要为 7~12 本，比例分别为 17.8%、21.0%。

第六章 大学生学习情况调查

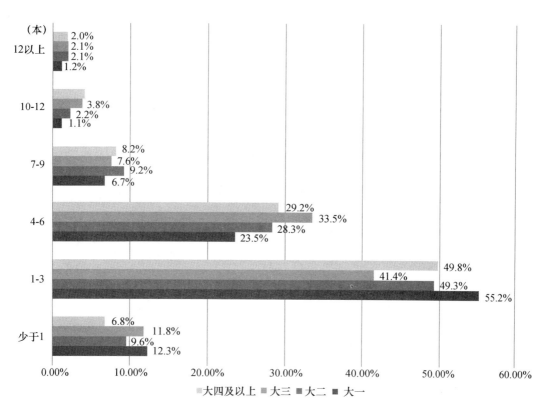

图 6-20　各年级学生平均每天课后花在专业学习上的时间分布情况

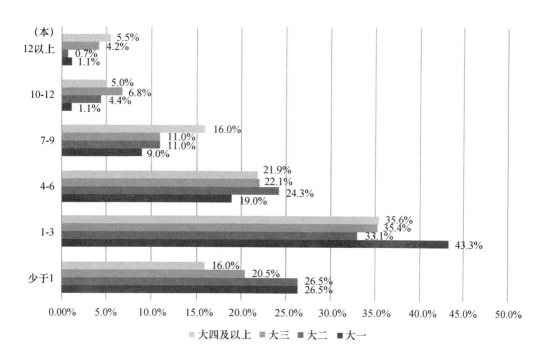

图 6-21　各年级学生平均一学期阅读与专业相关的书籍分布情况

(3)该校人文社科学生在课堂内外投入的自评情况总体优于理工农医学生。通过数据分析发现(图6-22),学校人文社科学生在课堂投入(60.9%)、课外投入(45.2%)的自评得分均高于理工农医学生的相应自评。

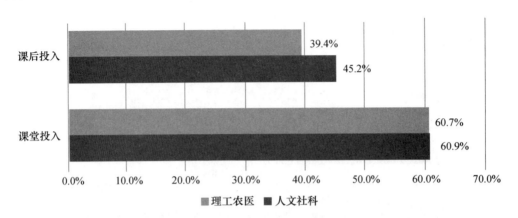

图6-22 各学科学生在课堂内外学习投入的自评情况

总体而言,该校理工农医学生平均每天花在专业学习上的时间多于人文社科学生(6-23)。具体表现为,67.6%的人文社科学生平均每天课后花在专业学习上的时间为0~3 h,而理工农医学生的这一比例为58.6%。

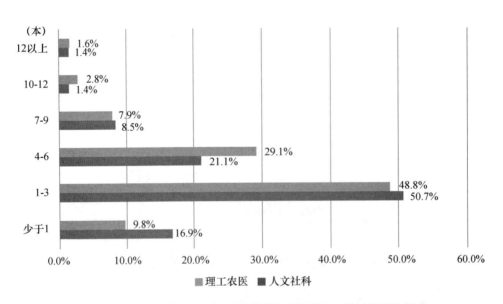

图6-23 各学科学生平均每天课后花在专业学习上的时间分布情况

总体而言,该校人文社科学生平均一学期阅读与专业相关的书籍多于理工农医学生,但差距较小(图6-24)。具体表现为,59.2%的人文社科学生平均一学期阅读与专业相关的书籍为0~3本,而理工农医学生的这一比例为59.6%。

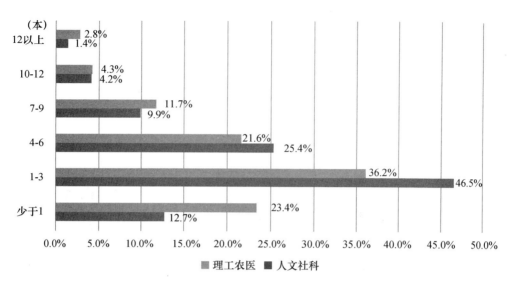

图 6-24　该校各学科学生平均一学期阅读与专业相关的书籍的分布情况

3. 学习收获

（1）该校学生在学习收获的表现有较大的提升空间，尤其专业实践技能需要引起重点关注。如图 6-25 所示，学生在分析问题能力（72.0%）、解决问题能力（71.8%）、自我反思能力（73.2%）、信息搜索与处理能力（73.4%）、表达能力（72.6%）、团队合作能力（73.8%）、沟通能力（74.0%）、批判性思维（70.0%）、自主学习能力（71.8%）、适应能力（72.2%）、社交能力（71.6%）、专业理论知识（70.6%），自评得分均在 70.0 以上，仍具有较大的提升空间，尤其需要注意的是专业实践技能（67.8%）的自评得分较其他方面要低。

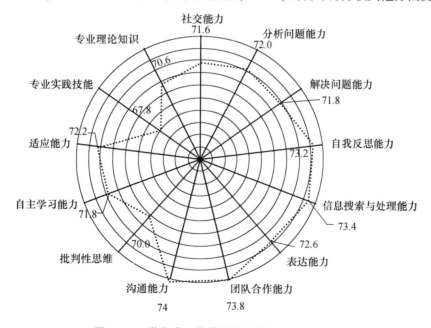

图 6-25　学生学习收获的自评情况（%）

(2)该校各年级学生对社交能力、信息搜索与处理能力、团队合作能力、沟通能力、适应能力、专业理论知识的自评随年级增长呈现先下降后上升趋势。各年级学生对分析问题能力、解决问题能力、自我反思能力、表达能力的自评随年级增长呈现下降趋势。学校各年级学生对批判性思维能力、自主学习能力、专业实践能力的自评大体随年级增长呈现上升趋势(图6-26)。

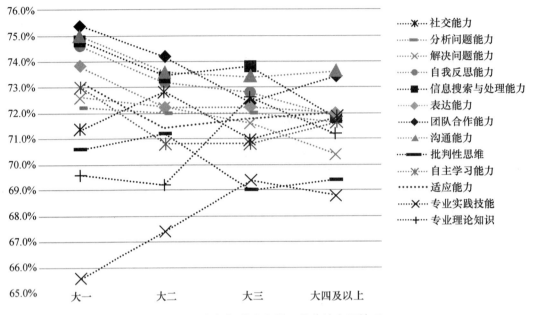

图6-26 各年级学生在学习收获的自评情况

(3)该校理工农医学生在学习收获的自评情况总体优于人文社科学生。通过数据分析发现(图6-27),理工农医学生在社交能力(71.6%)、解决问题能力(71.8%)、自我反思能力(73.2%)、表达能力(72.6%)、团队合作能力(74.0%)、沟通能力(74.0%)、批判性思维(70.2%)、自主学习能力(70.2%)、适应能力(72.4%)、专业实践能力(68.0%)、专业理论知识(70.8%)的自评得分均高于理工农医学生的相应自评,只有在分析问题能力(71.8%)和信息搜索与处理能力(73.4%)的自评得分低于人文社科学生的相应自评(73.6%和73.6%)。

(四)思政教育

1. 思想政治理论课教学满意度

(1)该校学生对思想政治理论课教师教学方法、教学内容、教学水平等方面的评价有待进一步提升,在课程设置和教学效果方面需要引起重视。学生对思想政治理论课教师的教学方法、教学内容、教学水平的满意度自评得分分别是71.2%、72.0%、74.4%,对课程设置和教学效果的满意度自评得分为70.6%、69.4%,相对偏低。

(2)该校各年级学生对思想政治理论课教学方法、教学水平、教学内容、教学效果、课程设置满意度的自评随年级增长呈现下降趋势,大四及以上学生尤其值得关注。具

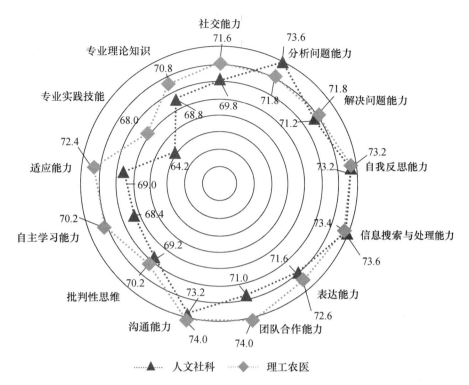

图 6-27 各学科学生在学习收获的自评情况(%)

体而言(图 6-28),大四及以上学生对思想政治理论课教学方法(69.8%)、教学水平(71.6%)、教学内容(69.6%)、教学效果(67.2%)、课程设置(67.2%)满意度的自评相对最低。

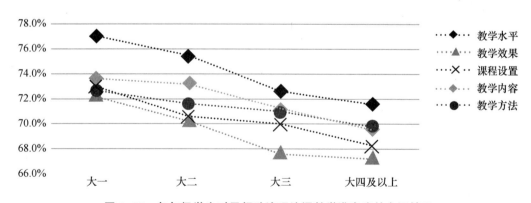

图 6-28 各年级学生对思想政治理论课教学满意度的自评情况

(3)该校人文社科学生对思想政治理论课教学满意度的自评情况整体优于理工农医学生。具体而言(图 6-29),人文社科学生对思想政治理论课程设置满意度(72.2%)、教学方法满意度(71.6%)、教学内容满意度(72.6%)、教学效果满意度(72.4%)、教学水平满意度(75.4%),自评相对高于理工农医学生的满意度自评情况。

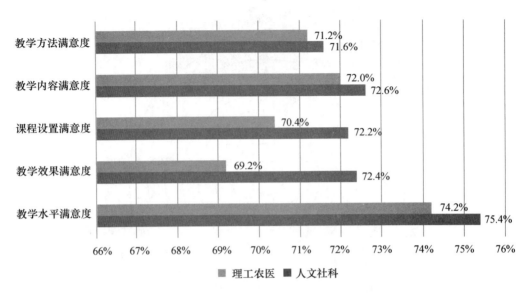

图 6-29 各学科学生对思想政治理论课教学满意度的自评情况

2. 思想政治理论课的认识与自我评价

（1）该校学生对思想政治理论课重要性的认识与自我评价均有待进一步提升，尤其是感兴趣程度需要引起特别关注。学生对思想政治理论课重要性认识的自评为72.3%，对自己在课上的表现自评为63.0%，而对思想政治理论课的感兴趣程度自评仅为57.6%。该校需要在激发学生对思想政治理论课的兴趣方面需进一步努力。

（2）该校各年级学生对思想政治理论课重要性的认识随年级增长呈现下降趋势，各年级学生对课程感兴趣程度与自我评价均随年级增长呈现先下降后上升的趋势，大二学生尤其值得关注。具体而言（图 6-30），大四学生对思想政治理论课重要性的认识（70.2%）相对最低，大二学生对思想政治理论课的感兴趣程度（56.4%）、课上表现（61.8%）的自评均相对最低。

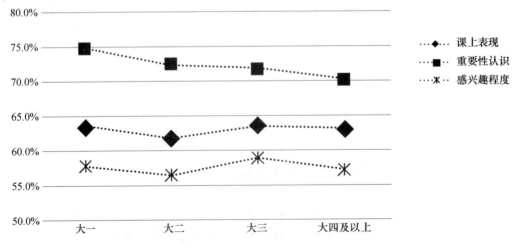

图 6-30 各年级学生对思想政治理论课的认识与自我评价

(3) 该校人文社科学生对思想政治理论课的认识与自我评价整体高于理工农医学生。具体而言(见图 6-31),人文社科学生对思想政治理论重要性认识(73.8%)、感兴趣程度(60.8%)、课上表现(68.2%)的自评相对高于理工农医学生的自评。

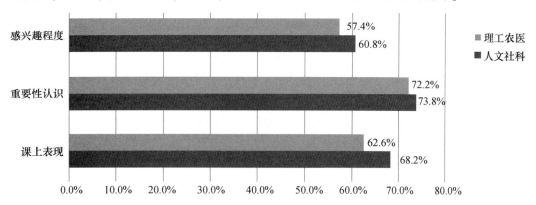

图 6-31 各学科学生对思想政治理论课的认识与自我评价

第二节 某校参加中国医学生培养与发展调查

一、调查简况

(一)调查目的

中国医学生培养与发展调查是针对医学本科生开展的全国性大型调查项目。中国医学生培养与发展调查希望通过收集翔实、丰富、可量化的基础数据信息,从学生的视角全面了解我国医学本科教育教学质量和毕业生培养与成长状况。

中国医学生培养与发展调查关注学生在校期间的感受与成长过程,调查信息涵盖学生个人基本信息、入学前和院校培养过程信息、就业和继续教育信息等教育教学全过程。

中国医学生培养与发展调查通过大数据采集的方式收集个体层面数据,服务于医学教育质量监测与评估体系建设,促进医学教育质量保障体系建设,为医学教育的改革与发展提供政策建议。中国医学生培养与发展调查由全国医学教育发展中心发起,全国高等院校医学教育研究联盟参与执行。

2019 年,中国医学生培养与发展调查针对 2019 届临床医学专业本科教育阶段毕业生开展首次调查。2020 年,中国医学生培养与发展调查在首次调查的基础上进一步丰富和完善问卷,扩大院校和专业调查范围,共 107 所院校参与了临床医学类专业学生培养全过程的现状调查。

截至 2021 年,共 176 所院校报名参与调查,参与调查学生的专业除临床医学类专业外,拓展到口腔医学类、公共卫生与预防医学类、药学类和护理学类等 4 个医学专业二级学科,除了针对这些不同的专业开发了专业特色问卷,还开发了适用于一般医学类专业的通用版本调查问卷。

中国医学生培养与发展调查以医学人才培养质量提升为核心,不仅仅重点关注学生学习期间的培养质量及成长状态,更是涵盖学生入学前、在校过程、本科毕业结果等各方面信息,不仅对办学资源、教学改革、课程设置、临床实习等方面进行评估,也对医学院校、实习附属医院进行考察,以期在实践应用方面帮助院校建立真实感知的医学教育质量监测与评估,推进高等院校医学专业建设,促进医学人才培养质量提升;并期待能够为基于循证的医学院校教育教学决策和研究提供重要资料,推动医学教育改革的系统化、科学化、可持续化发展。

(二)调查对象

某医科大学 2021 年共有 6 433 名本科生参与了调查,有效样本 6 002 份,有效样本率为 93.30%。其中非毕业生样本 5 030 名,占比 83.81%;毕业生样本 972 名,占比 16.19%。从年级分布看,大一学生 1 335 名,占比 22.24%;大二学生 1 317 名,占比 21.94%;大三学生 1 244 名,占比 20.73%;大四学生 1 013 名,占比 16.88%;大五及以上学生 1 093 名,占比 18.21%。

二、调查内容与结果

(一)背景信息

1. 学生基本信息

(1)学习阶段。

0.98%的学生处于医学预科学习阶段,54.96%的学生处于基础医学学习阶段,21.46%的学生处于临床课程学习与见习阶段,6.84%的学生处于基础与临床课程/见习整合学习阶段,15.76%的学生处于临床实习阶段。

(2)专业类型。

73.71%的学生学习的专业类型是普通 5 年制,14.16%的学生是农村订单定向 5 年制,12.13%的学生是 5+3 一体化。

(3)招生专业。

27.11%的学生在招生时已经确定学科专业/方向,其中 12.96%的学生学习全科学,4.13%的学生学习儿科学,3.93%的学生学习麻醉学,6.09 的学生学习其他科。

(4)年龄。

学生年龄段主要集中在 19~24 岁,占比 96.47%,18 岁及以下、25 岁及以上占比较小,分别为 1.01%、2.52%。

(5)性别。

女生占比 55.80%,男生占比 44.20%,男女比例为 0.79:1。

(6)民族。

少数民族学生占比29.53%,汉族学生占比70.47%。

(7)政治面貌。

84.81%的学生是共青团员,10.68%的学生是中共党员(含预备党员),4.51%的学生是群众。

(8)学生干部。

不同级别的学生干部任职情况,反映了学生在校期间的人际社会网络。调查显示,69.94%的学生担任过学生干部(部长及以上或班委)。在担任过学生干部的学生中,有58.00%的学生在班级任职,有23.69%的学生在学校社团任职,有13.65%的学生在院学生会任职,有3.83%的学生在校学生会任职。

2. 家庭背景特征

(1)独生子女。

独生子女比例占24.31%。

(2)家庭所在地。

从学生家庭所在地看,占比较高的省份分别为广西壮族自治区(88.42%)、湖南省(1.36%)、河南省(1.06%);从生源所在地看,占比较高的省份分别为广西壮族自治区(88.89%)、湖南省(1.30%),详见表6-2。

表6-2 家庭所在地

省份	家庭所在地	生源所在地	省份	家庭所在地	生源所在地
广西壮族自治区	88.42%	88.89%	山东省	0.26%	0.24%
湖南省	1.36%	1.30%	辽宁省	0.22%	0.27%
河南省	1.06%	0.99%	湖北省	0.17%	0.15%
福建省	0.98%	0.99%	内蒙古自治区	0.17%	0.17%
广东省	0.91%	0.65%	黑龙江省	0.15%	0.15%
云南省	0.81%	0.80%	重庆市	0.15%	0.15%
海南省	0.79%	0.80%	河北省	0.14%	0.02%
贵州省	0.74%	0.70%	新疆维吾尔自治区	0.14%	0.05%
浙江省	0.72%	0.68%	安徽省	0.12%	0.07%
四川省	0.67%	0.65%	北京市	0.07%	0.07%
山西省	0.53%	0.58%	江苏省	0.05%	0.10%
江西省	0.46%	0.46%	吉林省	0.05%	0.00%
天津市	0.45%	0.63%	西藏自治区	0.03%	0.03%
陕西省	0.38%	0.38%	上海市	0.00%	0.03%

(3)父母受教育程度。

57.44%的学生父亲为初中及以下学历,32.21%的学生父亲为初中以上本科以下学历,10.35%的学生父亲拥有大学本科及以上学历;66.09%的学生母亲为初中及以下学历,27.35%的学生母亲为初中以上本科以下学历,6.56%的学生母亲拥有本科及以上学历。

(4)父母职业。

学生父亲从事职业占比较高的是农(林、牧、渔)民(28.44%)、个体户(16.54%)、进城务工人员(11.88%);学生母亲从事职业占比较高的是农(林、牧、渔)民(28.72%)、个体户(15.43%)、专业技术人员(医生、教师、工程师、律师等)(12.11%)。其中,8.56%的学生表示自己的父亲或母亲学医,或在医疗卫生单位工作。

(5)家庭总收入。

调查临床医学类专业学生的家庭总收入来衡量其家庭经济资本,结果显示,38.10%的学生家庭年收入在1万以上至3万,26.51%的学生家庭年收入在3万以上至8万,15.51%的学生家庭年收入在不足1万(含1万)。

3. 学生经济开支

(1)经济消费水平。

调查学生日常生活费用以衡量学生经济消费水平,结果显示,5.50%的学生月消费金额为500元及以下、45.58%的学生月消费金额为500元到1 000元(包含1 000元)、36.95%的学生月消费金额为1 000元到1 500元(包含1 500元)、9.13%的学生月消费金额为1 500元到2 000元(包含2 000元)、2.83%的学生月消费金额为2 000元以上。

(2)经济压力与学校资助。

调查学生经济压力感受和学校资助情况发现,68.88%的临床医学类专业学生表示自己日常有一定的经济压力,40.17%的临床医学类专业学生表示获得了学校资助。

(二)大学入学前经历

1. 升学特征

(1)录取形式。

调查学生的高考录取形式,普通招生录取的占比为83.99%,自主招生录取的占比为1.57%,保送生占比为0.11%,专项计划(含定向等)占比为14.33%。

(2)录取批次。

调查学生的录取批次,14.18%的学生通过普通招生提前批录取,0.13%的学生通过保送录取,0.12%的学生通过强基计划录取,6.73%的学生通过国家专项计划录取,78.84%的学生通过普通批次录取。

(3)专业确定方式。

对于学生专业确定方式,28.84%的学生在高考志愿填报时,优先选院校后确定专业;69.28%的学生在高考志愿填报时,优先选专业后确定院校;1.88%的学生在入学后转专业进入。

(4)专业录取满意度。

从学生的专业录取满意度来看,表示非常满意的占 8.41%,比较满意的学生占比为 44.90%,总体满意占比 46.69%。

(5)录取结果与预期目标差距。

对于录取结果,9.08%的学生表示结果好于预期,58.80%的学生表示与预期相当,还有 32.12%的学生表示高考录取结果低于自己的期望。

2. 专业感知

(1)专业了解程度。

调查学生在就读本专业前对专业的了解程度,结果显示,64.73%的学生表示对所在专业有不同程度的了解,其中非常了解占比 0.90%,比较了解占比 13.83%,一般了解占比 50.00%;表示不了解该专业的学生占比 35.27%。

(2)从业环境感知。

调查学生对我国医生从业环境的感知情况结果显示,对从业环境持积极态度的学生占比为 21.08%,其中认为环境很好的占 1.60%;31.24%的学生对从业环境持消极态度;47.68%的学生对从业环境持中立态度。

(3)专业选择影响因素。

对学生专业选择的影响因素进行调查,按各题项赋值计算,其中"非常同意"记为 5 分,"非常不同意"记为 1 分,得分越高,表示该因素影响力越大。将选择动机分为内在动机和外在动机。结果显示,内在动机中,"职业崇高"得分最高(4.23%);外在动机中,"亲友鼓励"得分最高(3.71%)。

(三)课业学习与课余活动

1. 教学质量评价

调查学生对于本科阶段医学教育质量的满意度,整体来看,59.61%的学生对医学教育质量表示满意,36.14%的学生表示中立,4.25%的学生对医学教育质量表示不满意。

2. 学业安排

(1)学业安排知晓度。

学生对课业学习安排的知晓度,一方面能够衡量学生对学业整体安排的关注,另一方面也能反映学校在课业学习安排上的清晰度,并一定程度上反映了学生的主体地位和学生参与学校教育教学事务的情况。调查结果显示,大学入学时,36.42%的学生表示了解本科各阶段课程及实习等学业安排。

(2)早期接触临床。

调查结果显示,30.66%的学生在大三上学期开始接触临床,21.39%的学生在大三下学期开始接触临床,10.60%的学生在大一开始接触临床。

3. 课程设置评价

(1)课程设置总体满意度。

对于本专业的课程设置,65.28%的学生表示满意,其中表示很满意的占比8.35%;对于课程设置不满意的学生占比3.43%。

(2)课程设置具体满意度。

对于课程设置的具体评价,从课程内容维度评价和课程设置维度评价两方面展开。为了更清晰地反映数据结果,对各选项赋值计算,其中"非常满意"记为5分,"非常不满意"记为1分,"不适用"则不计分,得分越高表示学生的满意度越高。调查学生对专业课程内容的满意度,结果显示,学生满意度较高的是临床医学课程(3.98%)、生物医学课程(3.83%)和公共卫生课程(3.69%),详见图6-32。调查学生对专业课程设置的满意度,结果显示,学生满意度较高的是职业伦理与道德(3.98%)、理论授课与临床实践间的联系(3.82%)和医患沟通能力的培养(3.82%),详见图6-33。

图6-32 专业课程内容评价

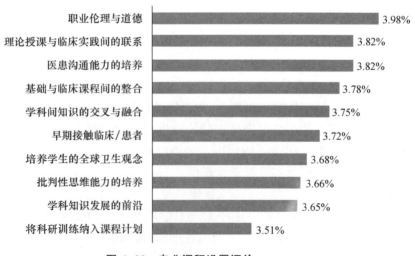

图6-33 专业课程设置评价

4. 课业学习评价

(1)学习行为评价。

调查学生在专业学习中的行为,对各选项赋值计算,其中"经常"记为 5 分,"从不"记为 1 分,得分越高,表示学生该学习行为频率越高。结果显示,学习行为频率较高的是按时完成任务和提交相应作业(4.35%)、积极参与小组合作学习或讨论(3.52%)、利用图书馆或网络资源开展自主学习(3.23%),详见图 6-34。

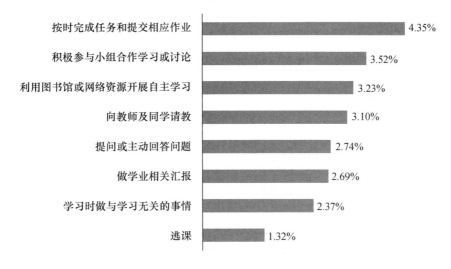

图 6-34 课程学习中的学生行为

(2)学习状态评价。

调查学生在学习中的状态,对各选项赋值计算,其中"非常同意"记为 5 分,"非常不同意"记为 1 分,得分越高,表示赞同度越高。结果显示,得分较高的学生是希望未来职业发展与所学专业密切相关(3.92%)、学习遇到困难时,通常能想到一些应对的方法(3.61%)、对所学专业有兴趣(3.61%),详见图 6-35。

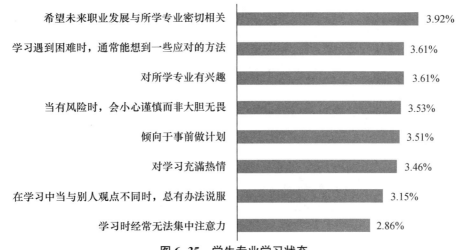

图 6-35 学生专业学习状态

5. 课余活动

（1）课后时间安排。

调查结果显示，学生花费时间较多的是课后学习（13.11 h/周）、娱乐（如上网、看电影等）（12.55 h/周）、校内社团及课外活动及实践（5.09 h/周）。

（2）社团参与。

社团活动是大学生课后重要的实践内容。调查结果显示，86.15%的临床医学类专业学生在本学年参与了社团活动。学生参与较多的社团类型是志愿公益类（59.85%）、文化体育类（44.02%）、思想政治类（31.79%）。参加社团可以丰富学生的课余生活，也可以锻炼学生的能力。调查结果显示，61.65%的学生表示参与社团对个人成长有比较大或非常大的帮助。

6. 心理健康状况

应用一般健康调查问卷（GHQ-12）考察学生的心理健康状况。对各题项赋值计算，其中"经常"记为5分，"从不"记为1分，得分越高，表示学生该情况出现的频率越高。调查结果显示，临床医学类专业学生得分最高的是"能享受日常活动"（3.75%）、"觉得自己是有用的人"（3.62%）和"觉得自己有决断力"（3.56%），详见图6-36。

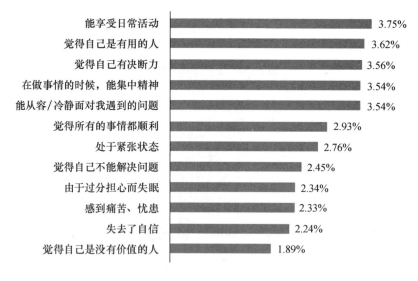

图6-36 学生心理健康状况

（四）教学与服务

1. 教师教学行为

为了更清晰地反映学生对教师教学行为的感知情况，对各项赋值计算，其中"非常同意"记为5分，"非常不同意"记为1分，得分越高，表示学生感知到教师相应的教学行为越多。调查结果显示，得分较高的教师教学行为是提供案例或事例讲解（3.96%）、除考试外，考核还有课堂参与、课堂展示、操作训练等（3.91%）、让学生个体或小组选择主题,完成讨论(3.87%),详见图6-37。

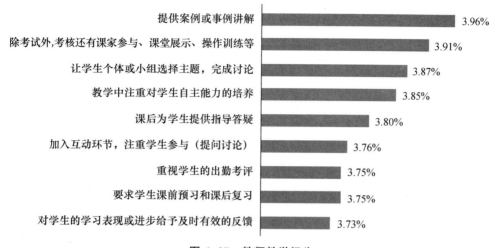

图 6-37 教师教学行为

2. 思想政治教育评价

调查学校对思想政治教育的重视程度,结果显示,73.41%的学生表示学校注重思想政治教育工作,其中表示非常注重的占比24.11%;另外,表示学校不注重思想政治教育工作的学生占比为1.72%。在学生对学校思想政治教育的满意度评价中,67.46%的学生对学校思想政治教育工作表示满意,其中表示非常满意的占比17.19%;对于学校思想政治教育工作不满意的学生占比为2.27%。

(五)学生参与

1. 教育教学参与

为了更清晰地反映教学与服务中的学生参与情况,对各项赋值计算,其中"非常同意"记为5分,"非常不同意"记为1分,得分越高,表示学生在该项行为的参与度越高。结果显示,参与度较高的行为是参与了学校的课程教学评价(4.06%)、教学过程中有进行自评(3.53%),详见图6-38。

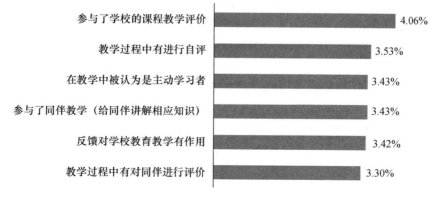

图 6-38 教学与服务中的学生参与

2. 科研参与

科研参与情况分别从本科生科研导师配置、科研项目或学术会议的参与、科研训练的成效等方面来进行考察，这些方面反映了科研参与的制度设计和结果。根据调查结果，49.77%的临床医学类专业学生表示配有本科生科研导师。调查学生参与科研项目情况，36.96%的学生表示有参与科研项目。其中，7.85%的学生表示较多参与科研项目。就参与项目类型看，56.09%的学生参与过基础医学研究，31.42%的学生参与过临床研究，25.29%的学生参与过人文社科类研究，11.32%的学生参与过公共卫生相关研究。调查学生自主申请科研项目情况的结果显示，30.62%的学生表示曾自主申请本科生科研项目。关于参与过相关学术会议情况，12.40%的学生参加过国内学术会议，2.00%的学生参加过国际学术会议，86.27%的学生没有参加过相关学术会议。

3. 科研训练成效

进一步调查学生在科研参与后所产生的效果，49.78%的学生表示本科阶段参与科研能够增强自己的科研兴趣，12.80%的学生表示不能增强自己的科研兴趣，37.42%的学生表示不清楚。

（六）院校服务满意度评价

本调查从院校资源、院校教学、院校管理、院校支持体系建设等多方面评价学生对院校（不含临床阶段）服务的满意度，并对各评价选项赋值计算，其中"非常满意"记为5分，"非常不满意"记为1分，得分越高，表示满意程度越高。调查结果显示，学生对院校服务满意度较高的是心理咨询服务（3.77%）、成绩评定制度（3.64%），详见图6-39。

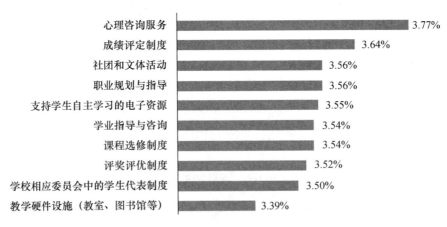

图6-39 学生对院校各项服务的满意度评价

（七）学业成就与毕业就业

1. 能力增值

中国临床医学类专业本科毕业生应达到的基本要求分为四个领域：科学与学术、临床能力、健康与社会、职业素养。在本次调查中，临床医学类专业学生对入学前水平和现在实际水平分别进行自我评价(评分为0~10中的整数,0表示无,10表示最高),计算临床医学类专业学生入学前和现在水平的差值,从而了解学生经过培养后的能力增值情况。根据调查结果,临床医学类专业学生能力增值从高到低依次为临床能力(3.60%)、健康与社会(3.41%)、职业素养(2.49%)、科学与学术(1.76%)。

在科学与学术方面,学生在了解生命各阶段疾病的病因、表现、诊断治疗和预防(3.97%)以及"医学学科的基础知识与方法"(3.87%)方面能力增值较多,而在"数理化等自然科学的基础知识与方法"(-0.18%)方面的增值比较有限,详见图6-40。

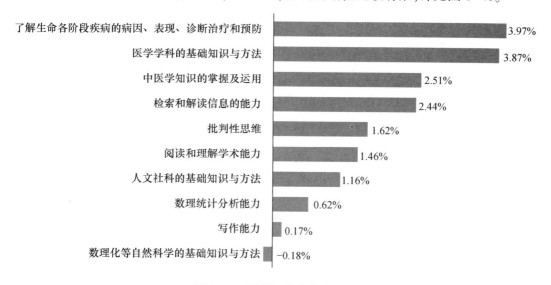

图6-40 科学与学术能力增值

在临床能力方面,学生在"急救处理的能力"(3.89%)以及"体格检查"(3.72%)方面能力增值较多,而在"能够协助确定患者治疗方案并说明合理性"(3.39%)方面的增值比较有限,详见图6-41。

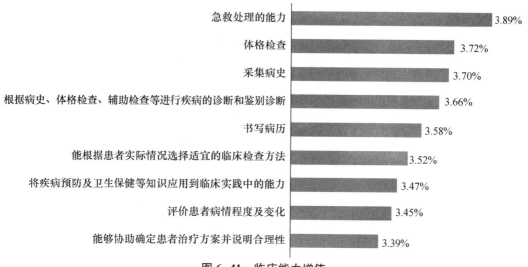

图6-41 临床能力增值

在健康与社会方面,学生在了解影响人群健康、疾病和有效治疗的因素(3.60%)以及重视患者安全和识别对患者不利的危险因素的能力(3.56%)方面能力增值较多,而在保护并促进个人和人群健康的责任意识(3.29%)以及全球健康/卫生状况与问题的了解(3.29%)方面的增值比较有限,详见图6-42。

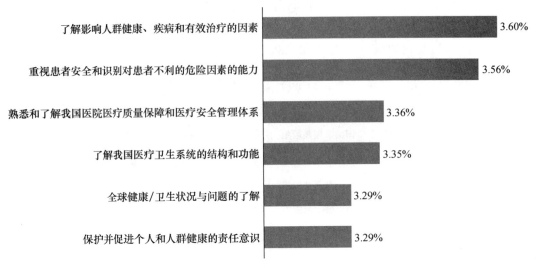

图 6-42　健康与社会增值

在职业素养方面,学生在了解医师道德准则和医疗行业相关法律法规(3.67%)以及将医学伦理学应用于医疗服务中的能力(3.65%)方面能力增值较多,而在尊重他人的意识(1.61%)方面的增值比较有限,详见图6-43。

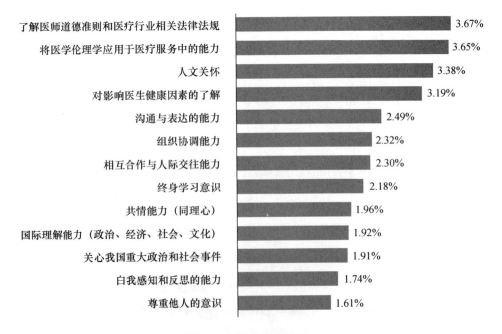

图 6-43　职业素养增值

第三节　某校参加中国大学生学习与发展追踪研究

一、调查简况

(一)调查目的

"中国大学生学习与发展追踪研究"是清华大学教育研究院于2009年发起的全国性大学生学情调查项目,由清华大学教育研究院史静寰教授主持,研究团队来自教育研究院、经济管理学院、社会科学学院等多个院系的专家学者和研究生。在过去的十余年里,课题组基于乔治·D.库(George D. Kuh)等学者的"学习性投入"理论,借鉴美国国家大学生学情调查问卷,结合中国高等教育情境特点,开发了一系列中国大学生学情调查问卷,形成了一套以学为中心、关注学习过程、全面考查学生学习和未来发展的科学有效的研究工具。

2021年,课题组基于此前的调查数据和研究积累,结合新时代国家对高等教育的要求,提出了整合式大学生学习投入分析框架,并基于此对工具进行了系统化改版,设计了全新的2.0版指标体系与问卷。CCSS2.0版调查工具旨在帮助参与院校多层次、多角度地了解学生的"知、情、志、行",对教育过程和质量进行更有针对性的诊断,为教育教学改革提供理论与实证支持。

截至2021年,累计已有188所高等院校参与了本项目调研。2021年参与绿色问卷调查的院校共36所。其中,两所为高职高专院校,计入普通本科院校常模的院校共32所。

(二)调查对象

某医科大学2021年共回收有效样本2 581个。其中,男生645名,占比24.99%;女生1 936名,占比75.01%。大一学生939名,占比36.38%;大二学生702名,占比27.20%;大三学生770名,占比29.83%;大四学生170名,占比6.59%。另外,将学校本次参与调查的学生专业进行学科分类,文学类学生264名,占比10.23%;法学类学生141名,占比5.46%;理学类学生1 241名,占比48.08%;工学类学生185名,占比7.17%;医学类学生99名,占比3.84%;管理学类学生651名,占比25.22%。

二、调查内容与结果

该校在行为投入、情感投入、学业挑战、校园环境、学习结果、社会称许性的得分情况见表6-3。

表 6-3 某校指标总览

指标类型	指标名称			指标均值
行为投入	高影响力教育活动(HIP)			29.58
	在线学习(OLL)	在线学习满意度(OLL_ST)		55.63
		在线学习技术能力(OLL_TA)		66.94
		在线学习动力(OLL_MV)		51.61
		在线学习策略(OLL_TC)		60.56
	多维互动(MDI)	人际关系(MDI_IR)		71.89
		生生互动(MDI_PI)		65.10
		师生互动(MDI_SFI)		43.60
	高阶学习行为(HOL)			60.48
	积极学习行为(ATL)			61.10
情感投入	专业志趣(CTM)			60.75
	学习韧性(LR)			65.07
	自主学习动机(ALM)			48.95
学业挑战	有效教学(ETP)			77.65
	有效测评(EAP)			73.60
	挑战性课程(CLC)	课程认知目标(CLC_CO)		67.92
		课程内容与要求(CLC_CR)		66.58
校园环境	校风学风(UCT)			77.74
	综合素质测评(CQA)			77.32
	多元文化环境(MCE)			74.94
	学生支持与服务(SSS)			68.76
学习结果	教育收获(SSLO)	知识增长(SSLO_KA)		69.97
		价值观形成(SSLO_VF)		74.26
		能力提高(SSLO_AE)		70.37
	满意度(SSTF)			64.92
社会称许性	社会称许性(SD)			49.05

(一)社会称许性对比分析

社会称许性指人们获得社会称赞或接受的倾向,这种倾向可能会导致人们在填答问卷时按社会赞许(socially desirable)的方式而非个人实际情况给出答案,造成自我汇报得分的"社会称许性反应偏差(SDRB,social desirability response bias)"。在组间比较时,需考虑两组的社会称许性水平差异,如差异过大(如效应量大于或等于0.3)且有一组得分均值大于60,则分数间的直接对比可能会受社会称许性偏差的影响。进一步分析该校与"双一流"建设高校、其他本科院校和普通本科院校的社会称许性的均值,该校学生平均分显著($p<0.05$)低于对比组,且效应量(effect size)小于0.3。

(二)行为投入维度分析

进一步分析该校与"双一流"建设高校、其他本科院校和普通本科院校在行为投入维度的均值,该校学生平均分显著($p<0.05$)低于对比组,且效应量小于0.3。具体情况说明如下:

1. 师生互动

师生互动是指学生在课堂内外与教师交流学业和个人发展情况、与教师一起参与科研、社团活动等的频率。该校学生在各项选择的加权占比及与其他院校相比数据结果见表6-4。

表6-4 某校师生互动占比情况

指标类型	某校	"双一流"建设高校	其他本科院校	普通本科院校
讨论职业规划	38.03%	39.24%	43.57%	43.12%
讨论学业问题	40.18%	46.34%	49.98%	49.6%
讨论人生观价值	33.3%	35.01%	38.53%	38.17%
一起参与课外活动(如社团活动、科研项目等)	35.38%	35.93%	38.5%	38.23%

2. 生生互动

生生互动是指学生在课堂内外与同学合作完成学习任务、交流讨论、一起参加课外活动等的频率。该校学生在各项选择的加权占比及与其他院校相比数据结果见表6-5。

表 6-5　某校生生互动占比情况

指标类型	某校	"双一流"建设高校	其他本科院校	普通本科院校
与同学合作完成作业或学习任务	80.03%	72.78%	73.76%	73.66%
与同学讨论学习中遇到的问题,交流学习经验	68.48%	70.61%	71.01%	70.97%
与同学一起参加课外活动	69.07%	63.22%	65.95%	65.67%

(三)情感投入维度分析

进一步分析该校与"双一流"建设高校、其他本科院校和普通本科院校在情感投入维度的均值,该校学生平均分显著($p<0.05$)低于对比组,且效应量小于0.3。具体情况说明如下:

1. 专业志趣

专业志趣是指学生对所学专业的热爱程度、了解程度及从事相关领域工作的意愿。该校学生在各项选择加权占比及与其他院校相比数据结果见表6-6。

表 6-6　某校专业志趣占比情况

指标类型	某校	"双一流"建设高校	其他本科院校	普通本科院校
对于所学专业,越学越喜欢	66.05%	67.54%	68.18%	68.12%
大学的专业学习让学生能够胜任相关领域的工作	72.84%	72.13%	72.65%	72.6%
对所学专业的就业前景充满信心	67.11%	71.64%	71.39%	71.42%
愿意在本专业相关领域工作或深造	78.98%	78.25%	77.45%	77.53%

2. 学习韧性

学习韧性是指学生在学习过程中体现出的热情、韧性、毅力、自我效能感等品质。该校学生在各项选择的加权占比及与其他院校相比数据结果见表6-7。

表 6-7 某校学习韧性占比情况

指标类型	某校	"双一流"建设高校	其他本科院校	普通本科院校
能够从学习中体会到很大的快乐和满足感	78.96%	80.5%	81.29%	81.21%
有信心应对未知的学习挑战	77.32%	81.59%	81.38%	81.4%
学习遇到困难或挫折时,不会放弃	86.02%	88.8%	88.45%	88.48%
在学习上,是一个有毅力的人	76.96%	80.63%	79.57%	79.68%
相信努力就会有收获	91.55%	90.2%	91.12%	91.03%
喜欢钻研不懂的问题直到找到满意的答案	72.4%	80.15%	79.33%	79.41%

(五)学业挑战维度分析

进一步分析该校与其他本科院校和普通本科院校在学业挑战维度的均值,该校学生平均分显著($p<0.05$)低于对比组,且效应量小于0.3。该校学生在学业挑战维度的平均分显著($p<0.05$)高于"双一流"建设高校,且效应量大于或等于0.3。具体情况说明如下:

1. 课程认知目标

课程认知目标是指学生所感知到的课程在不同认知目标维度(应用、分析、综合、评价)的强调程度及课程对学生专业素养的培养。该校学生在各项选择的百分制得分均值(加权后)及与其他院校相比数据结果见表6-8。

表 6-8 某校课程认知目标得分情况

指标类型	某校	"双一流"建设高校	其他本科院校	普通本科院校
应用	71.48%	74.89%	73.96%	74.06%
分析	67.65%	71.58%	70.68%	70.77%
综合	64.64%	68.52%	68.45%	68.45%
评价	66.52%	69.09%	69.46%	69.42%
专业素养	69.31%	73.04%	72.09%	72.18%

2. 课程内容与要求

课程内容与要求是指学生所感知到的课程对知识前沿性和跨学科融合的重视程

度,以及课程对学生进行研究性、实践性学习的要求。该校学生在各项选择的加权占比及与其他院校相比数据结果见表6-9。

表6-9 某校课程内容与要求占比情况

指标类型	某校	"双一流"建设高校	其他本科院校	普通本科院校
关注学科或行业发展前沿	77.29%	79.15%	80.24%	80.13%
融合其他学科知识	77.41%	77.86%	77.8%	77.81%
与学生先前的知识或经验衔接	79.97%	83.28%	82.15%	82.27%
强调对现实问题的关注和解决	80.06%	81.06%	81.72%	81.65%
强调动手实践能力(如做实验、设计、社会调查等)	82.37%	80.36%	79.66%	79.74%
要求我们自主提出研究问题	75.2%	75.43%	75.51%	75.5%
要求我们通过图书馆、互联网等资源进一步探索和研究	79.07%	81.16%	79.81%	79.95%
要求我们基于研究提出问题解决方案、撰写报告或论文等	81.1%	81.76%	81.76%	81.76%

3. 有效教学

有效教学是指学生所感知到的教师的教学态度、能力、信息化程度以及对学生自主学习的引导。该校学生在各项选择的加权占比及与其他院校相比数据结果见表6-10。

表6-10 某校有效教学占比情况

指标类型	某校	"双一流"建设高校	其他本科院校	普通本科院校
在教学中认真负责	96.58%	95.58%	95.49%	95.5%
清晰解释课程目标	94.04%	94.04%	94.04%	94.04%
课堂讲授有条理、深入浅出	94.26%	92.54%	92.66%	92.65%
根据学生反馈调整授课内容或教学方式	90.36%	88.27%	88.31%	88.31%
引导和推进有意义的课堂讨论	91.61%	88.43%	88.51%	88.5%
鼓励我们大胆质疑	88.04%	85.09%	84.46%	84.52%
给予自主探索的空间和支持	91.34%	89.08%	88.71%	88.75%

续表 6-10

指标类型	某校	"双一流"建设高校	其他本科院校	普通本科院校
推荐与本课程相关的在线课程作为补充学习资料	87.56%	85.12%	85.09%	85.09%
建立在线学习社区并营造了良好的学习氛围（如微信课程群、在线课程讨论区等）	88.47%	88.76%	87.89%	87.98%

4. 有效测评

有效测评是指学生所感知到的考核方式对其学习过程的关注、考核内容、考核难度，以及教师所提供反馈的质量。该校学生各项百分制得分均值（加权后）及与其他院校相比数据结果见表6-11。

表 6-11　某校有效测评得分情况

指标类型	某校	"双一流"建设高校	其他本科院校	普通本科院校
过程性考核	78.07%	76.96%	77.85%	77.75%
考核内容和要求	70.65%	69.83%	69.64%	69.66%
反馈质量	70.72%	70.78%	72.80%	72.59%

（五）校园环境维度分析

进一步分析该校与其他院校在校园环境维度的均值，该校学生在学生支持与服务、多元文化环境的平均分显著（$p<0.05$）低于"双一流"建设高校，且效应量小于0.3。该校学生在综合素质测评的平均分显著（$p<0.05$）低于"双一流"建设高校，且效应量小于0.3。学生支持与服务是指学生所感知到的学校对学生学业、经济、身心健康、就业所提供的支持和服务，以及学生向学校提出意见和建议的渠道畅通程度。该校学生在各项选择的加权占比及与其他院校相比数据结果见表6-12。

表 6-12　某校学生支持与服务占比情况

指标类型	某校	"双一流"建设高校	其他本科院校	普通本科院校
提供学业支持（如成立学业指导中心、写作中心或工作坊等）	96.58%	95.58%	95.49%	95.5%

续表 6-12

指标类型	某校	"双一流"建设高校	其他本科院校	普通本科院校
提供经济支持(如提供校内助理岗位、公平评比奖助学金等)	94.04%	94.04%	94.04%	94.04%
提供身心健康支持(如医疗保健、心理咨询等)	94.26%	92.54%	92.66%	92.65%
提供就业支持(如组织就业咨询、职业研讨会或者工作坊等)	90.36%	88.27%	88.31%	88.31%
学生有向学校提出意见和建议的渠道	91.61%	88.43%	88.51%	88.5%

(六)学习结果维度分析

进一步分析该校与"双一流"建设高校、其他本科院校和普通本科院校在学习结果维度的均值,该校学生平均分显著($p<0.05$)低于对比组,且效应量小于 0.3。满意度是指学生对就读经历及个人收获成长的满意程度。该校学生项百分制得分均值(加权后)及与其他院校相比数据结果见表 6-13。

表 6-13 某校满意度得分情况

指标类型	某校	"双一流"建设高校	其他本科院校	普通本科院校
总体来说,对就读经历感到满意	64.37%	68.29%	66.59%	66.77%
总体来说,对在大学期间的收获和成长感到满意	65.20%	68.17%	66.88%	67.01%
会向其他人推荐所就读的大学	65.18%	67.81%	63.76%	64.17%

第七章 大学生深度学习的实施策略

第一节 大学生深度学习的定位

一、大学生深度学习的目标定位

人才培养是高校的基本职能之一,是高等教育质量的根本和基石。大学之所以为大学,就是因为学生的存在;没有学生的质量,就没有大学的质量;没有人才培养的质量,其他的质量既无法实现也没有真正的意义。新时代高校的职能已从传统的"人才培养、科学研究、社会服务"三大职能拓展为"人才培养、科学研究、社会服务、文化传承创新、国际交流合作"五大职能。

但是不管高校的职能如何拓展,立德树人、培养德智体美全面发展的社会主义建设者和接班人根本职能始终不会变,可以说高校科学研究、社会服务、文化传承创新、国际交流合作等各项职能都是在立德树人的基础上建立和发展起来的,只有以人才培养为根本,其他各项职能才能有效开展。高校目标如何定位,定位是否合理,直接影响人才培养质量。不同的目标定位需要不同的教育教学模式与之相匹配。高校的目标属于学校的顶层设计,包括高校办学定位、教育宗旨、服务面向等价值追求。目标一经确定,学校就应组织相应的资源和力量努力达成目标。

因此,人们是根据高校宣称的使命和目标来衡量与评价其教学质量的。当前高校界和社会比较公认的研究型高校、教学研究型高校、教学型高校、应用型高校等,就是关于高校不同使命和目标的价值定位。如果高校目标定位合理,那接下来还应当根据自身目标定位选择适合本校特点的人才培养模式,这种选择实际上是目标分解的结果。而落脚于教师的教与学生的学,就应根据高校的定位、人才培养目标分解为各教师的课程教学目标以及各学生的学习目标。学生的学习目标也可分解为浅层学习目标和深度学习目标。

从调查结果来看,某校学生无论是其在问卷调查中获得的分数还是数据分析的结果显示,其学习深度都处于中等水平,既具有一定的深度学习特征,同时又无法摆脱浅层学习。这一结论与对大学生深度学习的期待有较大的差距,也表明深度学习是一个动态的过程。学者对深度学习的界定是这一过程的应然状态或最高状态,而在日常的学习中不同的学生处于这一过程的不同位置。

对学生个体而言,进行深入的学习意味着受到内部动机的驱动,有较高层次的目标,对信息进行深度加工,获得较完善的知识体系等。当一个学习群体中的大部分个体达到深度学习水平,将产生"1+1>2"的效果。整体学习深度的提高也将导致整体教育质量的提高。相反,当群体中的多数学生以浅层学习为主要的学习方式,将导致整体教育质量的下滑。

　　在课程开始之前,部分学生会进行预习,即大致翻看教材,简单了解将要学习的内容。在这一阶段,学习深度较高的学生会对不能理解的地方进行标记。课堂上学生主要的学习行为即听讲和记笔记。这里听讲和记笔记只是复现教师在课堂上讲授的内容。如果学生对学习内容的某些方面产生兴趣,会通过查找资料、与同伴交流(浅层的交流)或向教师提问以满足自己的兴趣或问题。这一描述与问卷呈现的结果有矛盾之处。

　　教师以使学生"理解"教材上的结论性知识为主要目标。在这一目标下,教师在授课中更关注教材上呈现的结论性知识,忽视了知识间的逻辑关系。这样的授课方式导致在评价时教师更倾向于选择"问答题"的形式。从目标到评价,使学生树立了"只要将书上的知识点背下来就能通过考试获得学分"的目标。这样功利的目标导致学生不愿意花费更多精力去思考"某一结论或观点在何种限制下有效"的问题,学习活动只停留在浅层学习的水平。

　　在以往的研究中,有较多的研究者认为,为学生提供丰富的学习环境能够提高学生的学习水平。似乎只提供一个"丰富"的环境,学生的学习水平自然而然地就提高了。当学生较少与"提供的环境"进行互动时,即使学生处于一种丰富的环境中,其真实的学习环境仍然是狭小单调的。教师应思考如何使学生在丰富的学习环境中学习,而不是单纯为学生提供"丰富的环境"。

二、大学生深度学习的特色定位

　　我们必须面对这样一个事实,即大学和学院处于一个竞争的市场中。激烈的市场竞争角逐中,高校的办学理念、办学模式等所渗透出的同质性越来越成为高校发展创新的桎梏与藩篱。每所学校能够生存、能够发展,依靠的主要是教学特色,而不是学校的规模大小,因为大不等于强。特色的真谛在于"人无我有,人有我优,人优我新"。因此,每所高校在凝练自身特色时,应避免趋同,走出一条适合自身的特色之路。

　　一是依托学科专业优势。学科和专业是高校存在的基础,每一所高校都应该结合自身的学科优势与特色,以本为本,推进教育教学改革,不断提高人才培养质量。

　　二是利用自身的发展历史和区域优势。地方或区域特色是高校发展的重要立足点,也应是特色发展的着力点。高校要立足区域,实质是立足区域发展特点,主动对接地方,结合区域经济发展及产业转型发展需求,凝练办学特色,形成区域社会认可乃至辐射全国的核心竞争力。

　　三是善于积淀,造就育人特色。特色有一定的稳定性,需要进行长期的积淀和实践,总结经验与教训,最终形成符合学校实际、凸显学校亮点的特色。

　　高校根据自身的实力、水平,找准了其人才服务面向与活动空间,整体优化所培养人才的知识、素质、能力结构,使其能在经济建设及社会发展中发挥积极的,甚至是不可替代的作用,这种人才培养即富有特色。相应的,在推进教育教学改革工作中,只有找准符合自身高校、学院、专业、课程特点的教学方法,结合培养目标、课程目标,才能充分挖掘本校、本专业、本课程深度学习与同类高校、同类专业、同类课程深度学习的不同,才能凸显出特色。

第二节 推进大学生深度学习的策略

一、总体策略

深度学习的发生并不是一蹴而就的,"形"似而"神"不似成为目前困扰深度学习实现预期教学目标的瓶颈,高校在深度学习的理念贯彻中仍存在诸多困难。

(1)教学目标层面。

部分教师对"知识技能""过程方法""情感价值"三维目标理解与把握欠佳,偏离实践的教育内容和范式,尚未做到"知行合一"。

(2)教学方式层面。

部分教师倡导自主、合作以及探究学习等理念,但对各个教学理念认识存在误区,片面追求形式的多元及环节的多层,从而影响学生学习体验。

(3)教学内容层面。

教师对教学内容缺乏深层次、多维度的解读,学生难以捕捉到知识间的联系,致使其难以在复杂情境中解决问题。

因此,我们必须在思维上有所创新,构建系统性、复杂性思维,用整体的、系统的教学策略,促进学生深度学习。深度学习理论认为,在课堂教学中,教师应引导学生根据自己的实际情况选择相应的学习方法来提高学习效率,学会利用新技术促进自身学习,对新知识进行批判性的思考。深度学习的教学策略是以深度学习理论为基础,针对当前课堂教学中存在的浅层学习问题,提出的一种引导教师调整教学理念和教学活动设计的建议。

本研究分别从目标定位、内容整合、平台搭建、学习共同体构建、情境创设、学习方式变革、多元评价体系构建、科学测量、校园环境支持等方面探讨利用信息技术促进大学生深度学习的教学策略。

(一)培养高阶思维发展的目标定位

高阶思维是深度学习的核心,是在较高层次的认知水平上发生的心智活动或认知能力。利用信息技术可以有效促进学习者深度学习,达到培养高阶思维能力的教学目标。通过创设多种有效的信息化教学模式,如基于案例的教学模式、基于项目的教学模式等,均能促进学习者批判性思维和创造性思维能力的发展。因此,教学目标的定位不能局限于知识的识记,需要深度挖掘学习内容,将目标指向具体问题或实际任务,以培养学习者高阶思维能力为教学目标。

根据文献分析和调查研究结果,学生的学习受到课程强度、难度的影响,因此高校应大力推进一流课程建设,提高课程的高阶性、创新性和挑战度。应坚持学生中心、产出导向、持续改进的育人理念,定期开展教学研讨活动,积极构建符合人才发展规律的课程体系。着力打造具有一定难度和挑战性的探索性、实践性课程,注重课程的灵活性和选择性,鼓励学生充分行使选择课程的权利,根据自己的兴趣爱好和实际需要自主选择所修课程。注重因材施教,对各年级、各专业、各能力层次的学生制定符合其发展规律的课程体系和教学模式,强调课程等教育过程的延续性,发挥导师制优势,关注各年级学生的学习与发展。

(二)启发积极知识建构的内容整合

深度学习本质上是对知识进行有意义建构的过程,是基于问题的多维知识整合,亦是对新旧知识进行有效而精细、深度加工的过程。深度学习是从浅层知识记忆到深层知识理解的过程,学生结合相关知识,运用分析、综合、推理等高阶思维对信息进行编码、整合、提炼等深度加工,在明晰关键符号表征的基础上,思考其内在逻辑与价值意义,促使知识呈现出结构化的整体理解样态。因此,教师在对学习内容进行分析和设计时,要有效利用信息技术工具重组教材内容,将孤立的知识点关联起来,引导学习者以整合的、情境化的方式进行学习。

同时,在恰当时机为学习者提供学习活动支架(如实例、问题、建议等)和思维支架,指引学习共同体跨越"最近发展区",激发学生的学习自动性,培养学生协同知识建构的能力,促进学习者深度学习。在授课学习中,应注重学生学习兴趣与内容主题选择的融合。授课教师应突破传统教学"以教材为中心"的窠臼,从学生的学习兴趣出发组织教学内容,以前沿性内容反映相关领域最新研究进展,以真实性经验还原具体现实发展情境,充分调动学生的学习积极性。

(三)提供学习支持的平台搭建

数字化学习平台是用于开展教学活动的网络化软硬件设施的总称,是信息技术与课堂教学深度融合的基础。教师利用学习平台上传各种教学资源,学生利用学习平台进行学习。搭建的学习平台旨在满足教学、练习、测验、数据采集和反馈的需求,使学习资源传递和学习效果评价的方式从人工手动转变为网络自动化。技术是深度学习的动力,同时也是教师培育深度学习的工具。

(四)促进团队协作的学习共同体构建

共同体的概念最初由德国社会学家斐迪南·滕尼斯(Ferdinand Tönnies)在《社区和社会》一书中提出。学习共同体是由学习者和助学者共同构成,在学习过程中互相帮助、通过交流和分享各种学习资源而互相促进的学习团体。美国深度学习研究项目(SDL)将深度学习能力划分为三个维度——认知领域、人际领域和个人领域,其中人际领域中的团队学习、有效沟通,个人领域中的学会学习、学习毅力等对深度学习有重要启示。

深度学习基于学习共同体的环境,学习共同体可采用线上线下、虚实结合的组织方式,通过网络平台即时抛出问题,记录思维的火花。学习共同体可以经由沉浸式协作学习、隐性知识共享、知识的迁移与建构、多向社会性交互以支持深度学习的发生和延续。混合学习场域创造了诸多教学交互机会,即共同体成员以产生正确的意义建构为目的,通过与学习环境之间的相互作用来追求自身发展的过程,包含师生交互、生生交互和内容交互三种类型,无论是彼此协商、相互辩论或是互评等互动都可以拉近共同体成员间的距离,促进个体认知发展,是深度学习发生的关键。但线上学习的碎片化、应答的即时性、不流畅性等又使学习显得浅显,这就需要定时的线下会面,锁定一个学习主题,开展比较深入的协作探索活动。

高校应坚持(OBE,outcome based education)教育理念,切实关注师生成长与发展的真实诉求,不断促进学生与教师的交流与相互学习。强调学术互动和社会性互动的共同培养,畅通师生对话渠道,鼓励平等对话与良性互动。一方面要继续加强师生的学术性互动,构建课上、课下联动机制,加强教师师德培训力度,面对学生的困难与诉求不厌其烦,耐心指导;另一方面,强调社会性互动在师生关系中的重要意义,通过定期举办各类社团活动、社会实践等方式,拉近师生距离,消除彼此陌生感与紧张感,培养良好的师生感情。

对教师而言,应秉持以学生为中心的理念,因材施教开展教学及辅导,保证教育教学过程中的公平、公正。对于学生自身而言,应明确自身对院校的基本诉求,通过合理的途径与形式将自身需要及时反馈给教师。

(五)引导真实体验的情境创设

情境认知理论认为,学习的最终目标是将自己置于知识生成的特定情境中,并通过积极参与特定情境下的社会实践来获取知识、建构意义和解决问题。相应的,大学生深度学习同样要求大学生在与适切的情境的交互建构中,提升学习兴趣,加深对知识、技能的理解与把握,做到见微知著,从而实现对知识、原理、方法的顺利迁移和创造性运用。深度学习必须基于情境化学习理念设计学习内容,将要学习的新知识和技能嵌入到逼真的情境中。真实的学习情境有助于学生建立更深入、更丰富的知识结构体系,提高学生的迁移能力,促进学生独立思考和自主学习。

因此,教师应根据学习内容的特点、教学目标的要求和学生思维的发展状况,利用信息技术创设合适的学习情境。在真实情景中引导学生积极体验,实现将所学知识与情境建立联系并迁移的目的。教学情境是深度学习的条件,教师所创设的情境要能够激发学生灵活推理的能力,即为了解决问题,学习者需要运用自己已有的知识基础,分析当前问题的基本结构,洞察问题中所隐含的基本关系,并对其进行辨别、分析、综合和推论,生成假设并进行检验,建立解决这类问题新图式。

(六)推进"具身协同"的学习方式变革

要真正实现深度学习,大学生必须摒弃消极被动地接受式学习,由课堂教学活动中的旁观者、静听者转变为积极主动的参与者、探寻者。这种角色的转变内在地要求大学生在深度学习中,必须采取"具身协同"的学习方式。

所谓"具身",指在学习活动中,大学生不应仅将学习活动视为"脖颈以上的精神训练",只进行"身体"缺位的"离身"式学习。相反,他们在学习时,必须确保"身体"的在场。"身体"的在场意味着在学习活动中,大学生必须躬身实践,通过动手、动眼、动口、动耳、动脑等方式参加各种实践活动,加深对所学内容的体验、经历和感悟。

所谓"协同",意指在学习活动中,大学生不应离群索居,而应与同伴、教师、家长、学科专家、社区人士等组成"学习共同体"。从教育过程来看,教师与学生建立学习共同体是必然的结果。教师和学生是一种特殊的教育关系,教师与学生有共同的空间、共同的集体归属以及共同的目标追求。

教师的教是为了学生的学,他们既相互独立又彼此依存,既有个性张扬又有共同发展的"教学相长"关系。教师的教与学生的学必定是融为一体的,教师的教学离不开学生学习的支持,学生的学习也有赖于教师的引导和促进,并且他们最终都是以提升学生的学习能力为共同价值追求。在学习共同体中,各成员之间在拥有共同愿景的基础上,应针对学生在学习中遭遇的各种疑难性、挑战性的问题,通过相互交流、沟通和对话,对自身的原有观念与认知结构进行不断的补充、修正与完善。需要指出的是,大学生在采取"具身协同"的方式进行学习时,各成员之间应确立一种民主、平等、和谐的关系。当然,其中,大学教师应是"平等中的首席",他们应充当大学生深度学习的组织者和促进者。

学生是否能够掌握深度学习方式进行深度学习,对于其全面发展和实践能力的养成具有重要意义。深度学习是一个过程而非结果,它是个体将一个情境中学到的东西应用到新情境中的能力的过程。

高校应重视学生学习投入的增强,把作为学习者主体的学生置于人才培养流程的前端切实重视。在人才培养实践中,给学生创设宽松的选择和学习空间,充分发挥学生的自我潜能和自主意识,帮助学生形成积极的学习态度,增强主动学习意识,掌握适合自己的学习方法,学会学习。引导学生在掌握扎实的学科专业基础知识,拓展知识广度的同时,在信息化时代,还应具备知识信息的获取、筛查、整合、综合应用的能力,具有解决复杂问题的意识、思维与实践训练。注重激励学生刻苦读书学习,能够承受学习和科学研究中的困难,培育学生的创新意识、创新思维和创新能力,培育敢于攻坚克难的科学精神。鼓励学生开展跨学科学习、研究和实践,加强学生合作学习能力培养,主动与老师、同学探究问题。

(七)启迪深度反思的多元评价体系建构

科学评价与及时反馈是促使学生全面、客观地审视学习效果,从而适时改变学习方法,达成深度学习的极其重要的手段。反思可以促进元认知能力的提高,而持续评价和及时反馈可以引导学习者深度反思学习中存在的问题,并及时调整学习策略,完善认知结构。在教学过程中,教师应合理利用信息技术,采取自评、互评和教师评价相结合的方式进行综合评价。

第一,可以利用档案袋技术来提高学习者的过程性评价和质性评价,通过师生之间、学习者之间的多元评价,激发学习者的自我反思和协作反思。

第二,运用智能评价系统实现人工评阅和机器评阅相结合,根据评价结果为学习者提供反思支架,促进学习者对知识的理解和内化。

第三,引导学习者充分利用网络评价工具,在分析和借鉴共同体成员观点的基础上,对已有知识进行质疑和批判,在协作知识建构的过程中实现深度反思,促进认知重构。在大学生深度学习中,应改变大学教师作为唯一评价主体的积弊,代之以大学教师、大学生、家长、教育主管部门领导等组成多元评价主体的良好样态。

(八)加强深度学习的科学测量

客观、公正的测量数据能够为深度学习方式的确定或深度学习能力的变化提供有效证据。与国外相比,我国深度学习的实证研究,特别是调查与测量研究仍处于小范围探索阶段,深度学习的关键影响因素与作用机制有待进一步揭示,广泛认可的本土化测量工具较少。

因此,我国研究者应加强深度学习测量工具和方法的专项研究,尝试开展大规模横向对比研究和纵向跟踪研究,有效提高研究结果的推广价值。同时,鉴于自我报告量表受限于学习者的忠诚度和自我判断准确度,建议研究者综合使用量表、编码标准、生理反应(如眼动)等多种测量工具,以准确把握深度学习的真实状态。

(九)强化深度学习的校园环境支持

高校应继续加大校园环境的支持度,努力构建起良好的、利于人才互动交流的高校文化氛围和政策导向。高校通过定期举办各种形式的校园参观、比赛、主题演讲等宣传方式,向大学生积极宣传育人理念和培养方式。持续从政策上给予倾斜,从学业、生活和经济上给予一定的帮助与支持,提供完备的硬件设施和学习场所。

与此同时,结合学生实际情况给予充分的情感关怀与支持,通过辅导答疑等帮助新生尽快融入集体生活,掌握学习方法;帮助学业困难学生找准学习着力点,提高学习效率;开展毕业生就业指导与咨询,建立毕业生联系档案和回访制度,增强学生与学校的情感纽带,让所有学生感受到归属感。

二、引入有效教学方法促进大学生深度学习

教师的教学能力、教学设计、教学过程和教学评价是教师进行深度教学的重要组成部分,完善和优化每一环节才能达到促进学生深度学习的效果。教师在教学过程中作为知识的传授者,需要正确的把握教学内容,主导教学方向,教师的教学观念和能力直接影响着教学结果。

所以,开展深度教学的首要前提就是提高教师的深度教学意识和能力。在教学过程之中根据课程特点、教学内容和学生学情等选择合适的教学方法,才会在教学过程中生成智慧,最终促进教师和学生的共同发展。本研究介绍几种常用的提高课堂教学师生互动的教学方法。

(一)BOPPPS 有效教学模组

BOPPPS 有效教学模组,是以建构主义和交际法为理论依据,以有效教学设计著称的一个强调学习者参与和反馈的闭环教学过程模型,是包括加拿大、美国在内的北美国家诸多名校比较推崇的教学过程模型。BOPPPS 有效教学模组最早是由加拿大英属哥伦比亚大学(UBC,University of British Columbia)的道格拉斯·克尔(Douglas Kerr)于

1978 年提出,最初主要由加拿大教师技能培训工作坊(ISW)用于教师的教学技能培训及教师资格认证。在培训过程中,主要采用以教学实践为主的方式,通过集中强化训练以提高教师的教学技能和教学的有效性。

目前,该模组已经在全世界超过 33 个国家引进采用,为全球超过 100 所大学和产业培训机构推崇,其应用实践表明 BOPPPS 是一种有效果、有效率、有效益的能够促进学习者积极参与课堂学习的教学模式。我国从 2011 年引入 BOPPPS,北京交通大学、东北大学等国内高校纷纷举办"BOPPPS 教学工作坊",围绕 BOPPPS 对教师开展培训,旨在推动高校教学方式方法改革,提高教学效率和教学质量。国内教育界针对 BOPPPS 展开了一系列的研究,其中包括教育学理论基础研究和其在各学科、课程教学实践中的研究,有助于使其更加符合我国的本土实际和教学需要,服务于我国本土课堂教育教学改革。

BOPPPS 有效教学模组将课堂教学过程规划为六个阶段(要素),分别是导入(bridge-in)、目标(objective)、前测(pre-assessment)、参与式学习(participatory learning)、后测(post-assessment)、总结(summary),每个阶段的英文首字母组合后简称为 BOPPPS。

导入要素常常被称为"钩子"(hook),通过引起学习者的好奇心使其产生学习动力而导入新内容的学习;目标要素主要根据布鲁姆学习目标分类的认知、情感和技能三个方面明确地指出通过学习应该达到的要求和水平;前测要素主要用来评测学习者现在所知道的和所理解的知识,用于指导教学后续安排,以及提醒学习者自己已经学会的知识;参与式学习要素主要是采用积极的学习策略使学习者深度参与到课堂中来实现教学目标的过程;后测要素主要是确定学习者在经过本次课堂学习后与教学目标相关联的知识掌握程度;总结要素主要是给教师和学习者提供一个共同反思的机会,学习者反思自己学到了什么,教师反思本次授课存在的问题或为下次课程内容打下埋伏。

1. 导入

一个成功的导入,能够让学习者知晓他们将要学习什么,为什么要学习这些知识,哪些是重要且精华的教学内容,在学习过程中将用到哪些已知的知识和技能,如何井然有序地开展学习活动。成功的课程导入,一定要遵循 4 个基本原则:

(1)确有关联。

设置的导入必须是能够与后续知识进行关联的,不可"为了导入而导入"。设置一些看似有趣但与教学无关且容易分散学习者注意力的导入内容,影响学习效果。

(2)富有意义。

将正在教授的新知识和技能与学习者的经验联系起来,与备课中观察了解到的学习者的兴趣和愿望联系起来,富有正能量和积极意义,符合主流价值观。

(3)快乐学习。

让导入成为学习者快乐学习的源泉和动力,通过导入愉悦地进入学习状态。

(4)新颖好奇。

在激发学习者的学习动机时增加一些幽默的元素,以引人入胜的方式展示教学内容之间的关系和教学所产生的影响。

2. 目标

想要学习者的学习发生改变,教师必须了解自己究竟要使学习者达到什么样的目标。在形成目标,或者说形成学习目标的过程中,教师还要能够与学习者分享这些目标,让学习者了解自己的努力方向和教师的期待。

大量证据表明,如果教师能够清晰地定义和表述学习目标,并且与学习者共享同一目标,教学将会发生教学质量得以提高、学习成果更为有效、评估方式得以改进、学习者能够更好地评价自己等改变。

3. 前测

前测是在建立学习目标之后,开始上课之前,对学习者开展课前测试或摸底。开展前测,能够让教师很好地了解学习者的发展需要和已有经验,了解学习者的兴趣所在,提前锁定注意力,也能更好地帮助学习者快速聚焦即将讲授的内容,抑或通过前测掌握学习者的前端认知,以便教师随时调整教学的深度和进度,同时也能帮助学习者"温故而知新"。实施前测能紧扣学习目标,能测出真实学情,能用于后续的教学调整等三点要求。

4. 参与式学习

参与式学习主要通过有效的师生互动来实现课程核心内容的交互式学习。该环节要求教师能够随机应变、灵活运用各种教学媒体和学习资源,善于采用各种合理的教学策略来创造一个轻松有效的学习环境,鼓励更多的学习者主动参与到教与学的环节中来。教师在设计参与式学习时应注意创设与学习目标、测验内容一致的活动;设计多元化的参与式活动,如角色扮演、头脑风暴、主题游戏、实物模型、合作学习等。

5. 后测

后测是一种完成教学内容后当堂进行测试以检验学习效果的评价方式,通过后测判断学习者是否达到预期的目标。后测通常需要教师考虑两个问题,即"学习者学到了什么?"和"预计的目标是否达到?"。根据测试结果,学习者可以及时了解自己对知识的掌握程度,教师可以反思并调整教学设计,使教学目标更易实现。

6. 总结

好的总结,可以让学习者在课堂教学的基础上,进一步思考和探究,明确内容的重难点,对于提高学习者自主学习能力、发展创造能力均有不可替代的作用。好的总结应遵循围绕目标,能呈现知识要点;精炼内容,突出重点难点;直观易记,便于学习者记忆;打包带走,印象深刻能留存等原则。常用的总结方式包括板书总结、思维导图、记忆口诀等。

BOPPPS 有效教学模组是源于教学而高于教学的方法论,在全世界推广运用积累的大量实践案例证明,该模组在教学中的适用度非常高,无论是 10 分钟的微课演练、20 分钟的教学比赛展示、40 分钟的一堂课,还是理论课、实验课、学术讲座等都可以使用该模组。BOPPPS 始终强调的是面向教学目标的理念,关注的是如何设计出一个有效完整的教学过程,强调的是师生交互式的实现方案,不要求也不强调教师必须采用什么教学手段,甚至不要求教师必须一成不变地使用模组的六个模块,而是可以通过模组去发现学习目标的重要性和参与式学习的核心内涵,从而锻炼教师灵活多变的教学风格,更好地发挥每个任课教师的特点,用有效的教学去改变课堂。

(二) 智慧课堂

随着人工智能、大数据等新兴技术的发展,逐步形成教育教学与信息技术深度交融的新形态——智慧课堂。这种深度融合是实现课堂"主导、主体相结合"的教学方式。

目前,关于智慧课堂的概念界定主要包括两大类,一类是教育视角下的智慧课堂,其具有交互性强、创新性鲜明等特征。智慧课堂是一种将创新思维与智慧交融的新型课堂教学模式,其核心是培养学生的创造性能力和处理问题的能力。

另一类是信息技术视角下的智慧课堂。智慧课堂环境为促进学生深度学习提供了一定的技术支撑和资源支持。深度学习的促进依托于智慧课堂环境,显得较为容易,因此智慧课堂必须强调信息技术的应用与支持。教学环境中的"智慧"要素会对教学结果产生影响。

有研究表明在智慧教室中开展智慧教学,学生能够获得更好的成绩。智慧教室作为课堂教学环境的新形态,成为教育领域的研究热点之一。智慧教室是现代互联网、大数据、云计算等新兴学科的产物,其教学应用的核心热点是师生课堂深度交互。它是一种将现代信息技术与教育教学进行深度融合,从而使教育教学质量得到全面提升的一种新型的教学环境。在硬件上,主要有多媒体装置、电子白板、录音装置、网络装置等;在软件上,包括智慧课堂管理系统、智慧班牌管理系统、智慧教室监控系统等,智慧课堂的建设是推动教育信息化的一个重要途径。智能化教室的产生,使传统的授课与多媒体教室在教学中的地位发生了巨大的变化。"智慧课堂"的产生,是一种新的师生关系和新的教学方法。

杨宇等基于 CiteSpace 的可视化分析对智慧课堂研究热点与发展趋势进行了分析,研究结果表明,智慧教室研究热点主要集中在智慧教育、物联网、智慧课堂、协作学习、智慧校园等领域。

1. 国内外智慧课堂的研究简况

国外对智慧课堂的研究可以追溯到 1989 年 ACK-OF 对数据智慧转变方式的探索,该研究认为,智慧遵循着金字塔结构,每个人的智慧学习都是从底层向上逐渐递进、逐步发展的,信息在构建的过程中,通过个人的知识加工,不断地构建和完善,从而转变为自己的知识,人们利用信息技术和智慧的结合,从而不断实践延伸,提高自己的知识和智慧的金字塔。

国内研究智慧课堂则比较晚,戴克清等将智慧课堂作为未来改变课堂模式的发展新方向,认为智慧课堂要从学习、评价、环境、教学几个方面进行发展和创新。庞敬文等则认为智慧课堂发展模式是对当前互联网教学、互动教学、课后提升教学的一个打磨。教师利用互联网数据对学生的教课信息进行整合升级,让学生产生深层次的知识结构。

综上所述,国内外对智慧课堂研究大多偏向于理论,关于智慧课堂评价的文献还较少。如何在新时代,利用大数据的优势对智慧课堂进行解析和评价则更少。智慧教学和深度学习是互联网时代教育技术不断变革带来的教与学范式的革新,在内涵上存在着紧密的应然联系。因此,探究智慧教学过程中深度学习的实然样态具有重要的现实意义和时代意义。

2. 智慧课堂模式构建与总体设计

刘邦奇结合学科教学特点提出"4+N"特征模型,构建了集教学流程、学习方式和技术支持三者为一体的数学智慧课堂教学模式。黄志芳将深度学习分为知识掌握、能力培养及情感体验三层面并构建"3×3"混合式学习模式。

蔡宝来认为,深度学习的教学设计应围绕师生互动、个别化辅导、开拓学习三个活动展开。

向凯悦等,从教师活动、学生活动、教学流程着手构建了三层面(智慧学习资源、智慧学习平台、智慧学习技术)、三阶段(课前、课中、课后)、四流程(问题引领、获取新知、应用新知、拓展延伸)的"334"智慧课堂教学模式。

王志燕构建了适合高职院校计算机网络课程的智慧课堂教学模式,促进学生深度学习,其研究发现,智慧教室中的教学交互可以显著提高学生的知识、能力、情感水平。

任远芳提出了智慧教室建设的逻辑框架。通过软硬件和教学空间的全面打通,让智慧教学、数据分析和数据评价很好地结合起来,实现以下几个方面的应用。

一是实现智慧教学空间软硬件的一体化,实现智慧教室的互动性、研讨性和多点互动等功能,通过教学上的大屏幕、主机、录播和物联管控设备等一系列硬件的引入,融合数据平台,为学校提供了一个适合教学、管理、上课的教学环境。二是通过智慧教室,可以很好地将"教学-管理-评价"结合起来,从整个课程的课前-课中-课后更好地服务教学,满足学校不同阶段不同模式的教学和应用,实现混合式、远程式、探究式和互动式教学,既能够方便教学管理,又可以方便督导。三是智慧教学的数据分析,能够通过图片的方式对学生的参与数据进行分析,从而精准、全面、直观地呈现上课数据,让教师的教学能够量化,让学生和教师之间能够互相感知,实时精准地了解课堂的基本情况。

(三)对分课堂

复旦大学心理学系张学新教授基于课堂教学实践和心理学等方面的理论研究,提出了"对分课堂"教学模式(讲授(presentation)、内化吸收(assimilation)、讨论(discussion),简称PAD)。一经推广,便受到广泛认可,被誉为当前具有中国原创性质的、本土化的新兴课堂教学模式。PAD教学模式注重教学过程的改革和评价,有助于学生实现深度学习,是促使学生提高深度学习能力的有效课堂教学模式。

1. 对分课堂的基本流程

对分课堂教学模式在时间上把教学分为讲授、内化吸收和讨论三个过程。具体的时间分配比例根据教学情况灵活把握。其创新关键在于把讲授和讨论的时间错开,变"即时讨论"为"延时讨论"。对分课堂不仅仅是时间和教学的对分,更是一种权责对分。

对分课堂的讲授原则主要是精讲和留白。在对分课堂上,教师只做引导式和框架式的讲授,讲解学习目标、章节内容的逻辑结构等。在讲授过程中,运用我国传统艺术中的重要表现手法——留白。教师画出一棵树的枝干,让学生去添枝加叶,留给他们主动探索的空间,让学生带着任务去"填空"。课后学习的主要任务是阅读复习、独立思考、完成作业任务。作业任务是连接讲授和讨论的核心环节,是对分成功的关键。讨论有很多种形式,根据实际学情,可以是组内分享、组间分享,也可以是全班分享。整个教学流程包括三个阶段:讲授(精讲留白)—独学(独立思考)—讨论(解决低层次问题,凝练高层次问题)。这个教学流程如果发生在一节课内,称为"当堂对分",否则是"隔堂对分"。

但课堂教学不管是哪一种对分,讲授和讨论之间都有一定的时间间隔,供学生自主安排学习,内化吸收。对分课堂的出发点就是将"即时讨论"改为"延时讨论"。以隔堂对分为例,本堂课讨论上堂课的内容,学生利用两堂课之间的时间完成任务,自主学习,内化吸收,带着自己的观点在本堂课进行讨论,互相分享,探究本源。这不仅提高了学生批判性思维和解决复杂问题等认知能力,还提升了其有效沟通、团队协作等人际领域方面的能力。

2. 对分课堂的教学目标

对分课堂基于唯能力理论,提出了一个新的教学目标分类理论,包括四个类别,即复制(模仿)、理解、运用、创造,可称为教学目标的四层次理论(RUAC)。

具体来讲,复制(reproduce)指把教师讲授、呈现和展示的学习内容按照原有的形式进行复述或模仿的能力,也称为模仿。理解(understand)指对学习内容形成了一定的认知结构,能够把握所学习材料的意义。运用(apply)指将学习到的内容和行为方式应用于新的情景,解决新的问题。创造(create)是运用的高级阶段。当运用过程设计的迁移足够大,如果学习者能够展示类似或相关的行为解决问题,这种运用就达到了创造的水平。复制是理解的基础,记忆的内容是为理解与运用提供内容,创造是运用的高级阶段,4个目标中的核心是理解和运用两个层次。RUAC 目标层次与深度学习的联系见图7-1。

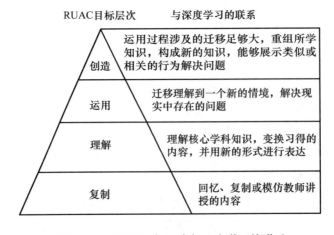

图7-1 RUAC 目标层次与深度学习的联系

对分课堂的教育目标分类表明,学习的目的不是记忆或理解,而是为了两个层面的运用:一是在行为上表达、展示自己的理解,或是为了向教师表明自己的学习成果,或是为了教给别人;二是在实践中解决真实问题。四个目标的本质还是要回归人生的根本需求,那就是解决问题,做到"学以致用"。

3. 对分课堂的教学流程

对分课堂把教学分为三个过程:

第一,讲授。除了第一周外,每周课堂的前一半时间均用于讨论上一周课堂上教师讲授的内容。除了最后一周外,每周课堂的后一半时间都是用于讲授新内容。这样,除了第一周和最后一周外,其余每周的课堂都是先讨论后讲授,先温故后知新。

第二,内化吸收。在讲授和讨论两个环节之间,学生有一定的时间完成作业任务。根据个人的实际情况,在最适合的时间,用最适合的方式方法,深入理解,进行个性化的内化和吸收。这个阶段要求学生独立完成,不能与同学或教师进行讨论和交流,更强调自我掌控的个体学习。

第三,讨论。在本环节中教师不做讲授,上课后立刻让学生分组,进行讨论,主要讨论上节课教师的讲授内容和学生在内化吸收阶段完成的学习任务。学生分享自己的收获和困惑,互相答疑和启发,记录下普遍性的问题。小组讨论后,教师组织全班交流,并对小组讨论中存在的共性问题和疑难问题进行解答,最后进行总结。

(四)翻转课堂

翻转课堂是一种不同于传统的课堂教学方式,学生可以在家观看视频以替代教师的课堂讲解,然后在课堂上,他们把精力集中在完成练习以及与教师和同伴的互动交流上。这种做法颠覆了传统学校"课上教师讲授、课后学生完成作业"的教学安排,收到了很好的教学效果,已引起国内外的广泛关注和实践应用。越来越多的研究认为,翻转课堂不应该只是简单地翻转学习时空,而是应该强调教学方法和学习环境的改变,强调学习的应用和创新。翻转课堂不应该看重将学习前移为课前视频自学,而应该更重视课堂中发生的活动,为课堂教学建立适合深度学习的环境。

翻转课堂的出现,颠覆了传统教学中知识接受和内化的物理空间秩序,具有深化学习目标、增强课堂互动、关注学生多元素养等特点。

翻转课堂有个性化学习起源说和学习辅导起源说,前者源于对课堂讲授难以满足学习者学习风格多样化的讨论,认为传统课堂存在局限,后者源于录制教学视频用以辅导缺课的学生。

翻转课堂实质是课前通过教学视频和任务单的形式学习基础内容,课中通过协作讨论解决课前遇到的问题。

翻转课堂实现了知识传授与知识内化两个教学流程的颠倒,将布鲁姆认知目标中记忆、理解、应用的浅层学习与分析、评价、创造的深度学习翻转为课前和课中的认知目标,为课中深度学习提供了更多的机会和时间。

翻转课堂通过教学活动、教学事件、教学目标的颠倒,借助视频、任务单和信息技术,将记忆、理解和应用这些浅层学习置于课前,为课中的深度学习提供更多的机会和时间,目的在于促进学习者的高阶思维能力与创新能力发展。彭燕等提出了翻转课堂中促进深度学习的教育内容策展模式。

该模式分三个阶段实施,课前通过人的智慧完成素材的搜集,筛选和聚合;课堂进行离散知识的结构化关联和逻辑重组;课后则通过分享交流来促进学生的反思和改进。学生以策展人的身份主动参与这三个彼此连接又不断上升的阶段,在整个过程中,学生主动建立零散知识点之间的关联,在创建策展中实现创造中学,在互动交流和反思中深化对知识的理解与掌握。

1. 课前搜集阶段:聚合离散知识

这一阶段实际上是对离散知识的聚合过程,即将零散、海量的知识聚合起来,主要包含教师课前教学准备和学生课前信息收集两个环节。

(1)教师课前教学准备环节。

首先,教师要确定初始教学目标,并在确定初始教学目标时预留一定的空间供后续完善。其次,教师要依据教学目标准备好用于策展的主题和要求并发布在平台上;其中,主题的选择要以知识为载体,以教学目标为导向,涵盖教学知识,避免走入"为了策展形式而策展"的误区。最后,教师要准备课堂上所用的材料,包括参考资料、策展集评价表等;其中,参考资料要以学生的已有知识为基础,并尽可能地采用学生易懂的形式;策展集评价表可以参考创造性作品的评价维度,尽可能全面地评价学生的综合能力。

(2)学生课前信息收集环节。

首先,学生自行浏览教师发布的主题和要求,并阅读学习材料,形成初步想法。其次,学生进一步聚合相关信息。信息的来源渠道包括平台内部资源的推荐、外部主流网站的搜索、用户自己上传的资源、他人的分享等。最后,学生通过策展工具将有价值的素材保存到策展集中。在信息搜集的过程中,学生要不断做出评判,反复运用和深化知识。

2. 课堂组织阶段:离散知识结构化重组

经过上一阶段聚合后,素材内部形成了某种逻辑关系,但这种关系尚未明确。本阶段将对素材进行关系梳理和连接,以实现素材间的逻辑关联,深化理解。这一阶段由以下环节组成:

(1)知识梳理环节。

如前所述,策展活动要注重对知识的承载和价值的传递。课前的信息收集就是让学生在实际运用的过程中掌握基础知识,而课堂上的时间用于进行更深入地探索。因此,课前确保学生是否掌握基础知识非常重要。知识梳理环节就是帮助学生查漏补缺,同时针对课前收集过程中遇到的问题进行解答。实际上,翻转课堂并不排斥知识的课堂讲授;相反,适当的讲解能够帮助学生突破瓶颈,实现质的飞跃。

(2)协作组织环节。

本环节是促进知识结构关联的核心环节。首先,各小组依据主题要求进行组内协作,创建小组策展集。在组内协作的过程中,教师要充分发挥主导作用,遵守"组内异质、组间同质"的原则,妥善分工,避免"搭顺风车"现象,促使小组成员通过交流合作充分发挥各自的优势,并在迭代完善的过程中实现群体的共同进步和个体的相互促进,以促进知识的深度建构。其次,教师要时刻关注学生,在需要帮助时及时做出干预。最后,当策展集完成后,各小组需要思考汇报展示的思路,这将进一步帮助学生深入理解知识并实现知识的迁移。

(3)汇报展示环节。

汇报展示意味着学生要用自己的话表述知识,这本身就是一个知识的再加工和深化理解的过程;而同伴作品也能对学生起到很好的榜样激励作用。汇报展示包括策展集的展示、策展集背后的理念、策展集的形成过程、过程中遇到的问题、如何解决这些问题、心得体会等。每组汇报完毕后,教师和其他小组从知识的涵盖面、问题的解决过程等方面对该组进行点评。最后,教师对本次活动中的知识点进行总结,为学生指明方向,促其改进不足。

3. 课后分享阶段:知识分享深化

课后分享阶段主要是通过分享交流来促进学生对知识的反思和深化,而教师在这一阶段主要提供指导和帮助。这一阶段共包含3个主要环节:

(1)修改分享小组策展集环节。

学生依据上一阶段的建议,在观看完其他作品后修改本组的策展集,以吸纳他人的优点,改善本组的不足。修改完成后,各小组将作品分享至策展广场。

(2)组间互动交流环节。

待各组策展集分享完成后,组间可以通过策展广场查看同伴作品,并根据策展集评价表进行组间打分;同时,小组派代表说明打分的理由,分析该作品背后的优缺点,促使学生在互动交流的过程中相互学习、共同进步。

(3)反思和改进提升环节。

学生综合上一环节的体会进行本次课程的总结和反思。反思的内容可以包括收获与不足、遇到的问题和解决措施、今后的改进方向等,促使学生反思过程,总结经验,促进迁移。在这一环节中,教师要注重利用有效策略,引导学生进行深度反思。

(五)混合式教学

基于移动通信设备、网络学习环境与课堂讨论相结合的混合式教学逐渐成为高校课程改革的着力点。线上、线下混合教学模式逐步从"边缘"走向"主流",被誉为"最有效的教学形式"。混合式教学是顺应信息时代人才培养新需求的一种教育理念,重在寻找课程教学与信息技术的结合点,通过应用适当的媒体技术,提供与学习环境相契合的资源和活动,从而取得最优化教学效果的教学方式。混合式教学的出现与互联网技术的发展密切相关。早期对混合式教学的定义为,线上学习与传统面对面学习的有机结合。

20世纪90年代Gifford等人将活动理论引入教学设计,提出了"以活动为中心"的教学设计理念,并随着在线教学的发展,成为指导信息技术环境下教学设计的重要设计思想。何克抗认为混合式教学将传统面授教学与网络学习优势互补,既发挥教学过程中教师的引导、启发、监控的主导作用,又充分体现学生作为教学主体的主动性、积极性与创造性。相较于传统教学,混合式教学不仅注重学生知识的理解和掌握,更加注重高阶学习目标的达成和问题解决能力的提升。混合式教学由3个阶段组成:

(1)准备阶段。

包括前端分析、教学目标分析与设计、学习环境及资源的设计。

(2)线上学习。

学生通过自主学习,完成教师安排的学习任务并进行测试,教师在此阶段为学生构建学习环境,安排学习任务、解答学生问题。

(3)线下学习。

教师提出问题或任务,学生在课堂采用各种学习方法,如协作式学习、探究式学习、任务驱动式学习等,完成任务并进行评价,完成知识的建构及迁移过程。混合式教学模型注重学生的主体地位的体现及教师的引导作用。模型如图7-2所示。

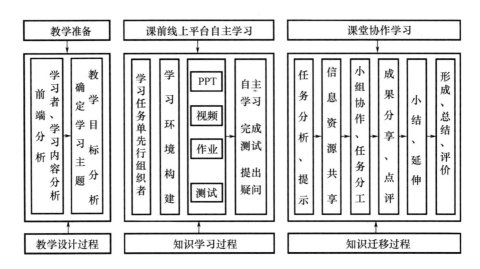

图7-2 混合式教学模型

王静雅等根据深度学习路线,结合混合式教学设计,将混合式教学路线设定为如图7-3所示。涵盖"准备区—资源区—前测区—建构区—实践区—交互区—评价区—后测区",两两对应教学准备、浅层知识获取、深层知识加工、评价与反思四个环节,通过线上、线下相结合的教学设计,培养学生自主学习、知识的应用与迁移、问题解决等高阶思维的形成。

混合式学习通过线上学习和线下教学的有机整合,突破了时空限制,引导学习者随时随地学习,在教育教学中得到广泛应用。混合式教学就其外在形式而言,是"在线学习与面授教学的混合"。

就其本质而言,蕴含了将在线学习与面授学习涉及的各方面要素进行协同,以期"在适当的时间,通过应用适当的学习技术与适当的学习风格相契合,对适当的学习者

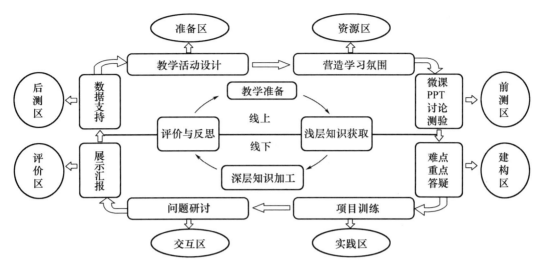

图 7-3 基于深度学习的混合式教学路线

传递适当的能力,从而取得最优化的学习效果的学习方式"。

混合课程中的学习共同体是学生线上平台支持下的自主学习,线下教师引导下的授课学习与双线混融问题驱动下的合作探究学习三类学习方式在时间上连续不断、空间上紧密联结、性质上相互融合的统整连续体,并借由教学、社交、技术 3 个维度所提供的适时性、多方位、多层次的学习支持对共同体内部成员的深度学习效果产生影响。混合式学习设计是以探究式学习任务为主要的认知活动线索,通过构建一个开放、交互,并且有着强烈情感依赖的社群来支持学习活动开展的一种教学设计。其 4 个设计要素如下:

1. 情境

以深度学习为指向,探究学习。要求学生的学习从聚焦零散的知识点转移到聚焦如何综合利用知识,来识别问题、解决问题。这就对知识学习的条件化和情境化提出了要求。

梅瑞尔(Merrill)认为,只有在学习者从事解决真实世界发生的问题时,能够通过论证或应用而激活已知知识,并将其作为理解新知识的基础时,新知识才会被整合到学习者的世界中。

加拿大学者加里森(Garrison)的研究表明,混合式教学有 3 个关键要素——社会临场感、教学临场感和认知临场感。只有这个临场感都达到较高的水平时,有效的学习才会发生。

因此,在教学设计中,首先需要解决的是对课程教材进行相应的情境化开发,即以真实世界、真实任务和真实问题为学习对象。以"任务"引领,通过个体学习和协作学习,实现从信息加工整理到意义建构的深化。高度重视混合学习的教学设计,单纯将在线学习视作混合学习的补充等简单"组合式"设计,不足以充分发挥混合学习环境的优势。

混合学习设计要整合人、技术、环境、目标、内容、方法等教学设计的核心要素,以教学临场感的提升为重点,既要重视基于在线途径拓展丰富的学习资源,更应该重视通过一体化学习任务的设计,强化学生课前和课堂的自主与协作学习,并且通过适时、有效的师生互动和教师直接指导,引发学生对学习活动的积极参与,从而提升学习成效。任务设计既是体现情境要素的具体举措,也是探究学习的起点。任务设计的目的是为学生提供可沉浸、可体验的学习环境,并且以真实情景中的各类实践任务。如,设计调查、做出解释、设计模型、表达观点等,驱动真实的学习。

此外,基于混合学习的设计要求,任务设计要体现出不同时间、不同环境下的特点。通过对任务的整体规划,合理安排课前、课堂和课后的任务序列,使之既适应不同学习环境的特点,又能保持一定的关联度,符合教学整体的目标要求。

2. 互动

互动,是探究式社群最核心的活动。所谓互动,是各类主体(学生个体、小组、全班)与学习对象相互作用的不同层次的活动。其表现在个体与知识载体(学习资源)的认知活动中。个体的认知活动,由于学习者采用的学习策略不同而表现为不同的深度。例如,基于文本的字词、篇章的基本理解的学习,容易导致对内容的记忆和复述,导致浅层次的学习。而深度学习则需要学习者启动自身的意义系统,提出自己的问题或观点,形成自己的学习方法和习惯,并且形成个人独特的表达。因此,在混合式教学中,尤其是在线自主学习中实现深度学习,首先,需要在个体层面上,通过对个体认知工具的设计,形成对个体与知识有效互动的支持。其次,社群的社会性要求学习更多依赖于学习共同体之间的互动中,包括学生与教师、学生与学生、学生与知识、学生与环境的复杂互动。这一复杂互动包括人际互动中的言语与身体语言,更多由完成任务的共同体实践与交往所建构。其中,更要关注社群所带来的安全感,实践所带来的价值感与意义感对学习的促进与发展。

3. 体验

对"体验"的关注,是对探究学习的具身性要求的回应。现代认知理论认为,认知有赖于人的身体结构以及最初的身体和世界的相关作用,这就是认知的具身性。人的认知是身体、环境、活动三者协同作用的结果。它发生于社会实践中,即认知是具体的个体在实时的环境中产生的。

因此,人在特定环境中的"亲身经历"会影响到其认知的内容、方式和结果。探究学习对学习者参与活动的依赖,强调作为学习主体的学习者,通过在活动中,经由身体、头脑和心灵的"亲身经历",在与环境的互动中形成体验,并最终收获相应的认知建构。

在混合式教学的设计中,一方面可以借助技术手段,为学生创设更多的虚拟仿真的环境;另一方面,在真实的社会实践中,通过深度参与的活动设计,为学生带来身体、认知和情感的全方位体验,从而引发学生的深度学习。

4. 反思

反思是基于反身性的自我观察与分析的学习,是深度学习达成的必要条件,意味着学习者通过对自我的学习行为、策略的审视,表达或演示出知识和思维的过程,以促进

"思维可视化"。并在此基础上,通过与专家或同伴的思维过程相比较,以达到对核心认知模型的深度建构。在混合学习的设计中,促进学生的反思类活动可以与学习任务相结合,通过嵌入一些需要学生去发现、探索、分析、评价和综合的"驱动性"问题来激发。同时,也要指导学生借助不同的表现形式将自我认知外显,借助外显强化内化机制,促进深度学习的发生。

第三节 大学生深度学习评价——基于增值的视角

增值评价基础在于"教育增值"(value-added),而它的理念从何而来?厄内斯特·博耶(Ernest L. Boyer)的《大学:美国大学生的就读经验》中已经吸收了"增值"的观点。"在评定成绩的时候,学校的任务是取得二者之间的平衡,一方面,为每个学生的进步,既根据修过的课程和获得的等级及分数做出评定;另一方面是整个大学教育的全面影响,即不仅在学业上,而且也在对社会所承担的义务上的影响。

同时,通过成绩评估,应提高对大学教育的期望而不应降低。"增值评价作为一种发展性评价方法,目前主要运用于基础教育阶段的学校效能评估、学生学业成绩测评等方面。相较于基础教育,高等教育属于专业教育,大学生的身心发展也更加多元、复杂,增值评价在高等教育领域内的应用目前还比较有限。

国内外已有一些研究涉及增值评价与大学生学习评估问题,探讨增值评价在大学生学习过程、结果评估等方面的适用性及前景。高校从设立培养目标开始,到大学四年结束时测量学生学习成果的增值变化,是评价人才目标实现程度和学校影响力的有效方式。正如本杰明和奥斯汀关于教育影响力的认识,他们认为高等教育以及高校对于学生的影响是客观存在,且是长期而稳定的。高校的影响力就是大学教育对学生学业成就以及毕业后的工作、生活所带来的长期的积极影响,是学生经过高校培养后实现的价值"增值",而增值评价就是对这种影响程度的测量。

一、增值的相关概念

教育的增值评价是指以学生、教师、学校等为研究对象,从最初阶段在教育相关方面的表现,经过一段时间的发展所获得的增量,体现了一段时间内研究对象发生的变化。其公式是:增值=输出-输入。

增值评价是一种发展性评价,简单来说就是看进步,不搞横向比较。比如,一所原来实力相对薄弱的学校,有了大的进步就该褒奖。而原来实力就比较强的学校,如果原地踏步,甚至退步,即使它依然比那些原来实力就相对薄弱的学校强,也应该受到批评。增值评价是国际上最为前沿的教育评价方式,不以学生的考试成绩作为评价学校和教师的唯一标准,引导学校多元发展。教育增值评价就是以学生学业成就为依据,追踪学生在一段时间内学业成就的变化,并将客观存在的不公平因素的影响分离开来,考察学校对学生学业成就影响的净增值的评价。

在学校的教育教学评价中,对学生的学习成绩、教师的教学效果、学校特色项目等采用增值评价。增值评价可以看作对学生学习、教师教学、学校办学工作的进步幅度和努力程度的评价,更能体现面向全体学生的素质教育理念,因而是一种更科学、更公平的评价。增值评价对于破除单一的结果评价桎梏,树立科学的人才培养观,因材施教,实现学生个性特长最大化发展,促进薄弱学校改造,推动教育公平与优质均衡发展,推进教育科学决策,提升教育治理水平等有着重要的意义。

二、高等教育中的增值评价

在高等教育情境下,所谓"增值"是指大学教育对学生的学业成就以及毕业后的工作、生活所带来的积极影响,而增值评价就是对这种影响程度的测量。由于大学生毕业后工作、生活等方面的数据难以获得,目前增值评价主要应用于大学生在校期间学习成果评价及各方面发展状况的监测。从经济学角度来看,将大学对学生发展的影响从其他诸多因素中分离出来,评价大学对学生的影响力,从而最终考量高等教育机构的内部效率和效力。增值评价的结果有助于深入解释高校对学生发展的影响机制,为改进高等教育质量提供实证依据。

(一)国内相关研究

增值评价,直到20世纪后期才在我国教育评价领域兴起,至今仍处于探索阶段,其核心要旨是以学生在某一阶段的变化程度来评价学生、教师和学校价值的。

2020年10月13日,中共中央、国务院印发《深化新时代教育评价改革总体方案》,明确提出完善教育评价体系要树立科学有效的原则,即"改进结果评价,强化过程评价,探索增值评价,健全综合评价,充分利用信息技术,提高教育评价的科学性、专业性、客观性"。随着《深化新时代教育评价改革总体方案》的出台,增值评价越来越受到重视,成为教育评价改革的重要组成部分,也成为提升教育评价质量新的突破口。

国内学者的相关研究主要分为两个部分,一部分集中在增值评价概念和价值理念等方面展开探讨;另一部分是对增值评价应用的必要性和评价模型等实践层面进行分析与比较。不同专业领域的学者对"增值"的探讨有着各自的研究。

学者们研究的视角不同,对"增值评价"中"增值"概念的界定不一致,从而出现了增值评价的不同定义。主要体现为两种观点,一种是成绩说增值,另一种是全面说增值。我国大学生增值评价的相关理论和实证研究仍十分缺乏,仅有的少量研究大多属于译介性质。未来还需要研究者借鉴国外增值评价研究与应用的经验,根据我国国情和高等教育的新形势、新要求,深入开展本土化的大学生增值评价的理论与实证研究。

1. 难点

一是缺乏本土化的大学生发展理论。多年来,虽然国内不少学者不断从国外引进各类针对大学生学习、发展的评价工具,但这些工具基本上以他国大学生发展理论为基础,而该理论对我国当前特定的高等教育情景的适用性和解释力有一定差异,相应评价工具的信度、效度和文化适应性也有待考证。

二是理想数据难于收集。增值评价之所以在基础教育阶段广泛应用,一个重要的原因在于,中小学生标准化测验成绩能为增值评价提供理想的用于实证分析的数据。

而在高等教育情境下,大学生的发展是多元的、复杂的。不同专业的学生四年学习经历和收获存在较大差异,学生发展的增值情况很难通过单一的自陈式量表或标准化测试获得,而且关于学生发展的一些关键指标,如学生学习成果的界定本身就存在争议。

三是统计方法的局限,就统计方法而言,增值评价应用于高等教育的主要难点在于增值评价结果受统计模型变化的影响较大。

2. 努力方向

一是构建本土化的大学生发展理论。提高增值评价应用于我国大学生学习评估的可行性,最根本的举措在于构建本土化的大学生发展理论。而理论的建构是一个长期的过程,它有赖于有针对性的、系统的实证研究。丰富的实证研究结果可以加深对我国大学生群体发展过程、结果及影响因素的理解,在此基础上才能设计出本土化的大学生学习评估工具。唯有如此,增值评价的过程和结果才具有稳定性和科学性。

二是开发本土化评估工具。应开发包括标准化测试、自陈式量表等在内的多种形式的本土化评估工具。学生的背景特征、院校组织特征、学生课内外活动参与经历、学生的发展和收获应该是该类工具涉及的主要内容。在具体运用时,应注意结合不同类型评估工具的特点,扬长避短,灵活、综合地加以使用。

三是建立大学生学习与发展数据库。针对大学生发展的复杂性和异质性,应着重收集并建立包括大学生一般技能、专业技能以及非认知能力方面的数据的数据库。一般技能的数据即大学生在书面交流能力、逻辑推理能力以及批判思维能力等方面的发展及增值情况,这方面的增值评价结果可以在不同专业、不同学校之间进行比较。专业技能的数据一般根据不同专业进行收集。非认知能力方面的数据包括情感、态度、人格等。

(二)增值评价相关数据的获得

1. 关键指标

在高等教育情境下,学生的学习成果是增值评价的关键指标,如何界定和度量学生的学习成果将直接影响评价结果。大学生学习成果是指学生参与一系列学习体验后,在知识、技能、能力等方面的收获;根据不同的标准,可以将学生的学习成果分为认知、非认知的,心理、行为的,在校期间、大学毕业后的成果。

2. 获得途径

关于大学生学习成果的数据信息主要来自三个渠道:标准化考试、自陈式量表、课业考试成绩。其中标准化考试、自陈式量表是增值评价数据获得的主要途径。

标准化测试通过直接、客观、标准化地测量大学生的核心认知能力,实现对大学生学习成果的增值评价。

自陈式量表通过自我报告型问卷调查,由学生自陈课内外学习、活动的参与情况,以及自我感受到的个体发展和收获情况,间接地实现对大学生学习过程和结果的增值评价。在获取增值评价所需的学习成果数据方面,标准化测试与自陈式量表各有优势和弊端。通过标准化测试所得数据能直接反映大学生的核心认知能力及其增值,测试成绩客观,数据易于收集和统计,具有较高的信度和效度。而标准化测试的弊端则主要体现在三个方面。首先,这些测试主要测量学生的核心认知能力,很少涉及诸如情感、态度、人格等非认知层面的学习成果;其次,这些测试测量的是学生一般的认知能力,而高等教育是专业教育,标准化测试未能体现不同专业学生学习成果的异质性;再次,由于标准化测试由学生以及学校志愿参加,学生参加测试的动机强弱会影响测试效度。

相对于标准化测试,通过自陈式量表所得数据能更加丰富地反映大学生课内外学习、活动的参与情况,以及学生的主观感受、态度等,且施测较为简单,但前提是被调查者最了解自己并能如实报告自身情况。在高等教育实践中,管理者和研究者应充分掌握这两类数据,客观、全面地了解学生的学习过程与结果,从而为高校人才培养制定科学决策。

3. 评价方法

增值评价方法主要使用的是定量方法。根据信息来源不同,可以分为,直接增值估算法和间接增值估算法;按照测评学生是否为同一批,可以分为横向评估法和纵向评估法。

直接增值估算法是在大学入学时对学生进行标准化或其他相关测试,以确定学生增值的起点,在就读的某一阶段,通常是在学生毕业时,进行类似测试以确定增值的结果,两个得分的差异即可视为增量值(在控制入学成绩的情况下进行比较)。直接增值估算法来自中等教育和基础教育,有研究者认为此法并不适合高等教育,因为影响这个差值的还有其他内生性和外生性的因素,如人格特征、社会因素、学术能力等,并不能完全解释学生的发展变化能否归因于学校。

间接增值估算法是通过学生的自我汇报确定增值的程度。美国大学生学习经历调查(NSSE,the national survey for student engagement)、全美大学生满意度调查(NSSS,national student satisfaction study)、大学生就读经验调查(CSEQ,College Student Experience Questionnaire)、研究型大学就读经验调查、澳大利亚课程经验问卷(CEQ,Course Experience Questionnaire)即为代表,国内本土化后的清华大学主导的中国大学生学习与发展追踪调查(CCSS)、北京大学主导的首都高校教学质量与学生发展监测研究、北京师范大学主导的中国大学课程学习经验调查(CCSEQ)、厦门大学主导的中国大学生学习情况调查研究项目(NCSS)等都属于自我汇报法。

从方法上来说,间接增值估算法充分考虑了学生的家庭背景属性、学生在大学校园外经历、院校特征等可能会影响解释教育增值的协变量。不过,这种依靠自我陈述或自我汇报搜集信息的方式的信度和效度受到学术界的高度关注。

按照测评学生是否为同一批,可以分为横截面评估或横向评估法(cross-sectional assessment)和纵向评估法(longitudinal assessment)。

横向评估法对大学新生和毕业生同时进行测试,入学新生被视为控制组,其当前状况被近似地等同于现有毕业生的当时入学状况,新生和老生之间的差距就被标识为"大学在学生的学习经验的发展上所起的作用和做出的贡献"。这种评估方式后来被证明有明显的问题,即当前的新生状况不能完全地等同于老生入学时的基准状况,时间因素所导致的诸多变化和影响没有被考虑进来。

纵向评估被用来测量同一组学生在时间发展序列上的学习结果变化。纵向评估也存在着一些局限性：其一，追踪评估无法控制外部环境因素，特别是学生校外经历对于其学业成就导致的影响；其二，一旦遭遇高辍学率或学生出现中途中断学业的状况，追踪评估将面临追踪样本大幅流失的问题；其三，在测量高等教育的增值效应中存在"天花板效应"。直接增值估算法和间接增值估算法各有优缺点，比较理想的处理方式是实现多元的测评方法互为补充。

在横向评估法和纵向评估法中，纵向评价法对于同一组学生的测评，可以更好地解释增值，完美的方案则是对进入大学和未进入大学的青年群体进行比较，准确地评估大学对于学生发展真实的作用。

4. 数据分析

通过标准化考试、自陈式量表获得数据后，国内外学者主要运用分数差值法、多元线性回归模型以及多水平分析模型等方法对数据进行分析，最终实现对大学生学习的增值评价。分数差值法是在横向研究中不同年级学生群体间的差异，以及纵向研究中同一批学生前测、后测结果的差异。

分数差值法常使用关键指标，如大学生学习成果的平均数变化效应值和方差，来表示增值的幅度大小及变异程度。分数差值法常用于标准化测试数据的分析，操作简易，但很难从数据背后找到大学生学习成果增值的影响因数，只能进行学校之间的简单比较。

多元线性回归模型是分析一个因变量与多个自变量之间线性关系最常用的统计方法，也是评估观测值与期望值之间残差值的标准统计技术。通过多元线性回归模型得到的残差值，即是大学生在一段时间内学习进度的"增值"。多元线性回归模型将学生以及学校层面的各种影响因素同时纳入统计模型，深入分析学生和学校两个层面内部变量间的关系以及跨层变量间的关系，从而科学评价影响大学生学习成果不同因素的重要程度及交互作用。

多水平分析模型本质上是"回归的回归"，它通过量化影响学生学业成果的各种影响因素，设计回归方程，运用层层嵌套的模型分层，全面考虑学生、班级、学校、地区等各种变量对学生学业成果的影响。多水平分析模型的主要优点在于可以将影响学生学业成果的外部因素（如学生的学习基础、家庭背景等）与学校或教师的效应分离开来，得到学校或教师的"净效应"，从而科学评价高等院校对学生的影响力。

参考文献

[1] 朱连云. 导向深度学习的教师实践手册[M]. 上海:上海教育出版社, 2021.

[2] 谢杰妹. 问题与任务促进科学深度学习[M]. 杭州:浙江教育出版社, 2018.

[3] 任虎虎. 指向深度学习的高中物理教学研究[M]. 合肥:中国科学技术大学出版社, 2019.

[4] 乌尔里希·伯泽尔. 有效学习[M]. 北京:中信出版社, 2018.

[5] 郭树勇. 建构主义与国际政治[M]. 上海:上海人民出版社, 2020.

[6] 杨恩泽. 新时代高校建构主义教学模式研究[M]. 长春:吉林大学出版社, 2020.

[7] 朱连云. 导向深度学习的教学实践框架与循证案例[M]. 上海:学林出版社, 2020.

[8] 刘永凤, 袁顶国. 高校学业评价[M]. 北京:高等教育出版社, 2019.

[9] 刘国平. 深度教学[M]. 福州:福建教育出版社, 2019.

[10] 乔霓丹. 深度学习与医学大数据[M]. 上海:上海科学技术出版社, 2019.

[11] 余文森. 核心素养导向的课堂教学[M]. 上海:上海教育出版社, 2017.

[12] 上海市电化教育馆. 深度学习与智能治理 2018 上海基础教育信息化发展蓝皮书[M]. 上海:上海教育出版社, 2018.

[13] 郭元祥. 深度教学研究第1辑[M]. 福州:福建教育出版社, 2019.

[14] 吴维宁. 新课程学生学业评价的理论与实践[M]. 广州:广东教育出版社, 2004.

[15] 高文, 徐斌艳, 吴刚. 建构主义教育研究[M]. 北京:教育科学出版社, 2008.

[16] 中国高等教育学会. 中国高校信息技术与教学深度融合观察报告[M]. 北京:北京理工大学出版社, 2019.

[17] 吴颖惠, 李芒, 侯兰. 基于互联网教育环境的深度学习[M]. 北京:人民邮电出版社, 2018.

[18] MARTON F, SÄLJÖ R. On Qualitative Differences in Learning, II—outcomes as a Function of the Learner's Conception of the Task[J]. The British Journal of Educational Psychology, 1976, 46(1):115-127.

[19] 吕林海. "深度学习"视域下的大学"金课"——历史逻辑、考量标准与实现路径之思[J]. 高校教育管理, 2020, 14(1):40-51,62.

[20] BAETEN M, KYNDT E, STRUYVEN K, DOCHY F. Using Student-Centred Learning Environments to Stimulate Deep Approaches to Learning:Factors Encouraging or Discouraging Their Effectiveness[J]. Educational Research Review, 2010(3):243-260.

[21] ABBAS SADEGHI, ATEFEH SADEGHI. The Factors Affecting University Student Deep Learning(USDL) in the University of Guilan, IRAN(comparative study among

Humanities, Agricultural and physical Education Faculties)[J] Procedia - Social and Behavioral Sciences,2012:810-815.

[22] LIISA POSTAREFF, ANNA PARPALA, SARI LINDBLOM. Factors contributing to changes in a deep approach to learning in different learning environments[J]. Learning Environments Research,2015,(3):315-333.

[23] BIGGS J, KEMBER D, LEUNG D Y. The revised two-factor study process questionnaire: R-SPQ-2F [J]. The British journal of educational psychology, 2001(1):133-149.

[24] 张浩,吴秀娟,王静.深度学习的目标与评价体系构建[J].中国电化教育,2014(7):51-55.

[25] 彭红超,祝智庭.深度学习研究:发展脉络与瓶颈[J].现代远程教育研究,2020(1):41-50.

[26] 付亦宁.大学生深度学习影响因素及其关系的实证分析[J].苏州大学学报(教育科学版),2015(2):93-101.

[27] 吕林海.大学生深度学习的基本特征、影响因素及促进策略[J].中国大学教学,2016(11):70-76.

[28] 吴亚婕.影响学习者在线深度学习的因素及其测量研究[J].电化教育研究,2017(9):57-63.

[29] 殷常鸿,张义兵,高伟,等."皮亚杰-比格斯"深度学习评价模型构建[J].电化教育研究,2019(7):13-20.

[30] 冷静,徐浩鑫.探析深度学习表征的一种新方法:社会认知网络特征(SENS)[J].远程教育杂志,2020(3):86-94.

[31] 苏丹蕊.混合学习环境下大学生深度学习评价指标体系研究[D].大连:辽宁师范大学,2018.

[32] 张春兰,李子运.创客空间支持的深度学习设计[J].现代教育技术,2015(1):25-31.

[33] 何聚厚,梁瑞娜,韩广欣,等.基于虚拟现实技术的深度学习场域模型构建研究[J].电化教育研究,2019(1):59-66.

[34] 陈蓓蕾,张屹,杨兵,等.智慧教室中的教学交互促进大学生深度学习研究[J].电化教育研究,2019(3):90-97.

[35] 颜磊,祁冰.基于学习分析的大学生深度学习数据挖掘与分析[J].现代教育技术,2017(12):18-24.

[36] 李雄鹰,秦晓晴."拔尖计划"学生学习性投入与学习收获的关系研究——兼论大学生深度学习的推进[J].江苏高教,2019(12):102-108.

[37] 武正营,汪霞.大学生参与式学习质量的评价理念[J].现代教育管理,2015(2):61-65.

[38] 王纾.研究型大学学生学习性投入对学习收获的影响机制研究——基于2009年"中国大学生学情调查"的数据分析[J].清华大学教育研究,2009(4):24-32.

[39] 张浩,吴秀娟.深度学习的内涵及认知理论基础探析[J].中国电化教育,2012(10):7-11,21.

[40] 孙妍妍,祝智庭.以深度学习培养21世纪技能——美国《为了生活和工作的学习:在21世纪发展可迁移的知识与技能》的启示[J].现代远程教育研究,2018(3):9-18.

[41] 周序."深度学习"与知识的深度认识[J].四川师范大学学报(社会科学版),2021,48(5):169-175.

[42] 张静,陈佑清.学习科学视域中面向深度学习的信息化教学方式变革[J].中国电化教育,2013(4):20-24.

[43] 段金菊.E-Learning环境下促进深度学习的策略研究[J].中国电化教育,2012(5):38-43.

[44] 张海燕,周海涛.从建构主义到建造主义:面向深度学习的知识教学范式转向[J].教育理论与实践,2021,41(22):48-53.

[45] 杨子舟.从浅层学习走向深度学习[J].教育探索,2016(7):32-35.

[46] 张芳玲,周玉忠.从知识学习走向文化体认:深度学习的一种可能面向及实现路径[J].当代教育科学,2020(8):46-51.

[47] 夏丽佳.促进大学生深度学习的策略研究——以《教育技术学研究方法》课程教学为例[D].兰州:西北师范大学,2018.

[48] 黄荣怀,马丁,郑兰琴.基于混合式学习的课程设计理论[J].电化教育研究,2009(1):9.

[49] 马婧,韩锡斌,程建钢.促进学习投入的混合教学活动设计研究[J].清华大学教育研究,2018(39):69.

[50] 王辞晓.具身认知的理论落地:技术支持下的情境交互[J].电化教育研究,2018(7):24.

[51] 李利,高燕红.促进深度学习的高校混合式教学设计研究[J].黑龙江高教研究,2021(5):148-153.

[52] 朱珠,黄燕.善教者成:课堂教学设计指南及精选案例[M].南宁:广西科学技术出版社,2022.

[53] ASTIN A W. Achieving Educational Excellence[M]. San Francisco:Jossey-Bass,1985:60-61.

[54] BENJAMIN R. Measuring the Difference College Makes the Rand/CAE Value Added Assessment Initiative[J]. Peer Revies, Winter/Spring, 2002:7-11.

[55] SCHEERENS J, GLAS C, THOMAS S M. Educational Evaluation, Assessment and Monitoring: a Systemic Approach[M]. [S.L.]Taylor & Francis,2003.

[56] 李湘萍,马娜,梁显平.美国大学生学习评估工具分析和比较[J].现代大学教育,2012(1):30-35.

[57] 辛涛,张文静,李雪燕.增值性评价的回顾与前瞻[J].中国教育学刊,2009(4):40-43.

[58] 边玉芳,林志红.增值评价:一种绿色升学率理念下的学校评价模式[J].北京师范大学学报(社会科学版),2007(6):11-18.

[59] 李湘萍.关键四年:大学生校园参与、发展与满意度[M].北京:中国人民大学出版社,2018.

[60] 吴永军.关于深度学习的再认识[J].课程·教材·教法,2019,39(02):51-58,36.

[61] 张建伟,孙燕青.建构性学习——学习科学的整合性探索关键[M].上海:上海教育出版社,2005:136.

[62] 卓晓孟.促进深度学习的教学推理:实践逻辑与策略选择[J].当代教育科学,2021(3):51-58.

[63] 何克抗.如何实现信息技术与教育的"深度融合"[J].课程·教材·教法,2014,34(2):58-62.

[64] 向凯悦,李明勇,马燕.促进深度学习的智慧课堂模式构建与应用研究[J].教学与管理,2022(9):90-93.

[65] 张新改.大数据时代英语智慧课堂的构建[J].教学与管理,2018(36):102-104.

[66] 唐烨伟,樊雅琴,庞敬文,等.基于网络学习空间的小学数学智慧课堂教学策略研究[J].中国电化教育,2015(7):49-54.

[67] 刘邦奇,李新义,袁婷婷,等.基于智慧课堂的学科教学模式创新与应用研究[J].电化教育研究,2019,40(4):85-91.

[68] 黄志芳,周瑞婕,赵呈领,等.面向深度学习的混合式学习模式设计及实证研究[J].中国电化教育,2019(11):120-128.

[69] 蔡宝来.教育信息化2.0时代的智慧教学:理念、特质及模式[J].中国教育学刊,2019(11):56-61.

[70] AL-ZAHRANI A M. From Passive to Active: The Impact of the Flipped Classroom Through Social Learning Platforms on Higher Education Students' Creative Thinking[J]. British Journal of Educational Technology, 2015(6):1133-1148.

[71] 王志燕.促进学生深度学习的智慧教室教学交互活动设计[J].中国职业技术教育,2019(35):82-87.

[72] 安富海.促进深度学习的课堂教学策略研究[J].课程·教材·教法,2014(11):57-62.

[73] 潘道广.大学生深度学习:实质意涵、出场语境与路径选择[J].江苏高教,2020(4):30-34,40.

[74] 裴迪南·滕尼斯.共同体与社会——纯粹社会学的概念[M].林荣远,译.北京:商务印书馆,1992.

[75] 张金磊,王颖,张宝辉.翻转课堂教学模式研究[J].远程教育杂志,2012(4):46-51.

[76] 黎琼锋.导向深度学习:高校课堂教学改革的路径[J].现代教育管理,2020(3):97-102.

[77] 赵婉莉,张学新.对分课堂:促进深度学习的本土新型教学模式[J].教育理论与实

践,2018,38(20):47-49.

[78] 冯晓英,王瑞雪,吴怡君.国内外混合式教学研究现状述评——基于混合式教学的分析框架[J].远程教育杂志,2018,36(3):13-24.

[79] LAGE M J, PLATT G J, TREGLIA M. Inverting the Classroom: A Gateway to Creating an Inclusive Learning Environment[J]. The Journal of Economic Education, 2000(1): 30-43.

[80] 胡立如,张宝辉.翻转课堂与翻转学习:剖析"翻转"的有效性[J].远程教育杂志,2016(4):52-58.

[81] 于歆杰.论混合式教学的六大关系[J].中国大学教学,2019(5):14-18.

[82] 彭燕,王琦,余胜泉.翻转课堂中促进深度学习的教育内容策展模式[J].现代教育技术,2019,29(3):46-52.

[83] 李逢庆.混合式教学的理论基础与教学设计[J].现代教育技术,2016(9):18-24.

[84] 李逢庆,王新华,赵建民.混合式课程建设项目的顶层设计与实施策略[J].现代教育技术,2018(6):32-38.

[85] 吴秀娟,张浩.基于反思的深度学习实验研究[J].远程教育杂志,2015,33(4):67-74.

[86] 王静雅,元玉慧.高职混合式教学:指向深度学习的路径探析[J].中国职业技术教育,2021(23):64-70.

[87] 李志河,刘丹,李宁,等.翻转课堂模式下的深度学习影响因素研究[J].现代教育技术,2018,28(12):55-61.

[88] 胡航,董玉琦.深度学习内容及其资源表征的实证研究[J].中国远程教育,2017(8):57-63,80.

[89] 黄红涛,孟红娟,左明章,等.混合现实环境中具身交互如何促进科学概念理解[J].现代远程教育研究,2018(6):28-36.

[90] 卢瑞玲,郭俊风.加强反思学习促进知识迁移[J].教育理论与实践,2013,33(31):57-59.

[91] 徐振国,张冠文,孟祥增,等.基于深度学习的学习者情感识别与应用[J].电化教育研究,2019,40(2):87-94.

[92] 王怀波,李冀红,杨现民.高校混合式教学中深浅层学习者行为差异研究[J].电化教育研究,2017,38(12):44-50.

[93] 刘辉,康文彦.国内深度学习研究的知识图谱——基于381篇中文核心期刊论文的可视化分析[J].教育理论与实践,2020,40(1):50-55.

[94] 李玉斌,苏丹蕊,李秋雨,等.面向混合学习环境的大学生深度学习量表编制[J].电化教育研究,2018(12):94-101.

[95] MARTON F, SÄLJÖ R. On Qualitative Difference in Learning: Outcome and Process[J]. British Journal of Educational Psychology, 1976,46(1):4-11.

[96] ERIC JENSEN, LEANN NICKELSEN.深度学习的7种有力策略[M].温暖,译.上海:华东师范大学出版社,2009.

[97] 迈克尔·普洛瑟,基斯·特里格维尔.理解教与学:高校教学策略[M].潘红,陈镪明,译.北京:北京大学出版社,2007.

[98] 吴南中.混合学习视域下的教学设计框架重构——兼论教育大数据对教学设计的支持作用[J].中国电化教育,2016(5):18-24.

[99] 杜建霞,范斯·A.杜林汤,安东尼·A.奥林佐克.动态在线讨论:交互式学习环境中的深度学习[J].开放教育研究,2006(8):75-79.

[100] 冯晓英,王瑞雪.国内外混合式教学研究现状述评[J].远程教育杂志,2018(3):13-24.

[101] 李利,顾卫星,叶建敏,等.混合学习中大学生教学情境感知对深度学习的影响研究[J].中国电化教育,2019(9):121-127.

[102] 张国荣.基于深度学习的翻转课堂教学模式实践[J].高教探索,2016(3):87-92.

[103] 王晓晨,张佳琪,杨浩,等.深度学习视角下高校翻转课堂教学模式研究[J].电化教育研究,2020(12):85-91,128.

[104] 冯晓英,吴怡君,曹洁婷,等."互联网+"时代混合式学习活动设计的策略[J].中国远程教育,2021(6):60-67.

[105] 曾祥光.深度学习视域下混合式教学模式的设计[J].赣南师范大学学报,2022,43(3):130-134.

[106] 何克抗.从 Blending Learning 看教育技术理论的新发展[J].中国电化教育,2004(3):5-10.

[107] 杨立军,张小青,张薇.大学期间学生学习成果增值轨迹:一项潜变量增长模型分析[J].教育发展研究,2016(17):34-42.

[108] BOYER E. College: The Undergraduate Experience in America[M]. New York: Harper & Row, 1987.

[109] 章建石.基于学生增值发展的教学质量评价与保障研究[M].北京:北京师范大学出版社,2014.

[110] 沈玉顺,卢建萍.制定教育评价标准的若干方法分析[J].高等师范教育研究,2000,12(2):22.

[111] 鲍威.未完成的转型:高等教育影响力与学生发展[M].北京:教育科学出版社,2014.

[112] 南纪稳.教育增值与学校评估模式重构[J].中国教育学刊,2003(7):61.

[113] 黄雨恒,郭菲,史静寰.大学生满意度调查能告诉我们什么[J].北京大学教育评论,2016,14(4):145-146.

[114] 史秋衡,郭建鹏.中国大学生学情状态与影响机制的实证分析[J].教育研究,2012(2):109-121.

[115] 王小青.高等教育增值评价方法的比较与应用[J].高教发展与评估,2018,34(5):60-71.

[116] 冯帮,周燕.我国增值评价若干争议问题述评[J].上海教育科研,2022(1):66-72.

[117] 郭元祥,王秋妮.增值评价研究的知识图谱与前景展望[J].教育测量与评价,2021(7):3-10.

[118] 李鹏媛.大学生深度学习的教学策略研究[D].太原:山西师范大学,2019.

[119] 张鸣.大学生深度学习研究[D].哈尔滨:哈尔滨师范大学,2018.

[120] 眭依凡.大学校长的教育理念与治校[M].北京:人民教育出版社,2001.

[121] 柳亮."以学生为中心"的地方院校本科教学质量保障体系研究[M].哈尔滨:哈尔滨工业大学出版社,2020.

[122] 鲁力立,许鑫.从"混合"到"混沌":元宇宙视角下的未来教学模式探讨——以华东师范大学云展厅策展课程为例[J].图书馆论坛,2022,42(1):53-61.

[123] 柳亮,容敏华,陈罡.从概念到热词:元宇宙研究的现状及其在高等教育应用的走向分析[J].中国医学教育技术,2022,36(4):377-383.

[124] 邬大光.高等教育质量意识的涵义与价值——基于《质量报告》的视角[J].高等教育研究,2012,33(2):42-45.

[125] 刘记福.高等教育内涵式发展的新时代意蕴[J].邵阳学院学报(社会科学版),2018,17(6):59-66.

[126] 刘振天.《高等学校教学质量报告》应该报告什么[J].中国高等教育,2012(3/4):48-50.

[127] 薛成龙.《质量报告》中的问题解读与思考[J].高等教育研究,2012,33(2):54-57.

[128] 封海清.追赶型还是差异化:新建本科院校发展战略抉择[J].高校教育管理,2014(3):94-99.

[129] 潘懋元.中国高等教育的定位、特色与质量[J].中国大学教学,2005(12):4-6.

[130] 卢铁城.高教中的科学发展观:科学定位及特色创建乃大学要务[N].中国教育报,2008-01-14(05).

[131] 陈炎辉,黄敏.论人才培养的目标定位与特色发展——基于福建省20所高校2012—2014年《本科教学质量报告》的文本分析[J].高等农业教育,2017(2):22-27.

[132] 王建华.什么是高等教育高质量发展[J].中国高教研究,2021(6):15-22.

[133] 王鑫娜.混合学习环境下大学生深度学习现状及影响因素研究[D].石家庄:河北师范大学,2023.

[134] 焦建利,贾义敏.学习科学研究领域及其新进展——"学习科学新进展"系列论文引论[J].开放教育研究,2011(1):33-41.

[135] 孙立会,葛兴蕾,陈张兼.技术在未来高等教育中的应用图景——基于《地平线报告2017(高等教育版)》的分析[J].电化教育研究,2017(12):121-128.

[136] 霍婷婷.国内教育领域深度学习的研究现状与发展趋势——基于CiteSpace的可视化分析[J].教育观察,2022,11(36):50-54.

[137] 李玉斌,苏丹蕊,李秋雨,等.面向混合学习环境的大学生深度学习量表编制[J].电化教育研究,2018(12):94-101.

[138] 李玉斌,苏丹蕊,李秋雨,等.面向混合学习环境的大学生深度学习量表编制[J].电化教育研究,2018,39(12):94-101.

[139] 付亦宁.深度(层)学习:内涵、流变与展望[J].南京师范大学学报(社会科学版),2021(2):67-75.

[140] 赵必华.修订的两因素学习过程问卷因素结构的探查[J].安徽师范大学学报(人文社会科学版),2013,41(4):402-408.

[141] DALOMBA E, STIGEN L, JOHNSON S G, et al. Psychometric Properties and Associations Between Subscales of a Study Approach Measure[J]. Nurs Health Sci, 2020(2):941-948.

[142] 李志河,李思哲,王元臣,等.具身认知环境下大学生深度学习评价量表设计与核验[J].电化教育研究,2020,41(12):92-98.

[143] 沈霞娟,张宝辉,曾宁.国外近十年深度学习实证研究综述:主题、情境、方法及结果[J].电化教育研究,2019,40(5):111-119.

[144] DEDOS SG, FOUSKAKIS D. Dataset and Validation of the Approaches to Study Skills Inventory for Students[J]. Sci Data, 2021,8(1):158.

[145] ZAKARIYA Y F, BJÖRKESTÖL K, NILSEN H K, et al. University Students' Learning Approaches: An Adaptation of the Revised Two-factor Study Process Questionnaire to Norwegian[J]. Studies Educ Evalua, 2020(64):100816.

[146] 纪璇,叶铭惠,姚娟,等.医学生深度学习特点及影响因素研究综述[J].中国医学教育技术,2024,38(2):172-177.

[147] STES A, DE MAEYER S, VAN PETEGEM P. Examining the Cross-cultural Sensitivity of the Revised Two-factor Study Process Questionnaire (r-spq-2f) and Validation of a Dutch Version[J]. Plos One, 2013,8(1):446-446.

[148] 杨慧.混合学习环境下深度学习应用模式研究[J].中国成人教育,2019(23):3-8.

[149] 缪晔.基于情景认知理论的高中英语语法教学[D].上海:上海师范大学,2012.

[150] 杨宇,何慧丽,周琪峰,等.智慧课堂研究热点与发展趋势——基于CiteSpace的可视化分析[J].现代计算机,2023,29(19):52-56.

[151] 肖龙海,陆叶丰.智慧课堂的高阶思维评价研究[J].现代教育技术,2021,31(11):12-19.

[152] 戴克清,孔敏,陈尚达.研究导向型智慧课堂的设计与评价[J].皖西学院学报,2021,37(5):6-10.

[153] 任远芳.大数据背景下智慧课堂教学效果评价体系研究[J].高教学刊,2023(25):91-94.

[154] BIGGS J. What do Inventories of Students' Learning Processes Really Measure? A Theoretical Review and Clarification[J]. British Journal of Educational Psychology, 1993, 63(1):3-19.

[155] 黄亚婷,龚雨欣.混合课程中本科生的深度学习何以发生:基于"教学-社交-技

术"三角框架的考察[J].苏州大学学报教育科学版,2023(3):107-118.

[156]李宝,张文兰.学习风格对学习满意度因素模型的影响关系研究[J].高教探索,2019(11):38-45.

[157]汪潇,李平,毕智慧.商学院的未来之路:知行合一[J].外国经济与管理,2019(5):141-152.

[158]赵健,郭绍青.网络环境下教师学习共同体运行效果的调查分析[J].中国电化教育,2013(9):78-81.

[159]CHENG G, CHAU J. Exploring the Relationships Between Learning Styles, Online Participation, Learning Achievement and Course Satisfaction: an Empirical Study of a Blended Learning Course[J]. British Journal of Educational Technology, 2016, 47(2):257-278.

[160]BECKER S ADAMS, CUMMINS M, DAVIS A, et al. NMC Horizon Report: 2017 Higher Education Edition[R]. Austin, Texas: the new media consortium, 2017.

[161]王鑫,鞠玉翠."五育融合"课堂教学实践:经验、障碍与路向[J].中国电化教育,2022(4):85-92.

[162]张璐,张文雪,崔敏杰,等."知识本位"到"素养为重":指向深度学习的案例行动学习法[J].高等工程教育研究,2024(1):130-137.

[163]刘自团,彭华安."双一流"建设高校教学质量现状及影响因素研究[J].中国高教研究,2020(8):23-29.

[164]吕林海,龚放.中美一流大学本科生"专业课程深度学习"及其影响机制的比较研究:基于SERU(2017—2018年)调查的数据分析[J].江苏高教,2021(1):78-88.

[165]郑葳,刘月霞.深度学习:基于核心素养的教学改进[J].教育研究,2018,39(11):56-60.

[166]张菡,孙崴.深度学习的研究现状与发展趋势[J].中国教育技术装备,2023(24):74-76,80.

[167]司刊的尔·司马义,王怀波.我国深度学习研究二十年透视[J].开放学习研究,2020(8):1-9.

[168]盛群力.旨在培养解决问题的高层次能力:马扎诺认知目标分类学详解[J].开放教育研究,2008,14(2):10-21.

[169]龚静,侯长林,张新婷.深度学习的生发逻辑、教学模型与实践路径[J].现代远程教育研究,2020,32(5):46-51.

[170]陈蓓蕾,张屹,杨兵,等.智慧教室中的教学交互促进大学生深度学习研究[J].电化教育研究,2019(3):90-97.

[171]李晓虹,王梓宁.智慧教学对大学生深度学习的影响——基于国内外35篇定量文献的元分析[J].湖南师范大学教育科学学报,2023,22(5):45-55.

[172]陈明选,周亮.数智化时代的深度学习:从浅层记忆走向深度理解[J].华东师范大学(教育科学版),2023(8):53-62.

[173]李松林,贺慧,张燕.深度学习究竟是什么样的学习[J].教育科学研究,2018

(10):54-58.

[174] 张紫屏.国外课堂师生互动研究:热点问题与未来趋势[J].外国中小学教育,2015(4):42-48,41.

[175] 郭晨蕊,杨颖.基于文献计量的国内教学交互可视化分析研究[J].中国教育技术装备,2023(21):46-52.

[176] 王策三.教学认识论(修订本)[M].北京:北京师范大学出版社,2002.

[177] 张良,靳玉乐.核心素养的发展需要怎样的教学认识论?——基于情境认知理论的勾画[J].教育研究与实验,2019(5):32-37.

[178] 林卫民.重建"深度学习"的课堂教学[J].人民教育,2014(22):36-38.

[179] 刘路.符号之后是什么——有效教学的深度追求[J].当代教育科学,2015(2):52-54.

[180] 于博涵.课堂教学环境下的深度学习评价体系研究[D].哈尔滨:哈尔滨师范大学,2023.

[181] 赵涛.智慧技术支持下混合式学习模式建构与实践研究[J].中国电化教育,2021(9):137-142.

[182] 沈书生,祝智庭.ChatGPT类产品:内在机制及其对学习评价的影响[J].中国远程教育,2023(4):8-15.

[183] 高东辉,于洪波.美国"深度学习"研究40年:回顾与镜鉴[J].外国教育研究,2019,46(1):14-26.

[184] 何玲,黎加厚.促进学生深度学习[J].计算机教与学,2005(5):29-30.

[185] 景红娜,陈琳,赵雪萍.基于Moodle的深度学习研究[J].远程教育杂志,2011(6):27-33.

[186] ERIC JENSEN, LEANN NICKELSEN.深度学习的七种有力策略[M].温暖,译.上海:华东师范大学出版社,2010.

[187] 孟祥宏,王晓莉.基于深度学习的STEM教师教学设计能力培养研究[J].黑龙江高教研究,2023,41(12):86-91.

[188] 沈霞娟,武梦迪,冯锐.深度学习能力:概念框架、核心维度与测量体系[J].电化教育研究,2023,44(12):95-101.

[189] 罗生全,杨柳.深度学习的发生学原理及实践路向[J].教育科学,2020,36(6):21-27.

[190] 朱立明.深度学习:学科核心素养的教学路径[J].教育科学研究,2020(12):53-57.

[191] 郑东辉.深度学习分层的教育目标分类学考察[J].全球教育展望,2020,49(10):13-26.

[192] 桑德拉·米丽根,张忠华.大数据、人工智能与学习评价方式[J].北京大学教育评论,2019,17(4):45-57,

[193] 张光陆.促进深度学习的师生话语互动:特征与提升对策[J].全球教育展望,2020,49(10):27-38.

[194] 张燕,程良宏.教师的深度学习如何深入:学习要素的视角[J].当代教育科学,2019(8):45-51.

[195] 张冬梅.深度学习视角下合作学习教学效果的优化策略[J].教学与管理,2019(18):101-103.

[196] 王世嫘,陈英敏.大学生教育经历丰富度、深度学习与学习收获的关系研究[J].黑龙江高教研究,2018(8):104-108.

附录一　基于成果导向理念的地方医学院校课程教学质量评价体系构建

课程质量是决定高校教育教学质量的首要因素,高等教育改革理念和思想最终落实到课程建设中并通过课程的实施来实现。高校课程教学是保证人才培养质量的载体。课程建设要取得实质性突破,必须深化教育教学,特别是课程教学改革,同时开展科学、合理的教学质量评价工作。课程教学质量评价作为一种教育质量评价的基本方式,具有促进学生发展和提高教师教学水平的双重功能。根据课程性质、目标、内容等制定相应的教学质量评价指标,开展课程教学质量评价,已成为保障课程教学质量的通行手段。成果导向(outcome based education,OBE)自 1981 年由威廉姆·G. 斯派迪(William G. Spady)创设以来受到国内外教育学界的追捧。OBE 理念下的人才培养设计与实施,是以支撑与保障成果达成为导向的。本文基于 OBE 理念视角,构建了地方医学院校课程教学质量评价体系,以期对今后在此方面的研究有所裨益。

一、地方医学院校课程教学质量评价体系的定位

(一)课程教学质量评价体系的价值定位

课程教学质量评价是基于教学实践活动的价值判断,围绕社会发展的要求,突出发展性评价,着眼于学生的素质发展,注重评价的诊断功能,关注学生个体的差异性,强调评价主体的多元化。不同评价主体在课程教学质量评价中各有其优势,在教学质量评价指标的选择上,学生和教师都是主要的利益相关者,他们的意见是决定指标体系好坏的关键因素,而教学督导专家的意见也有着重要影响。教学质量的好坏最终体现在高校的"产品",即学生身上,体现在其对知识的掌握和运用的能力上。OBE 理念强调在教学中从注重以教师为中心向以学生为中心的转变,要正确认识和把握以学生为中心的教学理念,正确理解和实施以学生为中心的教学模式和教学质量评价。社会在发展的不同阶段,对人才结构的要求也会存在着一些差异。因此,地方医学院校本科教学质量评价体系的价值应定位于学校特色、学科特色和专业特色,满足社会发展对人才培养的特定需要。同时,在教学质量评价体系的设计上,不仅要考虑当前的需求,也要考虑未来发展的需求,这样才能促进教学质量的不断提升。

(二)课程教学质量评价体系的视野定位

地方医学院校课程教学质量评价体系既要以国情为出发点,满足区域社会发展对本科人才素质的要求,又要符合学校自身的人才培养定位和服务方向,满足卫生与健康

事业发展对医学人才的特殊要求。只有贴近国情和区域发展实际,反映社会需求的课程教学质量评价体系才有实际意义。地方医学院校培养的人才主要面向卫生与健康事业,直面人的生命和健康,这也是人们对医学人才高要求的重要原因。地方医学院校课程教学质量评价体系的构建除了符合国情和区域社会发展情况外,还应站在全球的角度,紧跟国际医学教育发展趋势。随着经济全球化进程不断加速,以及国际科技、文化、教育交流的日趋频繁,本科教学质量评价体系在理念、内容、方法、结果运用上都应将国际可比性作为一个基本要求,因此,充分考虑评价体系的指标、方法等与国际主流的课程教学质量评估体系相对接,以便在评价结果对比时找到更多共同的参照。

(三)课程教学质量评价体系的个体定位

课程教学质量评价体系作为高校教学质量保障体系建设中的重要内容,"重评教师工,轻教学质量提升"的问题十分突出,质量文化意识未能完全体现在课程教学以及相关的质量评价工作中。从课程教学质量评价工作组织者的角度来看,由于当前评价工作的目标设定、标准设置、方案设计到组织实施基本是由行政部门主导,行政意志牢牢掌握了评价活动的主导权,用行政手段予以实施,课程教学质量评价结果作为课程开设、学院、教研室和教师教学工作考核、职称晋升的依据之一。学生和教师等不同评价主体服从于标准化的课程教学目标而被放在被管理者的地位,属于外部控制的被动位置。科学、合理的课程教学质量评价体系应有多重目标,除了为学生和教师提供有关课程教学的效果以外,还要给学生和教师提供改进教与学的愿望;应能够为教师和学生提供一个对话的平台,共同提升,使得教学行动依据情境和个体的不同而变化,进而提高课程教学质量和人才培养质量。

二、地方医学院校课程教学质量评价体系的功能

(一)有利于诊断课程教学问题

课程教学质量评价体系是对课程教学的全过程监控,是对课程教学质量的判断、决策的过程,是学校教学质量保障系统中的重要环节,渗透于课程教学活动的全过程。教学质量是由师生共同决定的,而不是由学校的教育资源、教师或学生等单方面决定的。课程教学质量评价体系对于教师来说,可以帮助其寻找课程教学中的不足,有利于教学反思和改进;对于学生来说,可以更明确地了解学习状况。而管理者在课程教学质量评价体系中的角色是"组织者"和"服务者",服务于师生的需要。教师或者教师管理者可以根据需要以这些标准作为衡量依据对自身或教师群体做出其教学有效性的判断,以帮助教师修正自己的教学行为。因此,开展课程教学质量评价既是提高教师教学能力和教学水平的有效途径,又能调动学生学习的主动性和积极性,促进课程开发与管理的科学性,构成教与学、教与管、学与管的同时受益。

(二)有利于实现课程教学目标

在教学评价活动中,评价的内容与指标在很大程度上决定着评价对象的工作重点

与努力方向,即教学评什么、怎么评,在很大程度上决定教学实践主体在教学活动中的实践模式与实践方向。课程是教学的上位概念,具有一定的结构性和指导性,课程教学目标达成与否,决定着高校人才培养成功与否。课程教学目标规定了学生通过课程学习应取得的学习成果,也是OBE理念下的课程教学质量与产出标准。因此,从某种程度上来说,清晰明确、科学合理的课程教学质量评价体系能够指导教师了解学校所追求的目标,能够帮助学生正确理解和有效参与课程教学,能够提示评价活动的主体(学生、督导专家、同行教师、管理人员等),评价课程教学的维度与路径。只有课程的利益相关者都能从教学质量评价中受益,课程的教学目标才能有效实现,才能满足专业人才培养的需要。而OBE理念和传统教学思想的根本区别在于,传统教学中,教学内容先于教学目标存在,并占据核心位置;而在OBE教育中,教学目标(学生预期学习产出)先于教学内容存在,并居于主导地位,课程资源开发、教学环节设置、教学组织实施等活动都需围绕预期目标展开。因此,课程教学质量评价体系必须明确课程目标的评价,评判课程目标的达成情况,并进而得出课程对其所支撑的专业人才培养毕业要求的实际贡献,为课程的持续改进充分发挥其应有的作用。

(三)有利于改进教学管理

提高人才培养质量是高校人才培养的核心命题之一,而开展课程教学质量评价正是高校教学质量评价体系中对课程质量的要求。教学管理人员和质量管理者通过定量或定性的方式对教学工作相关信息进行收集、整理和评价,从而获得及时和准确的反馈。根据信息分析得出教学过程中的得与失,进而及时调整和改进教学活动,保证教学质量。地方医学院校应将课程教学质量评价结果的利用与教师教学能力的发展紧密相关,与教师教学能力培养联动,实现教学相长。同时,完善相关的教学管理制度,有条件的高校应积极探索课程淘汰制度和选课制度改革,作为教师开课和学生选课的参考和依据,使学院、教研室、教师和学生等都认识到课程教学质量评价与自身利益紧密相关。

三、地方医学院校本科课程教学质量评价体系的制定原则

(一)适切性与适当性

适切性指的是地方医学院校课程教学质量评价体系在评价目的上要适切,重在评"学",而非评"教";重在"改进",而非"奖惩",最终落实到学生对课程学习的经历体验和成效收获上。OBE理念突出成果导向的价值诉求,与教学目标紧密关联。教学设计的合理有效性最终通过学生的学习成果来评判。在设计和实施评价之前,应清楚聚焦学生"学习成果"并达成广泛共识。课程教学质量评价的结果往往被用于教师绩效考核、职称评聘等。然而课程教学质量评价属于一种方案评价,而非对个人的评价,因此课程教学质量评价首要的标准是能否对课程达到预期目标的程度做出真实客观的判断。适当性是指地方医学院校课程教学质量评价体系应吸纳多方参与。学生评价已成为课程教学质量评价的最主要的评价,也是学生参与教学质量管理的有效渠道。课程教学质量评价要以不断提高学生学习效果和产出为导向,从关注教师的知识传授转向

为学生学习效果的获得。要站在学生的角度,分析判断教师课堂教学内容、方法等各环节是否有助于促进学生学习和发展为标准。作为课程教学的组织者和课堂教学的管理者,教师参与课程教学质量评价活动是对教师教学和学术自由的尊重。在评价体系的设计上,应积极吸纳教师的意见。在评价体系实施后,要让教师了解学校对课程教学的相关要求和质量评价体系的指标及其内涵,以便教师按照要求检讨和反思自身的课程教学活动,变传统的"我被评"为"我要评"。除了学生和教师外,学校领导、院校两级教学管理人员、学科同行、用人单位等相关利益方也应是课程教学质量评价的评价主体和参与者。

(二)科学性与可比性

地方医学院校在设计课程教学质量评价体系时应遵循高等教育和高等医学教育规律,确保评价结果准确地反映教学质量的真实情况。指标的设计要能准确反映不同要素之间的关系,排除指标间的相容性。在科学性原则的指导下,客观地界定课程教学质量评价指标体系中各项指标的标准,反映评价对象的真实情况;保证课堂教学质量评价指标体系中各项指标的典型性或代表性。这就要求既要对知识与技能进行评价,又要对过程与方法、情感态度与价值观进行衡量;既要重视对过程的评价,又要注重对结果的评估;既要有量的评价,又要有质的评价;既要有静态的评价,又要有动态的评价。只有这样,才能真正实现课程教学质量评价的功能。指标体系的设计应借鉴国内外已有的相关研究成果,在此基础上进行可比性研究,考察各个指标变化的程度和方向,对确立指标体系的策略和评价功能有重要意义。

(三)有效性与可行性

有效性是要求指标必须对评价结果起作用,而且通过观察获得的数据和信息能直接有效地反映教学质量的真实价值。课程教学质量评价体系的有效性重在学生学习过程与学习结果的评价。课程的最终目标在于促进学生的学习和发展,因此,学生的学习体验和学习收获应是评价课程教学质量的最终标准。要观测学生对教学质量的满意度、学习过程中的进步情况以及存在的疑惑,使教学质量评价起到应有的监控作用。而对课程评价的内容除了学生的学科、课程理论和实践技能的掌握情况外,还应考察学生的学习动机、态度等因素。良好的课程活动不仅能够促进学生知识与技能的增长,还会在潜移默化中引起学生隐性素质的提升,比如对学科、课程的热爱,自主学习能力的提升,对更高学习目标的追求等。在课程教学质量评价体系的指标设计上要有可行性,就要求把教学目标向教学指标转化,通过分解把指标体系简易化。

(四)系统性与可测性

地方医学院校应将课程教学质量评价体系作为学校教育教学管理及评价体系的子系统进行考察,注意教学质量要素与校内外环境之间的交互关系。在指标设计和权重赋值的过程中,不能只从单个指标出发,而是要处理好各指标之间的关系,使每个指标发挥其应有的功能。在指标的设计上,尽量使用连续性的客观指标;依据数据分析,尽可能做事实判断,减少价值判断。在教学质量评价指标的权重上要避免拼凑,应重视教学质量的改进。在可测性上,各指标的表述既要细化,又要满足准确、无歧义的要求。任何评价体系的制定都以执行为最终目的,且只有当评价体系得到切实有效的执行,才能体现存在的意义和价值。如果评价指标没有被准确地认识,评价者就无法基于事实对课程做出真实的评价。因此,课程教学质量评价应选择可以观察和感知的事实作为评价内容,保证评价项目具有明确的可观察性。例如,将教学态度、教学方法等概念化、抽象的指标转换为通俗易懂、符合习惯的用语,"老师的教学能使我对课程感兴趣,我愿意投入时间和精力学习""老师是否允许学生发表不同或相反的观点"等,使评价过程易评、可测。

四、基于 OBE 理念的地方医学院校课程教学质量评价体系

OBE 理念指导下的课程教学,其成果需要通过一定的教学评价来判断和衡量,其评价的重点聚焦于学生学习成果,强调构建评价目标明确、评价方式多维、评价主体多元的课程教学质量评价体系。从教学质量评价体系来看,教学过程必然受到教学环境的影响,重点大学的教学质量不一定就比地方院校的教学质量高,因为他们彼此的生源质量本身就存在差异,而且也受到诸如所在学校领导、教师、管理人员的重视程度、教学投入情况等多方面的影响。同时,指标所代表的能力和水平的高低往往具有较强的模糊性,单纯地用一般的统计分析方法并不能获得满意的结果。因此,在指标体系的设计上往往需要综合运用教育学、统计学等多学科的理论来指导,对教学质量各要素进行抽象化、质量化。根据事先拟定的比较系统全面反映教学质量的指标体系进行测定、评比,进而得到比较满意的数据和结果。

(一) 指标体系的确立

1. 指标体系的初步确定

指标体系的确立主要采用问卷调查和专家访谈的方式进行。通过问卷对学生、教师、管理人员等进行了课程教学质量的现状及需求调查,来确定指标。在此基础上,可以通过专家访谈,获取专家对指标框架意见,根据这些意见修改指标体系框架,并通过专家评定确定各项指标的权重。在制定课程教学质量评价体系及评价指标时,参考高等(医学)教育研究、高等(医学)教育管理、资深教授等专家的意见可以避免指标可能出现的偏颇,使指标体系更符合实际。考虑到课程教学质量的复杂性和多元性,在指标的选择上尽量全面和系统,以供各方评估和筛选。指标体系要解决赋值及其大小的问题,还要对二级指标进行细化。因为每一个指标体系都不一定是最全面的,但一定是要最切合课程实际的。

2. 指标体系的效度和信度

一套好的课程教学质量评价体系必须具备一定的信度和效度。效度指评价结果与真实的教学质量的相关程度,即评价结果所能反映的教学质量真实水平的准确程度。为了提高课程教学质量评价体系的效度,设置评价维度和每一维度的具体评价项目时,

必须在充分调查研究的基础上确定每一项目等级设定的级差数以及不同维度的权重数,并着重考察具体的、可量化测定的指标。而对于需要通过访谈等定性方式获取考评信息的,则需要全面、客观、公正的评价过程进行相应的约束和规范。信度指评价结果的稳定性或可靠性,就是多次评价结果的一致性。如果一个评价不具备一致性,那么评价结果就得不到准确的推论。影响信度的因素有评价者和评价对象的身心状态,评价体系中项目的数量和评价程序等。在评价指标体系的研制过程中,需在深入调查与访谈的基础上形成相应的评价维度,综合运用因子分析、层次分析法等统计技术进行指标认定,并进行小范围试评价。

(二)指标体系的指标内容及指标选择

课程教学质量评价体系重点在于指标内容的形成,应在对已有课程教学质量评价理论研究与实践探索的基础上,通过分类和归纳,梳理课程教学质量的核心特征,在此基础上对指标内容进行聚类,以形成具有一定概括性指标类型。课程教学质量是一个复杂系统,受各种定性和定量因素影响。本文把教学资源要素、教学投入要素、教学过程要素、教学环境要素、教学效果要素五个方面进行系统集成,列入课程教学质量评价体系的一级指标,形成动态发展的课程教学质量评价指标体系。

1. 教学资源要素

教学资源是课程活动有效开展的基本保障。越有价值的教学资源越能为课程活动提供高品质课程资源、高素质师资团队和优质实践(研发、培训)条件等中介性结果,进而更好地实现课程目标的预期产出性结果。基于OBE理念,教学资源需做到面向全体学生,满足学生和教师的教学需要,围绕毕业要求配置和使用并能有效支撑其达成。同时,建立相应的制度,保障教学资源能够得以有效利用,为教学过程的实施提供良好的条件。

2. 教学投入要素

教学投入要素包括教学的硬件投入和软件投入。教学硬件投入是保证教学正常顺利进行的物质条件,只有不断改善办学硬件条件,才能保证稳步提高人才培养质量的要求,才能适应师生全面发展的需要。在软件投入方面,师资的引进与培养,教育理念的更新与传播,质量文化的建立与发展等都是软件投入的重要内容。即使有好的硬件条件,但如果没有树立正确的、先进的教育理念,缺乏良好的师资,就会导致这些硬件仅仅是学校的炫耀资本,而无法真正成为人才培养的助推器和保障。当然,不同类型的高校,同一高校的不同专业对软硬件的要求也有所不同。比如,医学院校的很多临床教师既要承担繁重的医疗工作,又要开展教学和科研,而非医学专业则不同,没有医疗任务,重点在于人才培养和科学研究上。因此,对于不同学校,不同专业的课程在软硬件投入上的评价应该做调整。

3. 教学过程要素

教学过程实质上是把教学内容转化为教学质量的过程,主要包括教学能力、教学方法与手段、教学内容和课程管理等方面。通过教学过程,尤其是课堂教学,教师把教学内容传授并逐步内化为学生的知识和基本技能,是教学质量形成的基础。离开了教学过程,教学投入就无法规范地、有序地运转,就不可能取得好的教学效果,达到特定的课程目标。教师的教学能力是教学质量的核心因素,教学方法与手段、课程管理只有通过教师才能发挥作用。教师只有帮助学生树立良好的学习态度,建立积极互动的师生关系,才能完成好课程管理。教学方法是师生相互联系和科学认识方法相统一的手段或途径。教师只有通过一定的教学方法才能完成教学。教学方法不仅直接影响教学目标能否实现,而且影响教学目标实现的程度和效率。实践教学是理论教学的补充和延伸,是以技能训练和操作能力培养为主的教学环节。只有经过实践教学,才能验证知识、巩固知识。

4. 教学环境要素

教学环境要素主要包括教学氛围、学生的学习兴趣、教学管理制度等。课程教学质量评价指标体系在设计上应把教学环境要素作为考察对象,促使师生双方为教学目标共同努力,以提升课程教学质量评价的有效性。学生的学习兴趣是课程教学实施和保障教学质量的关键,教师、教学内容、教学方法都需要通过学生主观的意愿和行动产生作用,产生预期的教学效果。在课程教学质量评价中,只有把握好了教学环境要素,才能创造一个良好的教学场域,促进知识的传递和技能的养成。

5. 教学效果要素

当前社会对高等教育和学生的关注更甚于对教学和教师的关注,对高等教育产出和绩效的关注更甚于对投入和过程的关注。课程教学的重要作用在于通过传授与实践,让学生掌握于专业相关的知识和技能,为学生顺利进入社会工作打好基础,着眼点是学生"如何学"与"学得怎样",而不是教师"如何教"与"教得怎样"。从这个角度看,教学效果要素可以分为学生素养和教师成长两方面。学生素养作为课程教学质量中最根本、最核心的外在表现,体现在学生知识素养、学习理念、实践能力和素养培育等方面。而教师成长作为教学反思与改进的重要观察点,其包含教师是否在教学过程中形成了自己的教学风格和教学特色,是否通过评价主体获得教学上需要改进和提高的意见和建议。

由于课程教学质量受到多重因素的影响,教师教学、学生学习和学习结果复杂多样,不同的课程采用同一个标准的教学质量评价体系存在一定局限。因此,本文所给出的,只是基于OBE理念的课程教学质量评价框架。在实际运用过程中,需要地方医学院校不断丰富相关要素的要求,并在教学实践中不断落实。同时,应通过自我诊断与检查,找出问题与不足,将持续改进工作贯穿到课程教学各个环节中。

附录二 以学生为中心的地方院校本科教学质量保障体系探索与实践

随着我国高等教育内涵式发展的不断深入,学校办学自主权不断扩大,地方院校正面临着前所未有的发展机遇和严峻的挑战。优胜劣汰的竞争机制成为地方院校生存和发展中必须面对的重要问题。竞争的焦点和核心是学校的人才培养质量。加强地方院校的教育理论研究,推进学校内部教学质量建设,构建有效的、适合本校校情的本科教学质量保障体系是地方院校质量建设工作中的重要内容,成为地方院校教育理论研究者及管理者所面临的重要任务。××大学始终坚持质量立校,积极推进以本为本,通过不断完善以学生为中心的本科教学质量保障体系,为高素质人才培养提供了有力的支撑。

一、地方医学院校本科教学质量保障体系的制定原则

(一) 方向性原则

大学之道,在于育人,回归育人为本是大学存在的第一要义。这就要求地方医学院校坚定立德树人,培养社会主义建设者和接班人的初心。从某种意义上来讲,立"德",就是践行社会主义核心价值观,树"人",就是德智体美劳全面发展的社会主义建设者和接班人。国家对于高校本科教学有关的教学质量标准和教学质量保障体系建设均有较为完整且宏观的指导。无论是哪一类型、哪一层次的高校,都要把相关的文件读懂并理解透彻,并体现在高校自身教学质量保障体系建设以及相关的制度建设当中,使本科教学质量保障体系真正成为保障本科教学质量,促进其不断提升的手段。

(二) 系统性原则

人才培养是校内外多部门、多层次协同复杂的系统工程,对其进行监控、评价的教学质量保障体系同样也是由多要素构成的复杂的体系。教学质量保障体系由校内外若干相互联系、相互作用的系统结合形成一种稳定的结构形式。各个系统之间通过制度、教学过程等相互联系、相辅相成、各司其职,是一个多维闭合系统。高校作为办学的主体,自然成为本科教学的主体。一方面,高校要遵循其自身的特性,从内部教学问题出发寻找保障教学质量,提升教学质量的对策;另一方面,又要关注外部利益相关方的需求,获取外界的支持和认可。高校所开展的质量保障活动不应只是一些质量工具、程序或方法的使用,应是一个具有包容性的、多元利益相关者参与的开放系统,是与外界保持沟通,交流,为提高人才培养而服务的信息交换平台。

（三）全员性原则

地方院校本科教学质量保障体系的构建过程实际上是一个达成共识的过程，这一过程甚至和保障体系本身同样重要。在构建本科教学质量保障体系的整个过程，都需要群策群力、广泛征求校内外专家、师生、用人单位等的意见，充分调动各方人员，特别是全校师生的积极性和主动性，形成人人关心、全员参与的良好氛围。审核评估与专业认证皆在将质量监控主体由行政部门及人员，向以学生、教师、用人单位等为主要代表的利益相关方进行拓展，对监控主体的多样性提出了明确要求。

（四）可操作性原则

教学质量保障体系具有很强的目的性和功能性，在构建教学质量保障体系时，一定要考虑其可操作性。一是职责清晰、分工明确。应明确不同层级、不同人员的岗位职责与工作范畴，切实做好职责范围内的工作。二是进一步规范质量管理制度。出台的规章制度必须清晰明了、通俗易懂、叙述简洁、便于操作。三是在构建体系时要考虑广大师生的接受程度，确保评价指标层次简单、重点突出。只有建立可操作性的规章制度并严格执行，才能从程序与规范方面保障教学质量，真正发挥其制度保障作用。

二、以学生为中心的地方院校本科教学质量保障体系构建

社会衡量和评价一所大学优劣的基本标准，主要看其所培养人才的数量和质量以及人才的创造力和潜在的发展力。本研究以系统管理和全面质量管理理论为指导，构建以学生为中心的地方院校本科教学质量保障体系，见图1。

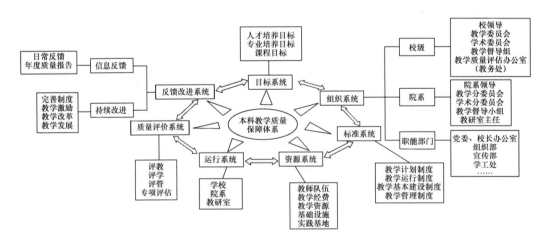

图1 以学生为中心的地方院校本科教学质量保障体系框架图

（一）坚持"以学生为中心"的办学理念

一所大学的办学理念决定着学校的顶层设计，从根源上影响着学校的教学质量。

在高校本科教学质量保障体系建设中,必须重视作为大学的"产品"——教育服务和教学质量体验者、参与者、体现者的学生在本科教学质量中的主体地位,形成以学生为中心的质量保障理念。一是要全面强化以学生为中心的办学共识。不仅要在学校顶层设计、制度建设和文化建设上予以体现,还要在学校资源建设和经费投入等方面予以保证。二是要积极探索以学生为中心的教育教学模式,努力推动教学工作从以"教"为中心向以"学"为中心转变,从"教室、教师、教材"老三中心向"学生、学习、学习效果"新三中心转变,充分体现和真正发挥学生在教学中的主体作用。

(二)制定科学合理的培养目标

培养目标包括人才培养目标、专业培养目标、课程目标等,是高校在人才培养方面所追求的目的,从一定程度上讲高校建立教学质量保障体系就是为了实现培养目标。在高等教育内涵式发展背景下,高校建立健全本科教学质量保障体系,开展教学质量保障相关工作的依据已经从传统的迎接外部评估、应对上级检查转向学校内部发展需要。正因为如此,制定科学合理的培养目标,准确回答"培养什么样的人"就显得尤为重要。地方院校应依据学校的办学定位以及国家、社会、用人单位和学生的期望,制定人才培养目标。院系结合本科各专业的办学实际和发展现状细化人才培养目标,形成专业培养目标。教研室根据课程结构与特点,制定具体的课程目标。

(三)健全教学质量管理组织机构

地方院校应遵循教学规律和人才培养过程,建立健全由校级、院系级、职能部门构成的三类教学质量管理组织体系。校级组织机构一般由学校党委常委会、校长办公会、教学委员会、学术委员会、校教学督导组、教学质量评估办公室(或教务处)等共同构成,负责学校教学质量管理工作顶层设计,全面领导学校教学质量保障工作的开展。院系组织机构由院系领导、教学分委员会、学术分委员会、教学督导小组、教研室主任等共同构成,负责执行学校教学质量管理相关工作,全面领导院系的教学与质量保障工作的开展。职能部门按照职能划分,对教学质量管理起到应有的作用。教务处起到教学管理的主导作用,校长办公室负责协调部门之间的工作,宣传部负责质量文化宣传,组织部负责高层次人才引进,学工处负责学生教育活动和学生日常管理,校团委负责第二课堂建设与管理,财务处负责经费保障,人事处负责师资队伍建设,科研处负责师资学术水平保障,后勤处做好教学场地、设施的维护维修,图书馆保障图书及电子资源等。职能部门之间既分工明确,又协作联动。三类教学质量管理组织履行教学质量的决策、执行、保障、评价等职责,各司其职、协调推进,为本科教学质量管理以及本科教学质量保障体系的运行提供组织保障。

(四)建立多元化的评估主体

本科教学质量管理的利益相关者包括全校师生员工、家长、毕业生、用人单位等。基于全面质量管理的视角,利益相关者都是责任主体,都要参与教学质量的全部产生过程,都要对本科教学质量保障负责。当然,各评估主体的角色也存在多元转换的现象。

教师和学生的角色也在不断转换,互相监督,相互促进,共同进步。

(五)建立规范的质量标准

质量标准由一系列教学相关管理制度构成,以确保教学工作的各个环节均有序开展,使教学管理制度化、科学化,使本科教学各环节质量控制有章可循,有据可依,切实提升教学工作的规范性和有效性。在学校层面,应不断完善本科教学各环节的教学管理与教学质量管理规范,建立专业、课程、实践教学等相关标准及配套制度。而在院系层面,需从本专业自身特点和发展现状与趋势出发,结合社会对专业人才培养的需求,制定本专业课程的相关质量标准。

(六)明确教学质量监控的内容与方式

本科教学质量监控内容应覆盖学生发展全过程,即从入学—培养—毕业。其中培养过程是关键,同时必须强化对课堂教学、实习实训、毕业设计等重点环节的监控。在监控方式上应做到内部监督与外部监督相结合,定期监督与不定期监督相结合。内部监督包括教学计划的落实、课程考试的组织与实施、毕业论文(设计)的检查等高校开展的自我检查与评价。外部监督即校外相关利益方对教学质量的监督和评估。定期监督包括本科教学基本状态数据采集、教师教学年度考核等全校性的教学质量监督工作。不定期监督即学校开展的非常规教学质量监督工作,如专业评价、课程评价、毕业生教学满意度调查等。

(七)建立高效的质量保障运行机制

地方院校本科教学质量保障工作实效性强、涉及面广,必须通过建立有效的运行机制保证体系的顺利运行。按照全面质量管理理论,学校应构建"计划—执行—检查—处理"的 PDCA 管理循环,即计划(plan)、执行(do)、检查(check)和处理(act)。质量管理流程是使质量达到要求而形成的一个输入转化为输出的过程链,是本科教学质量管理工作得以持续、闭合、循环运转的关键。PDCA 循环能清晰反映质量计划的制定和组织执行的过程,这个过程是周而复始地运行,突出质量持续改进。据此,地方医学院校可聚焦整个教学过程中的质量控制关键点,如课堂教学、实践教学、课程成绩评定、课程评估等方面,构建若干个 PDCA 循环。

(八)完善质量持续改进机制

持续改进是高校本科教学质量保障体系构建的根本目标,也是教学质量保障体制、机制建设的难点与重点。地方院校应着力构建自我检查—自我诊断—自我反馈—自我整改的质量持续改进机制,更加突出质量反馈和质量改进在高校质量保障体系中的主导作用。教学质量信息的应用是教学质量保障的重要一环,是教学质量评价结果能够得到运用,推动教学质量不断改进的重要手段。通过公开年度本科教学质量报告、日常反馈(包括专题教学工作会议、教学联席会、意见反馈报告、文件通知)等多种形式,加强教学质量相关信息的反馈。同时,教学质量评价结果应与教师、院系及职能部门考核挂钩,如相关评价结果作为教师个人绩效考核、教师职称晋升、院系综合考评、职能部门年度考评等的主要依据。学校应加强教学质量信息研究,全面分析学校本科教学工作存在的主要问题,为学校顶层对于进一步提高本科教学质量进行决策提供依据,为学校教师培训与发展提供指导依据。

三、某地方院校本科教学质量保障体系的实践

(一)健全教学质量保障机构

学校于2006年成立了教学质量与教育研究中心,机构工作主要围绕教学质量监控、高教研究及学校教改班工作三大方面开展。随着高等医学教育形势变化,国内外对教育评价、教师教育研究与管理工作的重视,部门职能得以扩大,并于2012年正式更名为教育评价与教师发展中心,下设教学质量管理科、教师发展科,另有高等教育研究所挂靠。教学质量管理科主要开展的工作包括,健全校内教学质量监控与评价体系;组织实施对本科主要教学环节的监控与评价,指导学院(部)开展教学质量管理工作;组织校内各级管理人员开展教学检查工作;协助校级教学督导组开展督教、督学、督管工作;收集、整理、分析、发布和反馈教学质量监控信息。

(二)确保教学质量保障体系有效运行

学校从教学全面质量管理理念的全面性、全员性、全程性出发,构建了决策机构、制度保障、过程监督、信息反馈、分析利用、整改调控等一套科学完整的教学质量保障体系,形成内部与外部评估、日常与专项监控、定性与定量评价、激励与约束结合的运行机制。按照决策—执行—检查—反馈—改进流程,形成教学质量自我评估并持续改进的闭合循环,使人才培养达到预期目标。

(三)配齐教学质量管理队伍

学校建立了结构合理、服务意识强的教学质量管理队伍,主要包含教学质量监控与保障领导小组成员、校院两级教学督导组成员、校院(部、处)两级教学质量管理人员、学生信息员、学生五类主体。教学质量监控与保障领导小组是本科教学质量监控与保障的最高领导决策机构,组长由校长担任;常务副组长由分管教学的校领导担任;其他副组长由各分管副校长和副书记担任;成员由主要职能部门的负责人和学校教学督导组组长担任。通过学校领导接待日、定期不定期教学检查、听课、座谈会、研讨会等形式,了解本科教学情况,听取师生意见建议。建立了相关的QQ工作群和微信工作群,方便教学质量信息收集、分析,畅通教学信息网络及时反馈途径。

(四)完善"四位一体"本科教学质量评价体系

2014年,学校构建以课堂—课程—专业—学院为核心的四位一体本科教学质量评价体系,并通过集学院—专业—课程—课堂四位一体常态化质量监控,以及大数据决策支持分析为一体的校情与教学质量动态监测平台开展教学质量监控与评价工作。督促

学院建立自我评估机制,组织和落实各项评价工作,对在评估检查中发现的问题,各有关学院及相关责任人制定限期整改计划,学校通过随访和检查等形式对学院及相关责任人的整改情况再评价,做到以评促建、以评促改、以评促管。一是学院评价,贯彻落实《二级学院本科教学质量年度报告制度》,每年度各学院按要求提交本科教学工作开展情况,并对存在的问题制定解决措施,汇报措施落实情况及效果。二是专业评价,以校内自评为手段,对已有1~5届(含5届)毕业生新办专业开展评价,并对其改进落实情况进行督查。三是课程评价,面向本科生开设的全部必修课程,开展课程自评,组织优秀课程评比并予以表彰。四是课堂评价,每学期校领导、督导专家、管理人员、教师和学生参与课堂评价,同时开展学生教学信息员随堂评价。

(五)改进评价方式方法

学校以重提高、促发展为导向,改进评价方式方法,不断提升评价实效。一是评价主体多元化,逐步实现督导专家、同行教师、各级管理人员及学生的全员参与,评价对象涉及全校师生以及校内相关管理部门。二是督(评)教、督(评)学、督(评)管,均以重提高、促发展为导向,侧重对新办专业、新开课程、中青年教师教学能力、教学改革效果、学风,以及学生综合素质表现、全程教学、实践教学、二级学院及其教研室的自我管理,以及后勤服务保障等方面的监督、评价和指导。三是评价重点由"教师教得如何"逐步向"学生学得如何"转变,从学生的角度出发设计灵活多样的评价指标,侧重对学生学习过程及其效果的形成性评价,强调知识与能力并重。四是注重对课程思政教学过程和效果的评价。学校努力推动课程思政建设从"点"上探索发展为全校"面"上的共识,做到课程思政覆盖每个学院及专业,形成课程门门有思政,教师人人讲育人的良好氛围,培育建设一批示范性强,可推广的课程思政研究成果。课程思政教学质量评价方法采用定性与定量、一般研究与重点研究、问卷调查与访谈调查相结合。

(六)持续改进教学质量

学校出台相关文件,明确校、院(部)及教研室各责任主体在教学质量保障中的权、责、利,学校党政主要领导是教学质量第一责任人,院长是学院教学质量的第一责任人,各相关职能部门负责人是确保本部门业务服务于教学的第一责任人,同时强化行政部门、二级学院及其教研室在教学质量监控与保障中的自查、自评和自控作用。学校对所搜集到的教学质量信息进行分类。对于共性的、影响面大的问题,由学校教学委员会、校长办公会或党委会审定;教师教学方面的问题反馈给学院或教师个人,要求学院、教研室进行核实并帮助教师整改提高。同时,为有效解决教学管理过程中的重检查、轻反馈,有反馈、欠整改的问题,根据来自校内外各利益方的反馈信息,规范监控信息处理流程,不断提升整改落实的有效度。

(七)健全奖励约束机制

一方面,健全教学奖励制度。学校出台教学奖励办法、教学科研岗位人员绩效考核实施办法等系列文件,设立教学研究立项奖、教学质量工程奖、本科课堂教学质量奖、教学类比赛奖、教育教学优秀论文奖、教学管理先进奖及优秀教师奖等奖项,加大对教师投入课堂教学,参与教学改革及课程建设等的奖励力度;除常规教改立项外,单独设立教师教学能力发展项目予以专项资助。另一方面,逐步完善约束机制。学校绩效考核实行教学效果评价结果一票否决制,考核年度内出现两次及以上Ⅰ-Ⅱ级教学事故的二级单位,当年绩效考核结果直接评定为不合格。被认定为教学事故的单位和个人,在评奖、评优、考核和职称(职务)评定(晋升)中实行教学事故一票否决制。此外,学校设置了优秀学生教学信息员和优秀评教班级奖,以调动学生参与教学评价质量管理的积极性。

附录三 以学生为中心的高校教学督导工作探索与实践

教学督导是本科教学质量保障的重要环节。本科教育推进工作中如何充分发挥教学督导工作的效能,对保障人才培养质量有着重要的意义。本文尝试从学生为中心的视角对高校教学督导工作进行探索与实践,有利于学生深度学习,以适应新时代本科教育发展的需要。

一、当前高校教学督导工作存在的问题

(一)督导组织建设不够健全,难以充分发挥督导作用

高校教学督导队伍主要有三种类型:第一种是由校内在职的专家教授及离退休的专家教授为主,聘请校外人员为辅,共同担任教学督导任务;第二种是全部由离退休的专家教授担任;第三种是由校内在职和离退休的专家教授共同组成。离退休专家教授不仅教学经验丰富,且时间比较充裕,大大充实了督导队伍的力量。但是,在目前高等教育持续改革创新和信息化时代背景下,教育理念更新速度加快,很多课程采取现代化的教育手段,需要不断更迭教育现代化知识,对督导人员来说,仍然存在着一定挑战。

(二)督导组织工作范围狭窄,难以发挥指导作用

当前,部分高校教学督导人员主要督导内容集中在课堂教学,对实践活动、教学管理、校园文化、教学硬件建设等其他方面的覆盖率相对较低。教学工作涉及学校各个方面,应该将其看成一个有机整体。因此,督导工作内容应包括专业、课程、教材、实验室等教学基本建设,覆盖人才培养的主要环节。教学督导在工作中不仅要发挥督查的作用,更应重视如何有效指导教师和学生的教学与学习活动。如果只停留在监督上,缺乏必要的指导,教学督导工作将失去原有的意义和价值。

(三)重"督"轻"导",重"督教"轻"督学"

"督"在于发现问题,"导"在于解决问题。而在实际教学督导工作中,如何解决教学中存在的问题却关注不够。有些教师认为教学督导是来"找茬"的。因此,教学督导工作通常被定义为改进教师教学的行为,较少关注学生的学习。具体表现为偏重对教师教的关注,偏重课堂教学质量的监督,而轻视对学生学习的监督。教学是由教与学两个方面构成,如何对学生学习过程中存在的问题有针对性的引导、纠偏,这在督导实际工作中常常重视不够。在"督学"的实践过程中,督导人员关注的多为学生是否迟到,是

否参与互动等细节,而忽视了对学生学习效果的"督"和"导"。

(四)督导标准不统一,难以实现客观评价

由于每个督导人员的学科背景不同,对教学问题的理解也不尽相同,这就导致对同一位授课老师,用同一个评价指标会有不同的评价结果。如果督导人员很熟悉授课教师的课程内容,会用更专业的角度评价授课教师的授课能力,可能会发现较多问题。反之,督导人员对授课教师的教学领域了解甚少,则只能从教师的教学态度、教学方法和师生互动等维度评价教学质量和效果,可能发现的问题相对较少。

(五)反馈渠道单一,督导时效性较低

在教学督导实际工作中,督导人员通过听评课、教学检查等,将教师教学、学生学习、学校管理过程中存在的问题,向教学管理部门反馈,再由教学管理部门向相关的职能部门、二级学院及教师本人反馈。这就存在一个时效性问题。教师往往不能及时了解自身的教学质量和效果,不能尽快改进教学方法,给教学质量的提高带来较大的滞后性。一些高校要求相关部门、学院根据督导人员意见和建议进行整改。但因实际工作中,不少部门或个人象征性地给予一些看似高度重视、加强学习等难以观测的整改答复,实际上督导信息的整改落实还不够到位。

二、以学生为中心的教学督导工作路径

(一)更新教育教学理念

理念是思路之源,形成科学的理念至关重要。为适应新时代新目标的要求,教学督导人员必须不断提升、充实自己,特别是在思想认识和教育理念方面的提高,学会运用新理念指导督导工作,推动教育教学质量提升。虽然教学督导专家具备丰富的教学和管理经验,了解教学活动的整个流程,但对其而言,教学督导仍然是一项全新工作,需要从头学习,建立新岗位的思维与行为框架。因此,督导人员应加强对先进的教育理念以及相关政策文件的学习,加深对相关理念的理解与运用。此外,高校应建立健全教学督导培训体系,积极组织督导人员更多地参与各种教学培训和教学研讨活动,使他们在与外界的沟通交流过程中开阔眼界、更新观念,更好地借鉴其他高校先进的督导经验,以促进本校的教学督导工作。

(二)构建结构合理的督导组织

督导组织并非行政单位,而是专家组织。督导行为应基于教师、学生和行政人员关于教育本质问题的共有价值考量,而不是命令和严格控制。在遴选标准上应凸显教学督导的专业性和实践性。教学督导人员应是教学能手,将自己的教学经验传授给其他教师,对教师教学进行指导和引领,提高教学督导的实效性。在遴选过程中应注重多元主体参与,而不是仅仅事后参与甚至不参与。利益相关者可以通过有效渠道对入选教学督导资格名单和最终入选名单提出意见,充分发挥主动性,积极参与教学督导遴选。

(三)分类制定课堂教学听课评价表

教学督导的重要内容之一是课堂督导,通常采用教师授课,教学督导人员现场听课、评课的方式进行。高校应根据不同学科课程的特点,重构课堂教学评价体系。以坚持标准、严格要求、实事求是、公平公正原则,从教学态度、教学内容、教学方法及教学效果等方面进行全方位评价。在上述指标体系中,综合性评分一般采取两种方式。一是定量的计数评分,按评分等级划分,如分为"优秀""良好""中等""及格"和"不及格"。二是描述性的定性评价用语,填写听课意见或建议等。

(四)扩展多样化的督导工作内容

高校应扩展多样化的教学督导工作内容,对教、学、管三方进行督导。一是开展长期跟踪督导。采用发展性评价模式,把随机诊断性评价提升为发展性评价,通过相当一段时期跟踪听课,全面客观地评价教师的教学情况。根据发现的问题,专题跟踪教师备课、讲课等教学环节,及时与教师交流,给予相应的指导或建议。二是加强与学生的交流。在课前课后或教学计划外,与学生座谈、交流,有重点地了解学生对讲授内容的接受情况,学生的学习体验,耐心解答学生反映的问题,给予学生学习指导。三是开展专题跟踪督导。除完成一般听课和评课外,对某些教师或问题专门进行有目的地跟踪听课,即把评价型督导提升为研究型督导。围绕课程思政建设、教学方法改革、学习方法创新等专题有针对性地深入课堂展开调研,为教学管理出谋划策。

(五)建立多层次的反馈渠道和方式

在教学督导过程中发现的问题、提出的意见和建议,如果未能及时被采纳,那督导的效果就会大打折扣。教学督导人员在听课之后,可以和所在院系的教师进行面对面的座谈,将督导的结果直接反馈给教师,并对其进行帮助和指导。这样一方面可以拉近教学督导人员和授课教师之间的关系,另一方面也可以及时将问题反馈和处理。教学督导专家应重点培养,提升教师有效处理评估信息、持续准确评估学生学习、基于评估结果调整改进决策、帮助学生调整学习目标、学习策略和方法等素养。

(六)营造和谐的教学督导工作氛围

学校领导应高度重视,完善教学督导规章制度,明确督导人员应享有的权利、待遇和应履行的义务,为教学督导工作顺利开展创造政策保障,积极吸引优秀的离退休教师和在职教师加入教学督导队伍中来。健全教学督导奖惩机制,对长期工作在督导一线、效果突出的督导人员给予适当的物质及精神激励,对于工作不认真、任务完不成的督导人员进行警告甚至清退出督导队伍,从而保证督导人员的工作责任心和荣誉感。

三、"以学生为中心"的高校教学督导工作实践

某地方高校一直高度重视教学督导工作,将教学督导工作作为教学质量监控中的重要组成部分。经过 20 多年的探索与实践,学校形成了比较完善、行之有效的教学督

导体系,为确保学校教学质量的稳步提升起到了不可替代的作用。

(一)建立校院两级专兼结合的督导队伍

为了更好地组织本科教学督导工作的开展,学校成立了教学质量与教育研究中心,负责教学督导工作的研究与组织。同时,学校成立了校院两级的本科教学督导队伍,制定了教学督导工作章程,明确了学校教学督导工作的组织机构、工作职责、权利与义务等,使教学督导工作进一步制度化、规范化。校级教学督导专家的人选由学院推荐、教学质量管理部门及相关职能部门初审,经校长办公会审定,予以聘任并颁发聘书。

(二)实施全过程全方位督导评价

以学生为中心的督导着眼于学生的长远发展。因此,学校全过程督导强调的是对学生在校培养全过程的跟踪。教学督导职责是开展教育教学各项工作的调查研究、监督评估、咨询参谋,涵盖本科教育教学的各个方面。通过听课、个别交谈、召开座谈会等途径,对日常教学和实践等运行状况进行调查分析。开展专题调研与咨询,为学校教育教学提供决策参考和咨询。开展各类相关专题工作,如新教师考核、职称晋升教学考核、青年教师培训、考试工作检查等。为了加强听课的针对性和有效性,根据督导人员所擅长领域细分听课范围,扩大听课覆盖面。规定相关考核或评奖的督导,至少三人一组且需听满一学时,旨在全面透彻地了解教师授课水平,客观公正的对教师授课质量予以评价。督导人员注重与学生的交流,聆听学生对教师课堂教学的评价、自身的学习体验等。

(三)坚持闭合循环与持续改进

学校十分重视反馈的时效性,将教学督导过程中发现的问题及时反映到相应部门和人员进行调查与整改,并对改进情况进行跟踪,实现教学督导的闭合循环。每位教学督导人员在发现问题时,当场与相关教师或部门进行沟通,能立即解决的问题立即解决,不能立即解决的问题要让相关部门或人员了解并尽快解决。为了保证每学期教学督导工作的有序开展和有效反馈,每学期末召开教学督导组工作会议,梳理、总结和反馈本学期教学督导工作的开展情况,督促整改提升。

(四)加强教学督导信息化建设

学校为大力支持教学督导的信息化建设,建设了集"学院—专业—课程—课堂"四位一体的常态化质量监控,以及大数据决策支持分析为一体的"校情与教学质量动态监测平台",方便教学督导专家及时评价并及时反馈评价结果及其他信息。结合学校本科教学基本状态数据库,教学督导专家可以通过师资力量、课程开设情况与教师科研成果、学生学习成果等不同数据的关联分析,发现更深层次的人才培养过程中的问题,为开展对教师的跟踪督导和学生的学习效果评估以及学校教学有关工作的科学决策提供数据与事实支持。

一流本科教育的质量保障机制是否有效的关键在于质量责任落实、评价方法有效、注重过程监控和持续改进。高校教学督导工作需要遵循以学生为中心的理念,以提高教学质量为落脚点,以过程监控、课堂教学为着力点,并在不断的实践探索中创新与优化督导方式,找到更适合本校教学工作的督导路径,充分发挥教学督导专家的督教、督学、督管职能,在高校一流教育建设中扮演好"顾问"的角色,为实现教学质量的提高做出其应有的贡献。

附录四　地方高校大学生深度学习现状与对策研究

本研究通过对某地方高校学生的调查,探讨当前大学生深度学习存在的问题,并结合相关文献,从教师教学、学生、教学管理和教学环境等方面对促进学生深度学习水平的提高提出建议。

一、地方高校大学生深度学习存在的问题

通过调研发现,地方高校大学生的深度学习存的问题主要表现在影响学生学习效果的四个方面,即教师的教学、学生的学习、高校的管理以及环境的建设。

(一)教师的教学未达到深度学习的相关要求

新时代对教师提出了更高的要求,教师的教学内容、方式,自我的综合素质和能力都会对学生的深度学习水平有重要的影响。相关研究结果表明教师的教学仍然存在较多的问题,无法培养出有深度学习能力的学生。主要表现在学生对教师的依赖性过强,教师单纯传授知识,不关注学生的学习兴趣,教师对学生的影响力和带动力不足。究其原因,有两个方面。一方面,教师缺乏对学生学习志趣的引导。通过调查问卷和个别访谈得知,教师对学生的学生投入方面有引导性作用,但引导力度不足,仍有待提高。从教学内容和教学方式进行深入分析可知,教师的教学内容关注知识内容的完整性,在知识层面可以对学生的学习投入水平有引领作用,但是对于教学内容与学生的连接层面明显不足。目前高校的教学方式仍处于教师在课堂上教,学生被动接受的形式。这一情况凸显出部分高校与新时代高等教育的发展之间的脱节,使得学生更愿意关注碎片化的资讯或者信息,导致学生知识碎片进一步加剧,无法对学习内容进行深入思考,改革传统教学方式已经到了刻不容缓的阶段。另一方面,教师对学生的影响力和带动力不足,一是部分教师不注重学习新知识、新技术,缺乏前沿引领,难以激发学生的求知欲。二是"双一流建设"背景下教师的科研压力大,对教学投入相对不足。三是教学、科研评价的双重标准,重科研导致教师对教学重视不够。四是师生关系不够亲密,多地、多校区运行以及居住分散等客观条件,一定程度上影响了师生交流的时空。网络信息提供交流平台,但又缺乏面对面进行言传身教的直接影响,这些因素导致师生关系较为淡漠,教师对学生的影响力降低。

(二)学生的学习未达到深度学习的相关要求

学生缺乏深度学习意识是导致学生不能进入深度学习的主要原因,主要表现在缺

乏持久内在学习目标和学习动机,处于应试状态的功利性学习心理,没有认识到学习行为的重要性。一方面,学生学习主观能动性不足。通过对某地方院校学生学业数据进行分析可知,学生学业投入水平的各项指标均未达到中等水平,说明学生的学业投入水平明显不足,课前、课中、课后三个阶段,课前学生准备的平均分最低,说明大学生处于被动地接受性学习的状态,主动学习意愿不足。从课前到课后学生的学业投入水平逐层提高,说明如果教师在某种程度上加以引导,则会提高学生的学业投入水平。学生缺乏深度学习意识的主要原因在于学生没有明确的学习目标、没有坚强的学习意志力、功利心过强、基础知识差、自我管理能力不足、学校的整体学习风气等。另一方面,学生处于元认知能力缺失状态,在学习过程中并没有清楚地意识到自己的目标指向,只是在经历学习本身这个行为,没有在学习初期建立明确的学习计划,无法在学习过程中监督自己是否完成学习计划,也无法把已经学到的知识或者策略进行迁移运用,处于学习行为的短期记忆水平。

(三) 教学管理过于单一

当前,部分高校教学管理的单一化导致大学生学习状态散漫,没有外部监督使大学生进入深度学习状态。一方面,教学制度落实力度不足。通过对教师教学、学生学习过程体验,专业满意度、课程满意度等调查数据分析可知,师生互动交流少,师生关系淡薄,教师缺乏对学生的关注与辅导。目前,地方高校都制定了教师教学、课堂管理等相关的制度,旨在提高教学管理和教学质量。但是在具体执行过程中,仍存在落实力度不足的问题。教师缺少对学生的关注度,教师和学生主要体现在课堂上教授与学习的关系,缺乏学术交流和课后交流。另一方面,考核和评价制度过于单一化。当前,阻碍学生深度学习水平的提高表现在教师和学生考核评价方式的单一。在教师方面,注重科研,缺乏对教师教学,特别是教学质量的全面化、系统化的考核,使部分地方高校教师对教学关注少,忽视了对学生的个性化和差异化发展指导。学生考核评价方面,部分高校仍存在考核方式单一的情况,以终结性评价确定学生课程成绩,未能将形成性评价、过程性评价与终结性评价有机结合,不利于学生深度学习能力的养成。

(四) 教学环境建设比较薄弱

相比高水平大学,地方高校教学环境建设仍有较大的提升空间,存在的问题主要表现在以下两个方面。一方面,学术氛围薄弱。近年来,由于创新创业教育的开展,大学生能够通过大学生创新创业计划项目、互联网+项目参与研究课题,进行科研训练,但这其中教师与学生之间的学术交流仍然较少,来自校内外的学术交流活动不足。目前部分大学课堂还停留在教师只管教,学生只管学的状态,学生并非对学习内容都感兴趣,教师不会针对学习内容或者学习目标与学生进行深度沟通,学校学术氛围薄弱。另一方面,学校对外开放程度不高。地方高校学科发展实力总体不强,而且不同学科之间、同一学科之间存在学科壁垒,导致各自为政,缺乏交流合作和跨学科研究的能力,不同专业的课程与教学资源缺乏共享,缺乏合作。导致学生的学术视野狭窄、思想闭塞、知识面单一,缺乏多元发展能力和开放合作意识。

二、提高大学生深度学习能力的建议

(一)强化教师教学和学术能力

地方高校应加强教师对学生的外在引导,从教学内容和教学方式两个方面深入考虑。教师应选择难度适中或者符合学生学习兴趣的内容,这要求教师对每一位学生的学情和个性充分而全面的了解。高校教师应达到对学生"启志"的作用,提高学生的自我意识与自我成就感,引导学生寻找适合自我发展的方向。因此,教学内容上应关注学生的"志"与"趣"两个方面。应把人工智能、虚拟技术、慕课等高科技和新兴教学方式与传统课堂融合,从而提高大学生的学习兴趣。同时,提高教师外出研修访学、合作研究等机会,提高教师的业务素质和专业能力。加强现代信息技术在教学中的运用,为学习拓展空间,激发学生兴趣。加强对教师的考核,适度提高教学比重。在课堂教学、实践教学等各类教学任务中,除了完成规定的教学任务外,应注重课外辅导,鼓励师生课下交流活动。教师在课前应当给学生预留任务,让学生对所学知识提前了解,在课程教学过程中应当关注学生是否处于元认知状态,并且实行一定的监督,在课程进行后应当设置学习作业或者实践作业,能够使学生对已学知识进入深度思考。

(二)激发学生的学习兴趣

兴趣是最好的老师,提升学生的学习兴趣对深度学习有一定的影响。可以从"志"和"趣"两个方面提升学生的深度学习能力。一方面,加强学情分析,了解学生的学习需求。为提高学生对求知的内在主动性,首先,应建立外在的意识提升系统。这一系统应该由多方面协同作用,家庭、高校、社会应提供适合高校大学生追求自我的环境,提升大学生自我意识;其次,应找到自我的志和趣。志即志向,理想;趣,即兴趣。大学生应找到生活的理想和兴趣,并且为了理想和兴趣不间断的学习,建立完整的内在驱动性机制。另一方面,激发内在动机,养成良好的学习习惯。通过师生互动、职业生涯指导、学业辅导等激发学生的元认知意识和可持续发展的学习目标,让学生从浅层学习的状态逐步转变为深度学习的状态,并在此基础上树立终身学习理念,追随时代发展趋势,不断完善深度学习能力。

(三)改革考核评价制度

地方高校应根据高等教育发展的新形势、新要求,制定/修订符合本校实际的教学管理制度。比如,在帮助学生学习方面,建立学业导师制,充分提升教师工作的积极性。以教师对学生工作的积极性的提升拉动学生对学习的要求。学生树立深度学习的价值观,教师的作用不容忽视。学业导师可以采取教师自荐、学生选择、学院指定相结合的办法,由学院确定导师名单,并且学业导师应该由学术水平优秀的专任教师担任,学业导师指导学生人数根据每个学院学生数量自行确定,每个学业导师的职责是帮助学生制定学业规划,指导大学生的学业选择、课程选择,加强学习方法的指导,培养学生良好的学习习惯,指导学生根据个人兴趣参加社会实践、创业活动和其他课外活动。学校应该根据每个学业导师的工作进行年度考核,考核结果可作为教师职务聘升的条件。再如,在学生学业考核方面,加大对学生学习过程的评价,构建形成性评价和终结性评价结合的多元化评价考核方式,以注重学生深度学习为前提,采用作业、提问、口试、小测验、小论文、期中考试等形式加强学生对平时学习的投入水平;理论知识考核和实践能力考核相结合,把理论知识应用到实践中,提高学生的操作能力和实践能力,促进学生对所学知识的迁移运用和深度思考。

(四)营造良好文化氛围

高校应塑造深度学习文化氛围,通过外在的文化氛围达到对学生潜移默化的影响,进而提升内在的深度学习水平。已有研究表明,积极地文化活动或者学术竞赛均在不同程度上对学生的深度学习水平有正向影响。地方高校应搭建学术交流平台并积极吸引师生参与,提高学生对学术研究的兴趣,让学生掌握更多的前沿科学信息,并通过这些信息更加清楚的认识自我、了解自我,不断激发自我潜能和学习兴趣,提升学业成就感。